JN078701

資格試験研究会 編

上・中級
公務員試験

一問一答

スピード攻略

人文科学

実務教育出版

本書の特長と使い方

本書の特長

　本書は，出題範囲の広い教養試験の知識分野を「一問一答」と「要点チェック」で最速攻略することができます。

　また，本書は大卒程度の国家一般職・専門職，地方上級（全国型・東京都・特別区），市役所などで出題された過去問を分析し，出題頻度の高い問題を厳選して1冊にまとめています。まず「要点チェック」を読んで各科目の重要ポイントを頭に入れたあと，一問一答を解き，解説を読みながら知識を整理していきます。一問一答の過去問を○×形式で解いていきながら，同時に覚えていくことができるのでより効率的に教養試験の学習を進めることができます。

重要語句は赤字で記しています。付属の赤シートで隠し，穴埋め問題を解く感覚で覚えることができます。

① 頻出度
頻出度・重要度をA〜Cの3段階で表示。Aが最重要。

② 学習のポイント
各テーマの出題傾向や学習する際に気をつけたいポイントやアドバイスなど。

2

先生 さくら 試験の重要ポイント，勉強方法などを優しくていねいにアドバイス。

ゴン 試験問題の傾向，ケアレスミスや問題の落とし穴などを洗い出す。

一問一答 正解（○×）を隠して，問題を解いていきます。解説の重要語句は赤字なので，付属の赤シートで隠せば穴埋め問題としても使えます。

③ チェックボックス
最低3回，解いた問題にチェックを入れる。

④ 項目ごとの重要度
重要度を★の数で表している。
★3つが最重要。

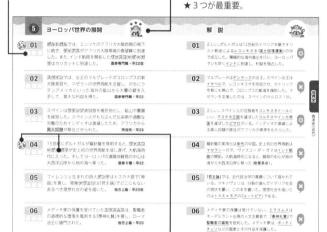

⑤ ヨーロッパ世界の展開 ★★★

01 ポルトガルでは，エンリケのアフリカ大陸西岸の南下に続き，ディアスがアフリカ大陸南端の喜望峰に到達した。また，インド航路を開拓したヴァスコ＝ダ＝ガマはカリカットに到達した。　国家専門職・平22改

02 スペインでは，女王のマルグレーテがコロンブスの新大陸発見や，マゼランの世界周航を支援し，のちにラテンアメリカといった海外の鉱山から大量の銀を入手して，莫大な利益を得た。　国専・平22

03 スペインはラテンアメリカを植民地化し，鉱山や農園を経営した。スペインがもち込んだ伝染病の過酷な労働のためインディオが激減したため，アフリカから黒人奴隷が移住させられた。　市役所・平29

04 15世紀にポルトガルが羅針盤を発明すると，ヴァスコ＝ダ＝ガマが史上初の世界周航を成し遂げ，大航海時代に入った。そしてヨーロッパの遠隔地貿易の中心は大西洋沿岸から地中海へ移った。　国家II種・平22

05 フィレンツェに生まれた詩人ダンテはトスカナ語で「神曲」を著し，マキァヴェリは「君主論」でどこにもないあるべき理想社会の姿を描いた。　地方上級・平20改

06 メディチ家の保護を受けていたエラスムスは，聖職者の退廃的な堕落を痛烈する「愚神礼賛」を著し，ローマ法王に破門された。　地方上級・平20

解説

01 正しいポルトガルは12世紀のイベリア半島でキリスト教徒によるレコンキスタ（国土回復運動）の中で成立した。精緻の海外進出を行い，ヨーロッパでいち早く**インド**に到達し，利益を独占した。○

02 マルグレーテは**デンマーク**の女王。スペイン女王は**イサベル**で，レコンキスタを完成させ，カトリック布教にも熱心で，コロンブス航海を援助した。マゼランを支援したのは，スペインのカルロス1世。×

03 正しい。スペインの征服者をコンキスタドールといい，アステカ王国を滅ぼしたコルテスやインカ帝国を滅ぼしたピサロなど。インディオの激減による黒人奴隷の移住がアフリカの停滞をもたらした。○

04 羅針盤の実用化は宋代の中国。史上初の世界周航はマゼラン一行で，ヴァスコ＝ダ＝ガマは**インド航路**の開拓。大航海時代になると，貿易の中心が地中海から大西洋沿岸に移った（商業革命）。×

05 「君主論」は，近代政治学の基礎について描かれている。マキァヴェリは，理想の達人がイタリア社会の混乱を憂い，この本を書いた。理想社会を描いたのは**トマス＝モア**の「ユートピア」。×

06 エラスムスは，ネーデルラント出身の人文主義者で「愚神礼賛」で聖職者の腐敗を批判した。メディチ家は，ボッティチェリなどの画家とその作品を保護した。×

⑤ 「よく出る」マーク＆問題文の重要語句
「よく出る」マークは押さえておきたい頻出問題。マーカーは問題文の重要語。

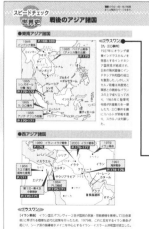

スピードチェック
世界史 戦後のアジア諸国

●東南アジア諸国

●西アジア諸国

●プラスワン

スピードチェック
重要な知識を独自のテーマで，地図や表などに整理しています。「プラスワン」で補足説明なども加え，知識の定着を図ります。

⑥ プラスワン
テーマの理解をさらに深めるための解説。

⑦ 付属の赤シート
赤字で記されている部分を赤シートで隠し，穴埋め問題のように使って，知識を定着させる。

上・中級公務員試験 一問一答スピード攻略 人文科学

CONTENTS ～もくじ～

試験名の表記について

地方上級
▶地方公務員採用上級試験
　(都道府県・政令指定都市・特別区)

市役所
▶市役所職員採用 上級試験

警察官
▶大学卒業程度の警察官採用試験

国家一般職・国家Ⅱ種
▶国家公務員採用一般職試験〔大卒程度試験〕
▶旧国家公務員採用Ⅱ種試験

国家専門職・国税専門官
▶国家公務員採用専門職試験〔大卒程度試験〕
▶旧国税専門官採用試験

本書に収録されている「過去問」について

①平成9年度以降の国家公務員試験の問題は,人事院等により公表された問題を使用している。地方公務員試験の一部(東京都,特別区,警視庁)についても自治体により公表された問題を掲載している。それ以外の問題は,受験生から得た情報をもとに実務教育出版が独自に編集し,復元している。

②問題の論点を保ちつつ問い方を変えた,年度の経過により変化した実状に適合させた,などの理由で問題を一部改題している場合がある(改と表記)。また,人事院等により公表された問題も用字用語の統一を行っている。

日本史

上・中級公務員試験
**一問一答
スピード攻略**
人文科学

古代・中世

11 日本文化のあけぼの

▶文化の始まり

□【打製石斧】…打製石斧→ナイフ形石器→尖頭器→細石器と進化。

□【磨製石斧】…磨製石斧や木の実をすりつぶす石皿・すり石などを使用。

□【縄文土器】…縄目の文様が多く低温で焼かれ**黒褐色**で厚手の土器。

□【竪穴住居】…地面を掘り，その上に屋根をかけた住居，定住生活を示す。

▶農耕社会の成立

□【続縄文文化】…弥生時代，北海道では鮭・鱒など食料採取文化が続いた。

□【貝塚文化】…弥生時代，沖縄では貝類などの食料採取文化が続いた。

□【弥生土器】…高温で焼かれた**赤褐色**の薄い土器で，貯蔵用の壺，煮沸用の甕，盛付用の高杯として用いられた。

▶小国の分立と邪馬台国連合

□【邪馬台国】…29ばかりの小国が**卑弥呼**を女王として共立して，2世紀以来の大乱は収束した。**卑弥呼**は呪術的権威を背景に政治を行った。

▶ヤマト政権の土地・人民の支配制度

	直轄地・私有地	直轄民・私有民
ヤマト政権	屯倉(田荘の一部を献上)	名代・子代の部(部曲の一部を献上)
豪族	田荘	部曲

2 律令国家の形成

▶律令国家への道

□【大化改新】…645年，**中大兄皇子**と**中臣鎌足**が**蘇我蝦夷・入鹿**を滅ぼす乙巳の変を起こし，皇極天皇に代わり**孝徳天皇**が即位し，大王宮を飛鳥から難波宮に移し，王権を強化し，中央集権化を進める改革が進められた。

□【白村江の戦い】…663年，百済復興をめざす倭軍が唐・新羅の連合軍に大敗した。中大兄皇子は都を**近江大津宮**に移し，翌年**天智天皇**となる。

□【壬申の乱】…672年に起こった天智天皇死後の皇位継承戦争で，大友皇子と大海人皇子が争い，勝利した大海人皇子が**天武天皇**となる。

▶律令制度

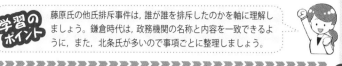
□【**大宝律令**】…701年，**刑部親王**や**藤原不比等**らが制定。神祇官と太政官の二官を置き，八省が政務を分担。地方には摂津職や**大宰府**が置かれた。

□【**班田収授法**】…戸籍にもとづき**6**歳以上の**男女**に**6**年ごとに一定額の**口分田**が支給された。**口分田**は売買できず，死後は班年に収公された。

▶奈良時代

□【**恵美押勝の乱**】…藤原仲麻呂は淳仁天皇から恵美押勝の名を賜ったが，孝謙太上天皇が**道鏡**を寵愛すると，764年に挙兵し，滅ぼされた。

▶奈良時代の政争

天皇	権力者	法令・事件
元明・元正	藤原不比等	718年，**養老律令**制定。大宝律令とほぼ同じ。
元正・聖武	長屋王	723年，**三世一身法**。期間限定土地所有認可。
聖武	藤原四子(不比等子)	729年，長屋王の変後，光明子を立后。
	橘諸兄	743年，**墾田永年私財法**。初期荘園登場。
孝謙・淳仁	**藤原仲麻呂**	764年，**恵美押勝の乱**。仲麻呂敗死。
称徳	道鏡	769年，宇佐八幡神託事件。翌年**道鏡**追放。
光仁	藤原百川	780年，伊治呰麻呂の乱。多賀城焼失。

奈良時代は，天皇と権力者の推移の順番をまずは覚えましょう。その際に，藤原氏とそれ以外が交互に来ることを確認していくと覚えやすいです。

▶平安王朝の形成

□【**桓武天皇**】…784年**長岡京**に遷都し，794年**平安京**に再遷都。勘解由使（かげゆし）を設置して国司交替の際の不正を審査し，**坂上田村麻呂**に蝦夷征討をおこなわせるなど政治刷新を実施した。

□【**嵯峨天皇**】…蔵人頭に**藤原冬嗣**らを登用して，810年の平城太上天皇の変に勝利し，検非違使を設置するなど法制の整備を行った。

▶藤原氏北家の発展

□【**菅原道真**】…藤原基経の死後，宇多天皇が重用した学者政治家で，醍醐天皇の時に藤原時平の陰謀で大宰権帥に左遷された。

□【**醍醐天皇**】…天皇親政の**延喜・天暦の治**を展開し，延喜の荘園整理令(902

年)を発布し，『古今和歌集』を編纂するなど律令政治の復興に努めた。

□【安和の変】…969年，藤原氏により醍醐天皇の子で左大臣・源高明が大宰権帥に左遷され，それ以降は摂関常置となり，藤原氏が独占した。

▶藤原氏の他氏排斥

藤原氏	事件名	内容
藤原良房	**承和の変**	842年，恒貞親王派の伴健岑・橘逸勢を配流。
藤原良房	**応天門の変**	866年，応天門放火の罪で，大納言伴善男を配流。
藤原基経	阿衡の紛議	888年，宇多天皇が勅書の非を認め，橘広相を処分。
藤原時平	昌泰の変	901年，斉世親王擁立との讒言で，菅原道真を左遷。
藤原実頼	**安和の変**	969年，為平親王擁立との讒言で，源高明を左遷。

▶摂関政治

□【**藤原道長**】…藤原伊周を大宰権帥に左遷し，4人の娘を中宮（皇后）や皇太子妃として権勢をふるう。晩年に法成寺を建立。御堂関白と呼ばれた。

□【**藤原頼通**】…後一条・後朱雀・後冷泉天皇の50年にわたって摂政・関白をつとめ，**平等院鳳凰堂**を建立して，宇治関白と呼ばれた。

3 武士の台頭

□【**平将門**】…939年，**関東**で反乱を起こし，新皇と称して朝廷から独立を宣言したが，東国の武士・平貞盛と押領使・藤原秀郷らにより討たれた。

□【**藤原純友**】…939年，西日本で反乱を起こし，伊予国府や大宰府を攻め落としたが，清和源氏の祖である源経基らにより討たれた。

▶保元・平治の乱と平氏政権

□【**保元の乱**】…1156年，**後白河天皇**と**崇徳上皇**が鳥羽法皇の死を契機に実権をめぐって対立。

	天皇家	摂関家	源氏	平氏
天皇方	**後白河**（弟）	忠通（関白・兄）	**義朝**（兄）	**清盛**（甥）
上皇方	**崇徳**（兄）	頼長（左大臣・弟）	為義（父）・為朝（弟）	忠正（叔父）

□【**平治の乱**】…1159年，保元の乱後，後白河上皇の院の近臣・藤原通憲（信西）が**平清盛**を重用したため，藤原信頼と結んだ**源義朝**が反発。

保元の乱と平治の乱は人物の組み合わせをしっかりと覚えておきましょう。保元の乱の上皇方の武士は名前が「た」で始まります。

10

□【平清盛】…**太政大臣**に就任し，高倉天皇と娘徳子の間に生まれた安徳天皇の外戚として実権を握る。**大輪田泊**を修築して日宋貿易を推進。

▶鎌倉幕府の成立

□【源頼朝】…鎌倉を根拠地とし，1192年に征夷大将軍に任ぜられ，鎌倉幕府を開く。

□【北条政子】…源頼朝の妻で，頼朝の死後，幕府政治を採決した。

□【侍所】…御家人統率機関。**和田義盛**が初代別当。

□【公文所】…一般政務機関。**大江広元**が初代別当，後に**政所**と改称。

□【問注所】…訴訟事務機関。**三善康信**が初代執事。

職	守護(東国の有力御家人が任命)	地頭(御家人が任命)
設置地域	国ごとに１人	荘園・公領
任務・権限	大犯三ヵ条	徴税権・管理権・警察権

▶執権政治

□【北条時政】…将軍の源頼家を廃し，弟の実朝を将軍にたて，政所別当に就任した。この地位は**執権**と呼ばれ世襲される。

□【北条義時】…1213年，和田義盛を滅ぼして政所と侍所の別当を兼ねる。

□【源実朝】…歌集『**金槐和歌集**』で有名な３代将軍。1219年鶴岡八幡宮で右大臣就任の儀式中に公暁により暗殺された。

□【承久の乱】…1221年**後鳥羽上皇**が**北条義時**追討の兵をあげたが，一ヵ月ののち，幕府の圧倒的な勝利に終わった。

□【六波羅探題】…1221年，朝廷の監視・西国御家人統括機関として設置。

□【御成敗式目】…**北条泰時**が武家最初の成文法として1232年に制定。

 御成敗式目は先例と道理と呼ばれる慣習をもとにしたもので，幕府の勢力範囲が対象でした。朝廷の支配下では公家法，荘園領主の下では本所法が効力をもっていました。

□【引付衆】…泰時の孫の５代執権**北条時頼**は，1249年評定のもとに引付をおいて，**引付衆**を任命して，裁判の公平と迅速化につとめた。

▶蒙古襲来と幕府の衰退

□【文永の役】…1274年，元の**フビライ**は，服従させた高麗の軍と共に約３万の兵で襲来したが，８代執権**北条時宗**は九州地方に所領をもつ御家人を異国警固番役に動員して迎え撃った。

□【弘安の役】…1281年，南宋を滅ぼした元は，日本の征服をめざして約14

万の大軍で九州北部にせまったが，暴風雨により大損害を受け敗退した。

□【問（問丸）】…河川・港などの要地で荘園年貢や商品の運送・保管・委託販売を行った運送業者。

□【永仁の徳政令】…9代北条貞時は御家人の窮乏を救うため，所領の質入れや売買を禁止して，質入れ，売却した所領を無償で返却させた。

④ 南北朝の動乱と室町幕府

▶鎌倉幕府の滅亡と建武の新政

□【後醍醐天皇】…**大覚寺統**から即位。正中の変，元弘の変に失敗し，北条高時により隠岐に配流。その後，後醍醐の命を受けた**足利高氏**(のち尊氏)が六波羅探題を，**新田義貞**が鎌倉を攻め鎌倉幕府を滅ぼした。

□【建武の新政】…主要政務機関として**記録所**，所領関係の訴訟機関として**雑訴決断所**を設置した。地方に**国司**と**守護**を併置し，すべての土地所有権の確認に綸旨を必要としたため，多くの武士の不満を引き起こした。

□【足利尊氏】…湊川の戦いで**楠木正成**と新田義貞らに勝利した後，持明院統の光明天皇を擁立し，幕府の政治方針として**建武式目**を発表したことに対して，後醍醐天皇が吉野に逃れて南北朝の動乱となった。

□【観応の擾乱】…1350年，鎌倉時代以来の法秩序を重んじる**足利直義**と執事**高師直**を中心とする新興勢力が対立して，武力対決に突入した。

 大覚寺統(南朝)と持明院統(北朝)は入れ替えて出題されるので，そこに注意して覚えておきましょう。観応の擾乱により，さらに三つ巴の争いになります。

□【守護請】…守護が荘園・公領を管理する代償として，一定の収入を得る。

□【半済令】…近江・美濃・尾張の3国に限り1年のみ**年貢の半分**を兵粮米として徴収を認め，のちに全国的・永久的に広まる。

□【南北朝の合体】…1392年，**足利義満**により南朝の後亀山天皇が北朝の後小松天皇に譲位して，実現した。

□【三管領】…管領は，足利一門の細川・斯波・畠山が交代で就任。

□【四職】…侍所長官(所司)は，京極・山名・赤松・一色が交代で就任。

▶有力守護大名の討伐

将軍	事件名	内容
足利義満	土岐康行の乱	1390年，土岐康行が義満に挑発されて挙兵。
足利義満	明徳の乱	1391年，遺産相続に介入して，山名氏清を滅ぼす。

足利義満	応永の乱	1399年，**大内義弘**を挙兵に追い込み，滅ぼす。
足利義持	上杉禅秀の乱	1416年，鎌倉公方と対立して上杉禅秀が挙兵。
足利義教	永享の乱	1438年，幕府に反抗的な鎌倉公方足利持氏を討滅。

▶東アジアとの交易

- □【明】…1368年**朱元璋**が建国し，南京で即位して太祖**洪武帝**となる。
- □【勘合貿易】…1404年，**足利義満**が明の永楽帝に**朝貢形式**をとり開始。明から与えられた勘合と呼ばれる証票の持参が義務づけられた。**足利義持**は日明貿易を中断したが，足利義教は財政難から復活した。
- □【寧波の乱】…1523年寧波で堺商人と結ぶ細川氏と博多商人と結ぶ大内氏が衝突し，**大内氏**が勝利して勘合貿易を独占するが，滅亡とともに廃絶。
- □【琉球王国】…1429年に中山王の**尚巴志**が統一して建国。明の海禁政策のもと東アジア諸国間の中継貿易に活躍し，那覇は重要な国際港となった。

▶貿易の輸出入品

	日明貿易	日朝貿易
輸出品	**銅・硫黄・刀剣・扇**	銅・硫黄・蘇木・香木
輸入品	**銅銭・生糸・絹織物**・陶磁器	**木綿**・大蔵経

▶応仁の乱

- □【応仁の乱】…1467年**細川勝元**と**山名持豊**（**宗全**）が，将軍家や畠山・斯波の管領家の家督相続争いに介入したことを契機とした11年の大乱。

	将軍候補(1468年以降)	幕府の実力者	畠山	斯波
東軍	足利義尚(子)	**細川勝元**	政長(養子)	義敏(養子)
西軍	足利義視(弟)	**山名持豊**(宗全)	義就(子)	義廉(養子)

1467年の段階では，義尚が西軍・義視が東軍でしたが，東軍が義政・義尚の身柄を確保。翌年義視が西軍に走り，将軍候補が入れ替わったのです。

01

石器時代は，打製石器や磨製石器を使用した旧石器時代とナイフ形石器や尖頭器を使用した新石器時代に区分され，日本列島では旧石器時代の遺跡はいまだ発見されていない。

国家Ⅱ種・平20

02

縄文文化は南西諸島から北海道まで，弥生文化は薩南諸島から東北地方まで普及し，沖縄諸島では貝塚文化，北海道では続縄文文化と呼ばれる漁労・採集を中心とする独自の文化が続いた。

国家Ⅱ種・平20

03

弥生時代は，薄手で赤褐色のものが多い縄文土器に代わり，厚手で黒褐色のものが多い弥生土器が作られた。機織り技術が導入され，女性は単衣の布に穴をあけ頭を通す直衣を着用した。

国税専門官・平19

04

弥生時代になると農耕の発達に伴って各地に小国が作られた。『漢書』地理志には，小国の一つである倭の奴国の国王の使者が後漢の光武帝に朝貢し，印綬を受けたことが記されている。

国税専門官・平19

05

『魏志』倭人伝によれば，3世紀頃に諸国が邪馬台国の卑弥呼を王に立て，30余りの小国を統合した国が成立。卑弥呼は魏の皇帝に使者を送り「親魏倭王」の称号を賜ったとされている。

国税専門官・平19

06

ヤマト政権は，地方豪族の反乱をおさえ，各地に屯倉を設置し，地方への支配を強め，渡来人の知識を利用して政治・財政機関を整備した。

地方上級・平15

解　説

01　旧石器時代は磨製石器ではなく**ナイフ形石器**や**尖頭器**などの打製石器のみを使用し，新石器時代はナイフ形石器や尖頭器ではなく磨製石器が出現する。旧石器時代の遺跡は，群馬県の**岩宿遺跡**など。

02　正しい。弥生文化(紀元前4世紀～3世紀)は北海道や南西諸島以外の大部分の地域で食料採取から食料生産の段階に入った。北海道では**続縄文文化**，沖縄諸島では**貝塚文化**と呼ばれる食料採取文化が続いた。

03　縄文土器は薄手で赤褐色ではなく**厚手で黒褐色**であり，弥生土器が**薄手で赤褐色**である。煮炊き用の甕，貯蔵用の壺などが登場した。単衣の布に穴をあけて頭を通すのは直衣ではなく**貫頭衣**である。

04　倭の奴国の使者が光武帝に朝貢したことが記されているのは『漢書』地理志ではなく**『後漢書』東夷伝**。『漢書』地理志には，倭が百余国にわかれ，**楽浪郡**に定期的に使節を送ったことが記されている。

05　正しい。『魏志』倭人伝によれば，諸国から邪馬台国の**卑弥呼**が女王に共立され，呪術的権威を背景に政治を行ったという。さらに，卑弥呼は魏の皇帝から「**親魏倭王**」の称号と金印，多数の銅鏡を賜った。

06　正しい。ヤマト政権(3世紀～)は，地方豪族の反乱をおさえ，各地に直轄領として**屯倉**，直轄民として**子代・名代**の部を設置し地方への支配を強めた。渡来人は**伴造**や**伴**に編成され品部がそれを支えた。

② 律令国家の形成

 01

ヤマト政権下の豪族であった蘇我氏は，6世紀末に仏教の受容に賛成する物部氏を滅ぼし政治を独占。その後，蘇我蝦夷・入鹿親子は，厩戸皇子(聖徳太子)を天皇に即位させようとした。 　　　　　　　　　　国家Ⅱ種・平23

02

飛鳥時代，朝廷は最初の遣唐使として小野妹子を派遣した。これは唐の皇帝から称号を得て，朝鮮半島で政治的立場を有利にするためだった。 　　地方上級・平20

 03

中大兄皇子と中臣鎌足は，有力氏族の蘇我馬子を滅ぼし，その後，都を飛鳥浄御原宮に移して，大化の改新と呼ばれる一連の改革に着手した。 　国税専門官・平21

04

桓武天皇は神祇官と太政官を新たに設置し，太政官の下で式部省などの八省が政務を分担することとなった。また，荘園の増加が国衙領を圧迫しているとして，延久の荘園整理令を出した。 　　　　国家専門職・平24

05

班田収授法は，律令制度において農民の最低生活を保障し，租・庸・調等の税を確保するため，戸籍に基づき6歳以上の男子に限って口分田を与え，その永久私有を認めたものである。 　　　　　　　地方上級・平19

解　説

01 物部氏は仏教の受容に反対していた。その後，蘇我蝦夷・入鹿親子が厩戸皇子を天皇に即位させようとしたのではなく，**蘇我馬子**が**崇峻天皇**を擁立したが，のちに暗殺して592年に**推古天皇**を擁立した。

02 小野妹子は**遣隋使**で，『隋書』によると**2**回目（607年）の派遣。目的は隋との対等外交にあったといわれ，皇帝に臣属しない形式をとり，煬帝から無礼とされた。

03 中大兄皇子と中臣鎌足が滅ぼしたのは**蘇我蝦夷・入鹿**（645年）。移した都は**難波宮**である。こうして王権を強化し，中央集権化を進める一連の改革が進められた。

04 神祇官と太政官を設置したのは桓武天皇ではなく，701年に**刑部親王**と**藤原不比等**らが完成した大宝律令の中の令の規定による。延久の荘園整理令を出したのは，桓武天皇ではなく**後三条天皇**である。

05 班田収授法は戸籍に基づき，6歳以上の男子に限らず，6歳以上の**男女**に口分田を与えた。永久私有を認めず，死者の口分田は**6**年ごとの班年に収公された。なお，口分田は売買できない。

律令官制では，神祇官と太政官の役割が問われることもあるよ。神祇官は神々の祭祀をつかさどり，太政官は行政を担当していたんだ。

06 孝謙天皇の時代，天皇が僧侶の道鏡を寵愛し，仏教勢力が政界で勢力を伸ばした。危機感をもった藤原仲麻呂は武力で道鏡を政界から追放し，以後，藤原氏が権力を握ることとなった。　　　　　　　　**国家Ⅱ種・平22**

07 藤原氏は，藤原良房が天皇の外祖父として摂政となるなど，勢力を強めた。これに対し，村上天皇は菅原道真を登用し，藤原氏に対抗させたが，道真は失脚し969年大宰府に左遷された。　　　　　　　　**国家Ⅱ種・平23**

08 平安時代，藤原道長は醍醐天皇のとき，対立する右大臣の菅原道真を九州の大宰府に左遷し，政治の実権を握った。これを機に，藤原氏はその地位を安定させ，摂政・関白を独占した。　　　　　　　　**国税専門官・平21**

06 僧侶の道鏡を寵愛したのは孝謙天皇の時代ではなく，**淳仁天皇**の時代の孝謙太上天皇。また，藤原仲麻呂(恵美押勝)が武力で道鏡を追放しようとしたが太上天皇側に**先制**され失敗した。

07 菅原道真を登用したのは村上天皇ではなく**宇多天皇**で，大宰府に左遷されたのは969年ではなく**901**年である。菅原道真は，**醍醐天皇**の時代に藤原時平の策謀により失脚した。

08 藤原道長は，醍醐天皇のとき菅原道真を左遷したのではなく，**一条天皇**のとき**藤原伊周**を左遷した。藤原氏はこれを機に摂政・関白を独占したのではなく，安和の変後摂関常置となり，藤原氏が独占した。

01

平安時代中期，平将門は朝廷と戦い，関東の大半を征服し，自ら新皇と称した。朝廷は，伊予を本拠地として瀬戸内海の海賊を支配下においていた藤原純友の協力を得て平将門を討伐した。　　　　**国家一般職・平26**

02

皇位継承をめぐり後白河天皇と崇徳上皇が対立し，源義朝，平清盛らがついた天皇側が勝利を得た。後白河は上皇となって院政を開始したが，その後，義朝と清盛が争い，清盛が勝利した。　　　**国税専門官・平21**

03

1167年に太政大臣となった平清盛を中心とする平氏政権は，多数の荘園と知行国を経済基盤とするほか，摂津の大輪田泊を修築し，日宋貿易による利益拡大にも積極的に取り組んだ。　　　　　**地方上級・平22**

04

源頼朝は鎌倉に侍所，公文所（政所），問注所などを設置し，さらには朝廷から地方に守護と地頭をおく権利も認められ，武家政権としての鎌倉幕府を確立させた。　　　　　　　　**国家Ⅱ種・平19**

05

1203年，北条時政は源頼家を修禅寺に幽閉し頼家の弟の実朝を将軍にたて，自らは政所別当に就任した。時政の子の義時は，政所別当のほか侍所別当の職も獲得し幕政の実権を握った。　　　**国家Ⅱ種・平23**

06

後鳥羽上皇は幕府打倒を目指し承久の乱を起こした。しかし，執権の北条氏らは，乱を短期間のうちに鎮圧し，幕府はこの後，侍所，問注所などの機関を設置し勢力基盤を強化していった。　　**国家専門職・平28**

01　平将門の乱（939年）を鎮圧したのは，藤原純友ではなく同じ東国の**平貞盛**と**藤原秀郷**。海賊を支配下におく藤原純友は，伊予国府や大宰府を攻め落としたが，清和源氏の祖である**源経基**らに討たれた。

02　正しい。後白河天皇と崇徳上皇が1156年に**保元の乱**を起こし，天皇側が勝利。その後，院政を始めた後白河上皇の近臣間の対立から**平治の乱**が起こって**源義朝**と**平清盛**が争い，清盛が勝利した。

03　正しい。平清盛は**太政大臣**となり一族も高位高官にのぼり，娘の徳子を高倉天皇の中宮に入れ，子の**安徳天皇**の外戚として権勢をふるった。平氏政権は，**知行国**や**荘園**，**日宋貿易**の利潤を経済基盤とした。

04　正しい。源頼朝は鎌倉に御家人を組織する**侍所**，一般政務を行う**公文所（政所）**，裁判事務を担う**問注所**などを設置し，地方には**守護**が各国に１人ずつ，**地頭**は平家没官領などの謀叛人の所領におかれた。

05　正しい。北条時政は源頼家を廃し，実朝を将軍にたて，**政所別当**に就任した。この地位は執権と呼ばれ，子の義時が継承したが，義時は**和田義盛**を滅ぼし**政所**と**侍所**の別当を兼ねて執権の地位を確立した。

06　1221年の承久の乱後，侍所，問注所などではなく，京都に**六波羅探題**をおいて朝廷を監視し，西国の統轄にあたらせた。承久の乱は**後鳥羽上皇**が起こし，一か月ののち，幕府の圧倒的な勝利に終わった。

支配機構は，それぞれの機関とその任務を結びつけて覚えよう。侍所は御家人の組織・統制，問注所は訴訟事務，六波羅探題は朝廷の監視と西国の統轄だよ。

07 承久の乱後，急増した荘園領主と地頭の紛争などを公平に裁判するため，武家法として最初の体系的法典である**武家諸法度**が制定された。これにより，朝廷や荘園領主の裁判も規制された。 国家Ⅱ種・平19

08 13世紀後半，元の**フビライ**は，日本に対し二度の軍事行動を起こした。鎌倉幕府は執権**北条時宗**の指導の下，朝鮮半島の高麗の支援も受け，二度とも対馬沿岸において元軍を撃退した。 国家一般職・平25

09 鎌倉時代には，荘園領主や大寺社が存在する京や，武士が集まる鎌倉に諸物資が集中したが，当時は造船技術が未熟であったため，海上交通や河川交通はほとんど用いられていなかった。 国家専門職・平25

10 鎌倉幕府は，**永仁の徳政令**を発布し御家人の所領の質入れや売買を禁止して，質入れ，売却した所領を無償で返却させ，御家人が関係する金銭の訴訟を受け付けない対策をとった。 地方上級・平23

07 武家諸法度ではなく**御成敗式目**。これは，朝廷や荘園領主の裁判を規制するものではなく，幕府の勢力範囲を対象としたものであった。武家諸法度は江戸幕府の大名に対する根本法典である。

08 北条時宗の指導で，高麗の支援を受けたのではなく，九州地方に所領をもつ**御家人**を動員して迎え撃った（1274年，1281年）。フビライは，服属させた**高麗**の軍も合わせて軍事行動を起こした。

09 鎌倉時代は，海上交通や河川交通はほとんど用いられていなかったのではなく，海上交通や河川交通が用いられていたので，各地の湊には，商品の中継と委託販売や運送を業とする**問**（**問丸**）が発達した。

10 正しい。元寇での**恩賞**不足，**分割相続**による所領の細分化，**貨幣経済**の浸透による窮乏を救うため，永仁の徳政令を出し，御家人の所領の**質入れ**や**売買**を禁じ，質入れや売却した所領を無償で返却させた。

> 御成敗式目の問題は頻出だよ。武家社会ではぐくまれた慣習や道徳をもとに定められた日本最初の武家法で，御家人たちに示されたんだ。

01

後醍醐天皇は建武の新政を開始し，京都に記録所などの諸機関を，地方に国司と守護を併置したが，人事，恩賞の配分などに公家偏重の方針がとられたため，武士の不満を引き起こした。　　　　　　**国家専門職・平28**

02

建武の新政の崩壊後，足利尊氏は光明天皇を擁立して北朝とし，後醍醐天皇を中心とする南朝と対立した。足利尊氏は南朝方の新田義貞や高師直などの有力武将を破り，室町幕府を開いた。　　　　**国家専門職・平26**

03

足利尊氏は大覚寺統の光明天皇を立てて征夷大将軍に任ぜられ，弟の足利直義と政務を分担したが，高師直らと対立し，観応の擾乱が起こった。　　**地方上級・平27**

04

室町時代の初期，幕府の調停により，南朝と北朝の天皇が交互に皇位に就く両統迭立となった。足利義政は，南朝の後亀山天皇が北朝の後小松天皇に譲位する形で南北朝の合一を実現した。　　**国家専門職・平28**

05

足利義満が将軍になると観応の擾乱が起こり，一時幕府の勢力は弱まったが，その後，三好長慶らの有力守護大名を滅ぼし，勢力は回復した。　**国家専門職・平26**

06

足利義満の時に南北朝の合体が実現し，室町幕府の機構もほぼ整い，将軍を補佐する管領が，足利氏一門の斯波，細川，畠山の三氏から任命され，侍所，政所などの中央機関を統轄した。　　　　**国家専門職・平24**

07

足利義満は，将軍を補佐とする中心的な職である管領を設け，侍所や政所などの中央機関を統括し，管領には足利氏一門の一色，山名，京極の三氏が交代で任命された。　　　　　　　　　　　**地方上級・平27**

01　正しい。建武の新政は，中央に**記録所**や**雑訴決断所**などを，地方に**国司**と**守護**を併置したが，すべての土地所有権の確認に綸旨を必要とし，武家社会の慣習を無視したため，多くの武士の不満を招いた。

02　足利尊氏は高師直ではなく**楠木正成**を破った。また，光明天皇を擁立して北朝としたのではなく，**持明院統**の光明天皇を立てて**建武式目**を発表したため，後醍醐天皇が**吉野**に逃れて南北朝の動乱となった。

03　尊氏は，**持明院統**の光明天皇を立てて征夷大将軍に任ぜられた。**観応の擾乱**で**高師直**らの新興勢力と対立したのは，鎌倉的法秩序を重んじる**足利直義**。

04　両統迭立となったのは室町時代初期ではなく**鎌倉時代**後期で，南朝と北朝ではなく持明院統と大覚寺統の天皇が交互に皇位に就いた。その後，南北朝を合一させたのは，足利義政ではなく**足利義満**である。

05　観応の擾乱が起こったのは**足利尊氏**の時代。足利義満が滅ぼした有力大名は，**土岐康行**，**山名氏清**，**大内義弘**で，強大となった守護の統制をはかった。

06　正しい。足利義満は，南北朝の合一を実現し，京都の市政権や諸国に課する段銭の徴収権などを幕府の管轄下に置き，京都の室町に**花の御所**を造営した。**三管領**，**四職**などの幕府の機構もこのころ整った。

07　管領に任命されたのは，一色，山名，京極ではなく，**細川**，**斯波**，**畠山**の三氏である。京都内外の警備や刑事裁判を司る侍所の長官（所司）は，**赤松**，**一色**，**山名**，**京極**の四氏から任命された。

08 足利義持は，徳政令を出して守護に荘園や公領の年貢の半分を兵粮米として徴収する権限を与えると，守護は年貢の納入を請け負う守護請の制度を利用して荘園を侵略した。 地方上級・平27

09 明を建てた洪武帝が，日本に倭寇の禁圧と朝貢を求めてきたために，足利義満は，1404年には，倭寇と区別するために朱印船貿易を始めた。 地方上級・平22

10 15世紀初め，足利義満は，日本と明の対等な関係に基づく勘合貿易を始めた。貿易の主要品目をみると，日本から明には生糸や絹織物が輸出され，明からは大量の銅銭が輸入された。 国家一般職・平25

11 琉球王国は，按司と呼ばれる地方豪族が勢力を争い分裂していた北山・中山・南山の三山を，1429年に南山王の尚泰が統一し建国したものである。 地方上級・平26

12 足利義持は，将軍権力の強化をねらって専制的な政治を行ったが，これに恐怖した赤松満祐により暗殺された。この後将軍となった義教は，有力守護との合議によって政治を行った。 国家Ⅱ種・平23

よく出る 13 将軍足利義政の継嗣争いや管領家の家督相続争いが，室町時代の実力者である細川勝元と山名持豊(宗全)の対立と結び付き，全国の守護大名を巻き込んでの戦乱，応仁の乱に発展した。 国家専門職・平26

よく出る 14 足利義政の弟の義尚を推す日野富子と，義政の子の義視の間に家督争いがおこり，幕府の実権を握ろうと争っていた細川勝元と山名持豊がこの家督争いに介入し，応仁の乱が始まった。 地方上級・平27

08 守護に荘園や公領の年貢の半分を軍費として徴収する権限を与えたのは，足利義持による徳政令ではなく，**足利尊氏**による**半済令**。守護請と半済令は別で，鎌倉後期以来一般化した代官請の一つである。

09 足利義満が1404年に倭寇と区別するために始めたのは朱印船貿易ではなく**勘合貿易**。明を建て近隣の諸国に通交を求めた明の皇帝は洪武帝であるが，勘合貿易を開始したときの皇帝は**永楽帝**である。

10 勘合貿易は足利義満が，対等な関係ではなく**朝貢形式**で始めた。日本からの輸出品は生糸や絹織物ではなく**銅，刀剣，扇**など，明からの輸入品は**生糸，絹織物，銅銭**など。銅銭は貨幣流通に影響を与えた。

11 琉球王国は，南山王の尚泰ではなく**中山王の尚巴志**が1429年に統一し建国した。琉球は，明の海禁政策のもと，東アジア諸国間の**中継貿易**に活躍し，都首里の外港である**那覇**は重要な国際港となった。

12 将軍権力の強化をねらって専制的な政治を行い，赤松満祐により暗殺されたのは，足利義持ではなく6代将軍**足利義教**。有力守護との合議によって政治を行ったのは，足利義教ではなく4代将軍**足利義持**。

13 正しい。畠山・斯波の管領家の家督争い，8代将軍足利義政の弟**義視**と子の**義尚**を推す義政の妻**日野富子**の継嗣争いが，幕府の実力者**細川勝元**と**山名持豊**の対立と結び付いて1467年に応仁の乱が始まった。

14 足利義尚は足利義政の弟ではなく**子**で，足利義視は義政の子ではなく**弟**である。応仁の乱は，守護大名が細川方(東軍)と山名方(西軍)に分かれて戦い，主戦場となった**京都**の大部分は焼け野原になった。

5 戦国大名と織豊政権

▶戦国大名の分国支配

□【戦国大名】…指出検地を実施，**分国法**を制定，城下町を建設，**関所**を廃止し楽市令を出すなど商業取引の円滑化に努力した。

□【分国法】…国人一揆の規約を吸収した法など，中世法の集大成的な性格をもち，**喧嘩両成敗法**など戦国大名の絶対的権限を示す。

□【上杉謙信】…越後国守護代の長尾氏の出身。武田信玄との川中島の戦いは５回におよんだ。

□【武田信玄】…甲斐国守護。信濃をめぐり上杉謙信と川中島で争った。「甲州法度之次第」を制定し，信玄堤で知られる治水工事などを行った。

□【毛利元就】…安芸国郡山城主（国人）から戦国大名となる。陶晴賢を厳島の戦いで破り，出雲の尼子氏を倒す。

▶織田信長の統一過程

桶狭間の戦い	1560年，駿河の**今川義元**を破る。
姉川の戦い	1570年，近江の**浅井長政**と越前の**朝倉義景**を破る。
延暦寺焼打ち	1571年，浅井・朝倉に味方する**比叡山延暦寺**を焼打ち。
室町幕府滅亡	1573年，15代将軍**足利義昭**を追放。
長篠合戦	1575年，鉄砲を大量に用いて**武田勝頼**の軍に大勝。
石山戦争終結	1580年，石山本願寺の**顕如（光佐）**と和睦。
本能寺の変	1582年，家臣の**明智光秀**に攻められて，信長は自害。

▶豊臣秀吉の全国統一

□【豊臣秀吉】…1585年，朝廷から**関白**に任じられた。翌年には**太政大臣**に任じられ，豊臣の姓を与えられた。秀吉は**後陽成天皇**を聚楽第に迎え，諸大名に天皇・秀吉への忠誠を誓約させた。

□【太閤検地】…単位を統一し，一地一作人の原則で検地帳に登録。

□【バテレン追放令】…1587年，博多で発令し，宣教師の20日以内の国外退去を命じるが，**貿易は奨励**したので，禁教の効果は少なかった。

□【文禄・慶長の役】…明の征服を意図する秀吉が朝鮮に出兵の先導を要求し朝鮮が拒否したため，**文禄の役**（1592年）を行った。講和交渉が決裂し

て**慶長の役**(1597年)を行うが，秀吉の死により撤兵。

信長は，伝統的な政治や経済の秩序を克服し，新しい支配体制を目指しました。秀吉は，関白や太政大臣に就任するなど，朝廷の伝統的な権威を利用しました。

6 幕藩体制

▶幕藩体制の成立

□【老中】…譜代大名から選ばれた，幕府の政務を統轄する常置の最高職。

□【若年寄】…譜代大名から選ばれた，老中の補佐役で，旗本・御家人の監察を主要な任務とした。**目付**は若年寄の配下。

□【大目付】…**旗本**から選ばれた，老中の下で大名を監察する職。

□【三奉行】…寺社奉行・町奉行・勘定奉行の総称。

□【京都所司代】…1600年に徳川家康が朝廷を監視するため設置した機関で，**武家伝奏**を**公家**から任命して朝廷と幕府の間の連絡役とした。

江戸幕府の職制は，将軍直属は譜代大名，老中直属は旗本が就任すると覚えておきましょう。大目付は老中配下など，直属関係もおさえておきたいです。

□【参勤交代】…1635年，**徳川家光**が武家諸法度(寛永令)を発布し，大名に国元と江戸の１年交代の往復を義務づけ，妻子は江戸に住むことを命じた。

□【朱印船貿易】…西国大名や豪商に朱印状を与えて東南アジア諸国との貿易を行わせた。

□【島原の乱】…島原領主・松倉氏と天草領主・寺沢氏が領民に過酷な年貢を課し，キリスト教徒を弾圧したことに対して，1637年，**益田(天草四郎)時貞**を中心に蜂起し，鎮圧後に**ポルトガル船**の来航が禁止された。

□【出島】…オランダ商館を平戸から長崎の**出島**に移す。

□【唐人屋敷】…長崎郊外に清国人居住地兼交易所として設置。

▶文治政治

□【慶安の変】…1651年，４代将軍・徳川家綱が将軍に就任してまもなく，**由井正雪**らによる幕府転覆未遂事件が発生した。

- □【元禄小判】…勘定吟味役である荻原重秀の建議で，**慶長小判**から**元禄小判**に改鋳されたが，貨幣価値の下落により物価の上昇をまねいた。
- □【正徳小判】…**新井白石**は，元禄小判を改め慶長小判と同質の正徳小判を鋳造させて，物価の騰貴をおさえようとした。
- □【海舶互市新例】…1715年，長崎貿易で多くの金銀が流出したため，**新井白石**が長崎貿易の額を制限。

▶文治政治の将軍

○数字は代

将軍	権力者	法令・事件
④徳川家綱	保科正之（叔父）	1651年，**末期養子の禁緩和**。文治政治推進。
	酒井忠清（大老）	1657年，**明暦の大火**。復興費用により財政難。
⑤徳川綱吉	堀田正俊（大老）	1685年，**生類憐みの令**。殺生の禁止。
	柳沢吉保（側用人）	1695年，**元禄小判**。物価の上昇をまねく。
⑥徳川家宣	新井白石（侍講）	1710年，閑院宮家創設。朝幕間融和。
⑦徳川家継	間部詮房（側用人）	1715年，**海舶互市新例**。長崎貿易制限。

▶幕政の改革①　享保の改革（1716〜45年）

- □【徳川吉宗】…大名から石高1万石について100石を献上させる**上げ米**を実施。また，**定免法**を取り入れて年貢の増徴をめざし，町方独自の町火消を組織。さらに，幕府法令を集大成した御触書寛保集成を編纂。

▶老中・田沼意次の政治（1767〜86年）

- □【田沼意次】…印旛沼・手賀沼の大規模な干拓工事を始め，最上徳内らを蝦夷地に派遣して，開発やロシア人の交易の可能性を調査させた。

 田沼は，頭打ちの年貢米収入から脱却して民間の商業資本を積極的に利用しようとし，株仲間を広く公認し，運上や冥加など営業税の増収を目指しました。

▶幕政の改革②　寛政の改革（1787〜93年）

- □【松平定信】…町費節約分の七割を積み立てさせる**七分積金**を命じ，新たに設けた町会所に運用させたり，困窮する旗本や御家人を救済するために6年以前の札差からの借金を帳消しとする**棄捐令**を出した。また寛政異学の禁を出して，聖堂学問所で**朱子学**以外の講義や研究を禁じた。
- □【尊号一件】…**光格天皇**が父閑院宮典仁親王に太上天皇の尊号を宣下しようとしたが定信が拒否し，将軍**徳川家斉**と対立。**松平定信失脚の直因**となる。

▶幕政の改革③　天保の改革（1841〜43年）

□【水野忠邦】…**株仲間解散令**を出して物価引き下げをはかり，人返しの法を出して農村の人口を増加させようとしたが，十分な効果をあげなかった。

□【上知令】…財政安定と権力強化を図るため江戸・大坂周辺の約50万石の直轄化を計画するが，反対により撤回して水野失脚の直因となる。

7 開国と近代国家の成立

▶開国と幕末の動乱

□【天保の薪水給与令】…清が**アヘン戦争**でイギリスに敗れたことを受け，老中**水野忠邦**を中心とする幕府は，1842年，異国船打払令を緩和し，漂着した外国船に薪や水，食料を提供した。

□【日米和親条約】…1854年，**下田・箱館**の２港を開いて領事の駐在を認め，アメリカに片務的最恵国待遇を与えることなどが取り決められた。

□【日米修好通商条約】…1858年，神奈川・長崎・新潟・兵庫の開港と江戸・大坂の開市，通商は**自由貿易**，開港場に**居留地**を設けることを定め，**関税自主権**が欠如し，**治外法権**を認める不平等な条約として調印した。

□【桜田門外の変】…1860年，違勅調印の批判への弾圧である，**安政の大獄**に反発した水戸浪士らが大老**井伊直弼**を暗殺し，幕府の権威は失墜した。

□【坂下門外の変】…1862年，老中**安藤信正**が**公武合体**政策として，孝明天皇の妹和宮を将軍徳川家茂の妻としたが，水戸浪士らに襲撃され，失脚した。

□【尊王攘夷論】…幕末の水戸学の政治思想で，天皇を崇拝する尊王論と，外国人を排斥する攘夷論を結び付けたもの。長州藩が中心となり，倒幕運動に発展した。

▶開港とその影響

貿易港	横浜・長崎・箱館ではじまる。輸出入額は**横浜**が圧倒的に多い。
相手国	**イギリス**との取引が最も多い。アメリカは南北戦争で後退。
輸出品	**生糸**（約80%）・**茶**・蚕卵紙・海産物など
輸入品	**毛織物**・綿織物・武器・艦船・綿糸など
貿易	1859〜66年までは**輸出超過**。 改税約書で1867年から輸入超過。
影響	商品が横浜に直送されて，江戸が品不足で物価上昇を起こしたため，五品江戸廻送令を発した。また，日本と外国との金銀比価が違うため多量の金貨が流出。幕府は万延小判を鋳造したが，物価上昇に拍車がかかり，生活を圧迫された庶民の反感が高まって**攘夷運動**が起こった。

五品江戸廻送令は江戸問屋の保護と貿易抑制の目的として雑穀・水油・蠟・呉服・生糸の横浜直送を禁じましたが、列国の反発で効果はあがりませんでした。

▶明治維新と富国強兵

□【**版籍奉還**】…1869年，旧藩主を**知藩事**に任命し，年貢収入の**10分の1**の家禄を与え，藩政に当たらせるなど，旧大名の支配権を温存した。

□【**廃藩置県**】…1871年，**知藩事**は罷免されて東京居住を命じられ，**府知事**や**県令**が地方行政に当たる。藩兵を解散し徴税権を政府が吸収した。

□【**徴兵令**】…1873年，士族・平民の別なく，満**20**歳以上の男性は**3**年間兵役となるが，戸主と代人料270円納付者などには免除規定があった。

□【**明治六年の政変**】…1873年，**西郷隆盛**，**板垣退助**らは，**征韓論**を支持したが，**大久保利通**らの反対で否決されると，参議の職を辞した。

□【**士族の反乱**】…1874年に**佐賀の乱**が起こった。また，**廃刀令**が出され，**秩禄処分**が断行されると，熊本で敬神党(神風連)の乱などが起こった。

□【**西南戦争**】…1877年，**西郷隆盛**を首領とする最大の士族反乱が起こると，政府は約半年を費やして鎮圧し，不平士族による反乱はおさまった。

▶自由民権運動

□【**明治十四年の政変**】…1881年，**伊藤博文**らは**大隈重信**を罷免し，欽定憲法の方針を決定し，**国会開設の勅諭**を出して国会を開設すると公約した。

▶政党の結成

政党	党首	主張内容	支持層
自由党	板垣退助	フランス流一院制・主権在民	士族・農村
立憲改進党	大隈重信	イギリス流二院制・議院内閣制	知識層・実業家
立憲帝政党	福地源一郎	欽定憲法・主権在君	官吏・僧侶・神官

□【**秩父事件**】…政府の弾圧や重税に対し，各地で自由党員や農民たちが武装蜂起。1884年秩父地方で農民たちが高利貸などを襲撃した。のちに自由党は解党。

▶立憲国家の成立

□【**超然主義**】…**黒田清隆**首相(1888～89年)は，政府の政策は政党の意向に左右されてはならないという方針を声明していた。

□【**第一議会**】…**山県有朋**首相(1889～91年)は軍拡予算案を提出したが，**民党**が衆議院の過半数を占めたため，立憲自由党の一部を切り崩して予算を成立させた。

▶日清戦争

□【**甲午農民戦争**】…1894年，清が朝鮮政府の要請により出兵し，**天津条約**に従い日本も出兵。その後，朝鮮の内政改革をめぐり日清戦争に。

□【**日清戦争**】…甲午農民戦争をきっかけに，朝鮮の内政をめぐって日本と清が対立。1894年8月に日本が宣戦布告した。日本の勝利で終わり，**下関条約**が結ばれた。

□【**下関条約**】…1895年，日本全権伊藤博文，**陸奥宗光**と清全権李鴻章が調印。**朝鮮の独立**を承認，**遼東半島**・台湾・澎湖諸島を日本に割譲，賠償金2億両を日本に支払うことなどを約束させた。

□【**三国干渉**】…下関条約で遼東半島を譲り受けたが，1895年，ロシア・フランス・ドイツが**遼東半島**を清国に返還するよう要求。日本は返還後，「**臥薪嘗胆**」を標語に軍備拡張を進める。

▶政府と政党の関係の変化

□【**第1次大隈内閣(隈板内閣)**】…自由・進歩両党が合同して結成した**憲政党**を基盤に，1898年成立したわが国初の**政党**内閣。首相が**大隈重信**，内相が**板垣退助**で，陸・海軍の大臣をのぞくすべての閣僚が憲政党出身者。

□【**軍部大臣現役武官制**】…現役の大将・中将から陸・海軍大臣を任用する制度。政党の力が軍部に影響することを防ぐために，1900年，**第2次山県有朋内閣**で制定。

□【**立憲政友会**】…1900年，**伊藤博文**を総裁とし，**憲政党**と伊藤派の官僚が結成。のちに**西園寺公望**が総裁となり，山県有朋のあとをついだ**桂太郎**が率いる軍部・官僚・貴族院勢力と対立した。

▶日英同盟と日露戦争

□【**日英同盟**】…北清事変後，ロシアが**満州**を事実上占領したため，**清**における日本とイギリスの権益，**韓国**における日本の権益を相互に承認。

□【**日露戦争**】…1905年，**日本海海戦**でバルチック艦隊を全滅させたが，日本の国力の限界で長期にわたる戦争継続が困難になった。

□【**ポーツマス条約**】…1905年に日本全権**小村寿太郎**と，ロシア全権ウィッテが調印。賠償金がまったくとれなかったため，国民は講和条約に不満を爆発させ，同年，**日比谷焼打ち事件**が起こった。

01

戦国大名は領国支配の基本となる分国法を制定したが，その中には，家臣相互の紛争を大名の裁定にゆだねさせる喧嘩両成敗法が取り入れられた。

地方上級・平24

02

応仁の乱の後，各地に登場した戦国大名は，関所を設けたり座と呼ばれる同業組合を結成させたりして交通や物流の統制を強化したため，博多や堺などの港町は衰退した。

国家専門職・平25

 03

織田信長は1570年に浅井長政と朝倉義景の連合軍を桶狭間の戦いで破り，翌年，比叡山延暦寺を焼き打ちにし，1573年には足利義昭を京都から追放して室町幕府を滅ぼした。

地方上級・平29

 04

織田信長は1575年に長篠合戦で鉄砲を活用し，武田勝頼の騎馬隊を打ち破り，1580年には石山本願寺を屈服させたが，1582年京都の本能寺で家臣の明智光秀に背かれ敗死した。

地方上級・平29

05

天下統一を目指した織田信長は，自らの権威を確立するため朝廷に接近し，関白や太政大臣に任ぜられると，後陽成天皇を招いて配下の諸大名に天皇と信長に対し忠誠を誓わせるなどした。

国家専門職・平28

06

豊臣秀吉は，キリスト教の国内への広がりを抑えるためバテレン追放令を出し，海外貿易を全面的に禁止した。また，秀吉は朝鮮半島に出兵し明からの独立を図る朝鮮とともに明と戦った。

国家一般職・平25

解　説

日本史

近世・近代（安土桃山時代）

01　正しい。分国法は**幕府法・守護法**を継承するだけでなく，国人一揆の規約を吸収した法もみられ，中世法の集大成的な性格をもつ。**喧嘩両成敗法**など戦国大名が領国統治のために制定した法も多かった。

02　戦国大名は，関所を設けたり座を結成させたりして交通や物流の統制を強化したのではなく，**関所の廃止**や**楽市令**を出すなど，商業取引の円滑化に努力した。遠隔地商業は活発で**港町**は繁栄した。

03　1570年に織田信長が浅井・朝倉の連合軍を破ったのは**姉川の戦い**である。信長は1560年に**今川義元**を桶狭間の戦いで破り，1571年**比叡山延暦寺**を焼き打ちし，1573年**室町幕府**を滅ぼした。

04　正しい。信長は1575年に**長篠合戦**で鉄砲を用いて**武田勝頼**の軍に大勝し，11年に渡って対立した顕如率いる**石山本願寺**を1580年に屈服させたが，1582年に**本能寺の変**で敗死した。

05　朝廷に接近し，関白や太政大臣に任ぜられ，後陽成天皇を招いたのは織田信長ではなく**豊臣（羽柴）秀吉**である。**秀吉**は，1585年に**関白**，翌年に**太政大臣**に任じられ，**豊臣**の姓を与えられた。

06　豊臣秀吉は，海外貿易の全面的な禁止はせず，**南方**との貿易は奨励した。また，朝鮮とともに明と戦ったのではなく，朝鮮に対して，入貢と明への出兵の先導を求め，これを拒否すると**朝鮮**に出兵した。

01 幕府の職制は，徳川家康が将軍となると直ちに整備された。五大老と呼ばれる重臣が政務を統轄し，勘定奉行等の五奉行が財政や裁判等を執り行い，これらの役職には原則として外様大名が就いた。　地方上級・平29

02 徳川家光は，寛永の御成敗式目を発布し，大名に国元と江戸とを3年交代で往復する参勤交代を義務付け，大名の妻子は江戸に住むことを強制された。

地方上級・平29

03 江戸時代には，将軍の下に老中がおかれて政務を統轄した。また，老中を補佐する大目付や諸大名を監察する若年寄がおかれたほか，参勤交代などを義務づける棄捐令が発せられた。　　　国家専門職・平24

04 徳川家康は朝廷を監視するため京都守護職を設置するとともに，大名の中から武家伝奏を任命して朝廷と幕府の間の連絡役とし，朝廷の経済的基盤を弱体化させるため禁裏御料を没収した。　　国家専門職・平28

05 江戸幕府は，1609年にオランダ，1613年にイギリスと平戸で貿易を始め，西国大名や豪商に勘合を与えてルソンやカンボジアなど東南アジア諸国との貿易を行わせた。　　　　　　　　　　地方上級・平22

06 島原の乱とは，ポルトガル船の来航禁止をきっかけに，苛酷な年貢を課す領主とキリスト教徒を弾圧する幕府に対し，農民らが天草四郎時貞を大将として起こした一揆である。　　　　　　　　地方上級・平24

解　説

01　幕府の職制は，家康ではなく**徳川家光**の頃に整備された。五大老でなく**老中**が政務を統轄し，五奉行でなく**三奉行**が財政や裁判等を行った。これらの役職には外様大名ではなく**譜代大名**と**旗本**が就いた。

02　徳川家光は，1635年，寛永の御成敗式目ではなく**武家諸法度**（寛永令）を発布し，大名に，3年ではなく**1年**交代で国元と江戸を往復する**参勤交代**を義務付けた。大名の妻子は江戸に住むことを強制された。

03　老中を補佐するのは**若年寄**で，諸大名を監察するのが**大目付**である。参勤交代は棄捐令ではなく**武家諸法度**（寛永令）で義務付けられ，大名にとっては多額の出費をともなう重い役務であった。

04　徳川家康が朝廷を監視するため設置したのは京都守護職ではなく**京都所司代**。武家伝奏は大名ではなく**公家**から任命して朝廷と幕府の間の連絡役とした。禁裏御料は没収ではなく**最小限度**にとどめられた。

05　幕府は，西国大名や豪商に勘合ではなく**朱印状**を与えて東南アジア諸国と貿易を行わせた。1600年に**リーフデ号**が豊後に漂着し，1609年に**オランダ**，1613年に**イギリス**と平戸で貿易を始めた。

06　島原の乱は，幕府ではなく島原城主**松倉氏**と天草領主**寺沢氏**がキリスト教徒を弾圧したために，益田（天草四郎）時貞を首領にして起こった。ポルトガル船の来航は，島原の乱を鎮圧した後に禁止された。

07 キリシタン大名の有馬晴信と小西行長は，幕府のキリスト教徒弾圧に反発し，1637年に島原の乱を起こしたが，翌年鎮圧され，有馬と小西の藩は領地を没収された。

地方上級・平29

08 島原の乱の鎮圧後，幕府はポルトガル船の来航を禁止し，平戸のオランダ商館を長崎の出島に移し，外国貿易の相手をオランダや中国などに制限した。

地方上級・平29

09 江戸幕府は，1641年にオランダ東インド会社の商館を長崎の出島に移し，これ以降，場所を長崎に限定して，オランダ以外の諸国との交渉を閉ざすことにした。

地方上級・平22

10 徳川綱吉は，勘定吟味役柳沢吉保の意見を用いてこれまでの元禄小判を改鋳し，品質の悪い慶長小判を発行して幕府の歳入を増やしたが，貨幣価値の下落により物価の上昇をまねいた。

国家Ⅱ種・平18

11 徳川家宣・家継の政務を補佐した朱子学者の新井白石が，海舶互市新例を出し長崎貿易を奨励したため金銀の流出が増大したが，商品経済が発達したため，幕府の財政が立て直された。

国家Ⅱ種・平18

12 徳川吉宗は，倹約令によって支出をおさえ，大名には石高1万石につき100石を献上させる足高の制を実施した。また，検見法を取り入れて農民の年貢負担率を上げ，年貢の増徴を図った。

国家Ⅱ種・平18

13 徳川吉宗は，江戸の消火制度を強化するため町方独自の町火消を組織させるなど，積極的に江戸の都市政策を行った。また，それまでの幕府法令を集大成した武家諸法度を初めて制定した。

国家専門職・平27

07 1637年に島原の乱を起こしたのは，かつてのキリシタン大名の有馬晴信と小西行長ではなく，**益田（天草四郎）時貞**。また，鎮圧後に領地を没収されたのは，島原城主**松倉氏**と天草領主**寺沢氏**。

08 正しい。島原の乱の鎮圧後，幕府は**ポルトガル船**の来航を禁止し，平戸のオランダ商館を長崎の**出島**に移し，のちに長崎の町に雑居していた清国人の居住地を限定するために**唐人屋敷**を設けた。

09 場所を長崎に限定せず，オランダ以外の諸国とも**四つの窓口**で交流を行った。**長崎**ではオランダと中国，**対馬**では朝鮮，**薩摩**では琉球，**松前**では蝦夷（アイヌ）と交流をもった。

10 綱吉は，柳沢吉保ではなく勘定吟味役**荻原重秀**の意見を用い，元禄小判ではなく，**慶長小判**を改鋳して品質の悪い**元禄小判**を発行した。しかし，貨幣価値の下落により物価の上昇をまねいた。

11 海舶互市新例で金銀の流出が増大したのではなく，流出を防ぐためにこの法令を出して**長崎貿易**を制限した。また，元禄小判を改め慶長小判と同質の**正徳小判**を鋳造させ，物価の騰貴をおさえようとした。

12 徳川吉宗が，石高1万石に対して100石の米を大名に献上させたのは，足高の制ではなく**上げ米**である。また，検見法ではなく**定免法**を取り入れて年貢率の引き上げを図り，年貢の増徴をめざした。

13 徳川吉宗は，それまでの幕府法令を集大成した**御触書寛保集成**を編纂した。また，**広小路・火除地**などの防火施設を設け，定火消を中心とした消火制度を強化するため，町方独自の**町火消**を組織させた。

14
田沼意次は，印旛沼・手賀沼の大規模な干拓工事を始めるなど，新田開発を積極的に試みた。また，最上徳内らを蝦夷地に派遣して，その開発やロシア人の交易の可能性を調査させた。　　国家専門職・平27

15
松平定信は，困窮する旗本・御家人を救済するため，米の売却などを扱う札差に賃金を放棄させる相対済し令を出した。また，蘭学を正学とし，湯島聖堂で蘭学以外の講義や研究を禁じた。　　国家専門職・平27

16
老中の松平定信は，七分積金によって，飢饉・災害時に困窮した貧民を救済する体制を整えたり，困窮する旗本や御家人を救済するために棄捐令を出して札差に貸金を放棄させたりした。　　国家Ⅱ種・平18

17
老中水野忠邦は，株仲間を奨励して商人の自由な営業を認めたり，慶安御触書を出して農民の出稼ぎを禁止し，農村の人口を増加させようとしたが，十分な効果をあげられなかった。　　国家Ⅱ種・平18

18
水野忠邦は，幕府財政の行き詰まりを打開するために，年貢増徴だけに頼らず，民間の商業資本を積極的に利用しようとし，株仲間を広く公認し，運上や冥加など営業税の増収を目指した。　　国家専門職・平27

14 正しい。田沼意次は，**印旛沼・手賀沼**の大規模な干拓工事を始め，**最上徳内**らを蝦夷地に派遣して開発やロシア人との交易の可能性を調査させるなど，**商人**の力を利用しながら幕府財政の改善を試みた。

15 松平定信が出した，札差に貸金を放棄させる法令は相対済し令ではなく**棄捐令**。また，蘭学ではなく**朱子学**を正学とし，それ以外の学派を異学として聖堂学問所で異学の講義などを禁じた。

16 正しい。松平定信は，町費節約分の七割を積み立てさせる**七分積金**を命じ，新設した町会所に運用させた。また，旗本や御家人を救済するため，6年以前の札差からの借金を帳消しとする**棄捐令**を出した。

17 水野忠邦は，**株仲間解散令**を出して物価引き下げを図った。また，慶安御触書ではなく**人返しの法**を出して農民の出稼ぎを禁止し，農村人口を増加させようとしたが，いずれも十分な効果をあげなかった。

18 水野忠邦ではなく**田沼意次**。年貢増徴だけに頼らず，民間の経済活動を活発にして財政を立て直そうと考え，株仲間を広く公認し，運上や冥加など営業税の増収をめざした。水野忠邦は**株仲間解散令**。

01 アヘン戦争で清がイギリスに敗れると，老中水野忠邦を中心とする江戸幕府は，異国船打払令を出して鎖国政策を強化し，長崎に入港する清・オランダ以外の外国船をすべて撃退させた。　　　**国家Ⅱ種・平20**

02 19世紀半ば，アメリカ合衆国のペリーは軍艦を率いて日本に来航し，江戸幕府に開国を要請した。幕府はやむなく，下田と箱館を開港することなどを内容とする日米和親条約を結んだ。　　　**国家一般職・平25**

03 1853年来航して開国を要求したペリーは，翌年再び来航して日米修好通商条約を結び，横浜に領事の駐在を認めること，米国に一方的な最恵国待遇を与えることなどが取り決められた。　　　**国家Ⅱ種・平20**

04 日米修好通商条約では，通商は自由貿易とし，開港場に居留地を設けることが定められたが，日本に関税自主権はなく，アメリカに領事裁判権があり，この条約は，不平等な条約であった。　　　**地方上級・平20**

05 欧米との通商条約で横浜港などが開港されて貿易が始まったが，開港直後は綿織物を中心とする輸出額が輸入額を上回り，江戸の問屋を中心に既存の特権的な流通機構が勢いを増した。　　　**国家Ⅱ種・平20**

06 老中安藤信正は，朝廷と幕府の融和によって政局を安定させようと公武合体策を進め，孝明天皇の妹和宮を将軍徳川家茂の妻に迎えることに成功したが，坂下門外の変で失脚した。　　　**国家Ⅱ種・平20**

01 アヘン戦争の清国敗戦により，江戸幕府は，異国船打払令を出して外国船の撃退を命じたのではなく，**天保の薪水給与令**を出して，漂着した外国船に薪や水・食料を与えることにした。

02 正しい。**1853年アメリカのペリー**が軍艦を率いて浦賀沖に来航し，大統領の国書を持参して日本の開国を求めた。翌年再び来航し，**下田**と**箱館**を開港することなどを内容とする**日米和親条約**を結んだ。

03 日米修好通商条約（1858年）ではなく**日米和親条約**。**下田**に領事の駐在を認め，アメリカに一方的な**最恵国待遇**を与えることなどが取り決められ，**イギリス・ロシア・オランダ**とも同じ条約を結んだ。

04 正しい。1858年に調印された日米修好通商条約は，**神奈川・長崎・新潟・兵庫**の開港と江戸・大坂の開市が規定された。**関税自主権**がなく，**治外法権**を認める不平等な条約である。

05 輸出品の中心は**生糸・茶**。江戸問屋を通さずに輸出品を横浜に直送するようになったため，特権的な流通機構が崩壊した。そこで，幕府は自国の経済を守るため，1860年，**五品江戸廻送令**を出した。

06 正しい。井伊直弼の死後，1860年に老中首座となった**安藤信正**は**公武合体政策**を進めたが，**尊王攘夷派**から非難され，1862年，**坂下門外の変**で水戸脱藩士らに傷つけられ失脚した。

07

幕府が勅許を得られないまま欧米諸国との通商条約に調印したため，幕府に対する非難や開国に反対する運動が高まる一方で，開国の必要性を説く**尊王攘夷論**も現れた。

国家Ⅱ種・平20

08

政府は，**版籍奉還**により旧藩主を知藩事に任命し藩政に当たらせた。その後，廃藩置県を行い，知藩事にかわって中央政府が派遣する府知事や県令が地方行政に当たることになった。

国家専門職・平30

09

政府は，近代的な軍隊の創設を目指して**徴兵令**を公布したが，平民は徴兵の対象には含まれず，武士の身分を失い生活に困窮した士族のうち満20歳以上の男子のみが徴兵の対象とされた。

地方上級・平26

10

自由民権運動の中心人物であった板垣退助や江藤新平らは，武力を背景とした**征韓論**に反対し続け，江華条約の締結を不服とし，参議の職を辞して，明治政府に対する批判を強めた。

国家Ⅱ種・平21

11

明治維新後，秩禄処分や廃刀令などによって，士族は特権を失い，政府に対する不満が高まっていた。**西郷隆盛**が鹿児島で兵を挙げると九州各地の士族が加わり，戦闘は半年以上に及んだ。

国家一般職・平26

12

西郷隆盛を中心とした鹿児島士族らによる**西南戦争**が起こると，佐賀の乱や萩の乱などの士族の反乱が頻発した。鎮圧後，兵力不足を痛感した政府は国民皆兵を目指す徴兵令を公布した。

国家専門職・平30

13

黒田清隆が起こした開拓使官有物払下げ事件などを契機に高まった政府批判を抑えるために，参議の伊藤博文を中心とした政府は，国会の開設を公約する国会開設の勅諭を発布した。

国家Ⅱ種・平21

07 尊王攘夷論は,開国の必要性ではなく,**条約反対・外国人排斥**を唱えるもの。尊王論と攘夷論を結び付けた**水戸学**の思想で,通商条約の違勅調印後は**倒幕論**へと進んで現実的な政治革新運動となった。

08 正しい。政府は,**版籍奉還**により旧藩主を**知藩事**に任命し,年貢収入の**10分の1**の家禄を与えた。その後,**廃藩置県**により知藩事は罷免されて東京居住を命じられ,**府知事**や**県令**が地方行政に当たった。

09 平民も徴兵の対象だった。士族・平民の別なく**満20歳以上**の男子から選抜して**3**年間の兵役とすることを定めたが,戸主とその跡継ぎや代人料270円以上を納める者などは兵役が免除された。

10 板垣退助や江藤新平らは**征韓論**を支持し,閣議で征韓論が否決されると,彼ら征韓派参議はいっせいに辞職した。これを**明治六年の政変**と呼ぶ。江華条約は江華島事件のあと日本と朝鮮の間で結ばれた。

11 正しい。1876年に**廃刀令**が出され,**秩禄処分**が行われると,士族の武装蜂起が相次いだ。1877年,**西郷隆盛**を首領とする最大の士族反乱である西南戦争が起こったが,政府により鎮圧された。

12 **徴兵令**を交付したのは,西南戦争(1877年)後ではなく**1873**年。西南戦争は,各地の士族の反乱が鎮圧される中,私学校生らに推された西郷隆盛を首領として発生した大規模士族反乱である。

13 正しい。**黒田清隆**による開拓使官有物払下げ事件で世論の政府攻撃が激しくなると,**伊藤博文**を中心とする政府は**大隈重信**を罷免し,**欽定憲法**制定の基本方針を決定し,1881年,**国会開設の勅諭**を出した。

14 大隈重信は，明治十四年の政変を主導して伊藤博文ら
を中心とする藩閥勢力に大打撃を与えた。大隈はその
後，フランスのような一院制の導入と主権在民を求め
る立憲改進党を設立した。　　　　　　**国家専門職・平30**

15 国会開設の勅諭が出された後，自由民権運動が活発化
し，明治政府から追放された大隈重信を党首として，
イギリス型議会政治の実現を主張する立憲改進党が
結成された。　　　　　　　　　　　　**国家Ⅱ種・平21改**

16 第1回衆議院議員総選挙で民党は大敗し，その勢力は
衆議院の過半数にはるかに及ばない結果となり，この
選挙結果に不満を持った民党の支持者らは，福島事件
や秩父事件を起こした。　　　　　　　**国家専門職・平30**

17 大日本憲法発布直後，黒田清隆は，政府の政策は政党
の意向に左右されないという超然主義を声明したが，
旧民権派が総選挙に大勝し，第1回帝国議会では民党
が衆議院の過半数を占めた。　　　　　**国家Ⅱ種・平23**

18 第1回帝国議会で山県有朋首相は，満州を利益線とし
て軍事費を拡大する予算案を提出したが，政費節減・
民力休養を主張する民党に攻撃され，予算案を成立で
きず，衆議院を解散した。　　　　　　**国家Ⅱ種・平23**

19 日清戦争は，朝鮮で江華島事件が起こったため，日本
が朝鮮政府の要請を受けて朝鮮へ出兵し，清国もこれ
に対抗するために出兵して朝鮮王宮を占拠し，日本国
艦隊を攻撃して始まった。　　　　　　**地方上級・平22**

20 清国は，下関条約で朝鮮の独立と遼東半島及び台湾・
澎湖諸島を日本に譲ることを認めたが，ロシア・フラ
ンス・ドイツが遼東半島と台湾を返還するよう要求
し，日本は台湾を返還した。　　　　　**地方上級・平22**

14 大隈重信が藩閥勢力に大打撃を与えたのではなく，**伊藤博文**らが大隈を罷免して**藩閥政権**が確立した。立憲改進党はフランス流ではなく，イギリス流の二院制の**議院内閣制**を求めた。

15 正しい。イギリス流議会政治を主張する立憲改進党は**大隈重信**を党首に結成された。フランス流の急進論を唱える自由党が**地方農村**を基盤としたのに対し，立憲改進党は**都市の実業家**などに支持された。

16 第1回衆議院議員総選挙で民党は大勝し，衆議院の**過半数**を占めた。自由党らが起こした**福島事件**や**秩父事件**は，自由民権運動のさなか，政府の弾圧や不況下の増税への反発から起こった武装蜂起事件。

17 正しい。**黒田清隆**は**超然主義**演説をして民選で選ばれる衆議院議員を牽制していたが，旧民権派が総選挙に大勝し，第1回帝国議会では立憲自由党と立憲改進党などの**民党**が衆議院の過半数を占めた。

18 第1回帝国議会で山県有朋は，満州ではなく**朝鮮**を利益線として軍事費拡大の予算案を提出し，予算削減を主張する民党の攻撃を受けたが，立憲自由党の一部を切り崩して予算を成立させた。

19 **甲午農民戦争**が起こると朝鮮政府の要請を受けた清が出兵し，**天津条約**に基づいて通知を受けた日本も出兵した。反乱終結後も両国は朝鮮の内政改革をめぐって対立し，1894年，**日清戦争**が始まった。

20 ロシア・フランス・ドイツは台湾ではなく**遼東半島**を返還するよう日本に要求した。日本は3国の圧力に抵抗できず遼東半島を清に返還したが，その後「**臥薪嘗胆**」を合言葉に軍備拡張につとめた。

21

第三次伊藤博文内閣が地租増徴案を議会に提出したことに対し，政党側は合同して憲政党を結成したため伊藤内閣は退陣し，かわってわが国で初めての政党内閣である犬養毅内閣が成立した。　**国家Ⅱ種・平23**

22

第二次山県有朋内閣は，政党の力が軍部に及ぶのを阻むために軍部大臣現役武官制を廃止し，文官任用令を改正して高等文官試験の合格者から任用していた高級官吏の任用資格規定を廃止した。　**国家Ⅱ種・平23**

23

第二次山県有朋内閣は治安警察法を公布して政治・労働運動を規制し，シーメンス事件が発覚して退陣。その後，山県は立憲政友会を結成し，伊藤博文率いる軍部・官僚・貴族院勢力と対立した。　**国家専門職・平30**

24

日本は，北清事変の鎮圧後，ロシアが満州を占領して撤退しなかったことから，日英同盟を結び，日本とイギリスの清国での権益，及び韓国における日本の権益を相互に承認した。　**地方上級・平22**

25

日露戦争は，日本が旅順のロシア軍を攻撃して始まった。日本は多大な損害を出しながらも旅順や奉天で勝利したが，日本海海戦でバルチック艦隊に敗れて戦争継続が困難となった。　**地方上級・平22**

26

日露戦争後，日本とロシアとの間でポーツマス条約が結ばれ，ロシアは，韓国における優越権を日本に認め，旅順・大連の租借権と長春以南の鉄道の利権，及び賠償金の支払いを約束した。　**地方上級・平22**

21 わが国初の政党内閣は犬養毅内閣ではなく**第一次大隈**内閣（1898年）である。旧自由・進歩両党の対立に悩まされ，共和演説事件後，その対立は深刻化し，**憲政党**は憲政党と憲政本党に分裂して退陣した。

22 第二次山県内閣は，1900年に**軍部大臣現役武官制**を廃止ではなく**制定**し，現役の大将・中将以外は陸・海軍大臣になれないようにした。また，**文官任用令**を改正し，高級官吏にも任用資格の規定を設けた。

23 シーメンス事件後に退陣したのは第二次山県内閣ではなく**第一次山本権兵衛**内閣。立憲政友会は**伊藤博文**の主導で1900年に結成され，以後，桂太郎が率いる軍部・官僚・貴族院勢力と対立した。

24 正しい。北清事変後，ロシアが**満州**を事実上占領したため，第一次桂内閣は1902年に**日英同盟**を結び，日本とイギリスの**清**における権益，及び**韓国**における日本の権益を相互に承認した。

25 日露戦争の**日本海海戦**（1905年）で，日本は敗れたのではなく，ロシアの**バルチック艦隊**を全滅させた。しかし，日本は戦争の長期化を望まず，ロシアでも革命運動が起こり，戦争継続が困難になった。

26 1905年のポーツマス条約で，日本はロシアから**賠償金**がとれなかった。多くの人的被害と増税に耐えて日露戦争を支えてきた国民は，この結果に怒りを爆発させ，**日比谷焼打ち事件**が起こった。

8 二つの世界大戦

▶第一次世界大戦と日本

□【**第一次護憲運動**】…立憲政友会の**尾崎行雄**と立憲国民党の**犬養毅**らを中心に「**閥族打破・憲政擁護**」を掲げ，桂太郎内閣は在職50日余りで退陣。

□【**山本権兵衛内閣**】…立憲政友会を与党に内閣を組織。文官任用令や軍部大臣現役武官制を改正。軍艦の購入をめぐる汚職事件(**シーメンス事件**)で退陣。

□【**第一次世界大戦**】…第一次世界大戦に日英同盟を理由として参戦し，袁世凱政権に対し，1915年，**二十一カ条の要求**を行った。

□【**石井・ランシング協定**】…1917年，日本が中国権益を拡大することに批判的だったアメリカとの間で結ばれ，中国の領土保全・門戸開放，日本の中国における特殊権益の承認を確認。

□【**原敬内閣**】…**原敬**は普通選挙の導入には慎重で，1919年，選挙権の納税資格を**3**円以上に引き下げ，**小選挙区制**を導入するにとどまった。

□【**戦後恐慌**】…第一次世界大戦によってアジアへ綿織物，アメリカへ**生糸**の輸出が激増し，貿易は大幅な輸出超過になる。しかし，大戦終結後の1919年，ヨーロッパ諸国が市場に復帰すると日本は輸入超過に転じ，企業の倒産が相次いだ。

▶ワシントン体制

□【**ワシントン会議**】…太平洋の現状維持のための**四カ国条約**(1921年)，中国の主権尊重を定めた**九カ国条約**(1922年)，主力艦の保有比率を制限する**ワシントン海軍軍縮条約**(1922年)が調印された。

□【**第二次護憲運動**】…**清浦奎吾**の超然内閣に対して，**憲政会・立憲政友会・革新倶楽部**が憲政護憲運動を起こし，総選挙は**護憲三派**の圧勝に終わった。

第一次護憲運動は，政党二つとジャーナリスト・商工業者・都市民衆が中心で，第二次護憲運動は護憲三派の政党三つが中心とおさえておきましょう。

□【**加藤高明内閣**】…日ソ国交樹立による共産主義思想の波及を防ぐため，

学習の
ポイント
戦後史の出題頻度は近年高くなっています。恐慌の内容と
対応など、経済政策がよく出るので重点的に覚えましょう。
また、日ごろから時事ニュースにも触れておきましょう。

また、**普通選挙法**の制定による労働者階級の政治的影響力の増大に備え
るため、1925年に**治安維持法**を制定した。

日本史

現代

▶市民生活の変容と大衆文化

□【**天皇機関説**】…国の統治権は法人としての国家にあり、天皇は国家の最
高機関として憲法の範囲内で統治権を行使するという**美濃部達吉**の学説。

▶恐慌の時代

□【**震災恐慌**】…銀行は、1923年の関東大震災によって手形が決済不能(**震災
手形**)となったため、政府は、震災手形割引損失補償令で日本銀行に特別
融資を行わせたが、決済は進まなかった。

□【**金融恐慌**】…議会での片岡直温蔵相の失言をきっかけに**取付け騒ぎ**が起
こり、銀行の休業が続出して**金融恐慌**となった。田中義一内閣は、3週
間の**モラトリアム**(**支払猶予令**)を発し、日本銀行からの非常貸出しで対
応したが、中小銀行の整理、合併が進み、**五大銀行**に預金が集中した。

□【**昭和恐慌**】…**金輸出解禁**を実施して為替相場を安定させ、貿易の振興を
はかったが、旧平価での解禁のため、円の切り上げとなり、**世界恐慌**の
影響も受けてアメリカ向けの生糸輸出が不振となり、**昭和恐慌**に陥った。

▶軍部の台頭

□【**柳条湖事件**】…1931年、奉天郊外で関東軍が南満州鉄道を爆破し、**満州
事変**が始まった。

□【**満州事変**】…世論の支持を受け、関東軍は軍事行動をすすめ、1932年に
は満州の主要地域をほぼ占領。宣統帝溥儀を執政とする**満州国**の建国を
宣言した。

□【**五・一五事件**】…1932年、海軍青年将校により**犬養毅**首相が殺害され、加
藤高明内閣以来の「憲政の常道」が終焉を迎えた。

□【**国際連盟脱退**】…1933年、**リットン調査団**の報告にもとづき、国際連盟
臨時総会で、日本が**満州国**の承認を撤回することを求める勧告案を採択
したため、日本は**国際連盟からの脱退**を通告した。

□【**二・二六事件**】…国家改造・軍政府の樹立を目指す皇道派の**陸軍**青年将
校たちが1936年、首相官邸などを襲い、斎藤実内大臣・高橋是清蔵相らを
殺害した。穏健派の岡田啓介内閣は倒れ、続く広田弘毅内閣は軍部大
臣現役武官制を復活。

▶**第二次世界大戦**

□【**国家総動員法**】…1938年，戦時の物資・人員の動員を議会の承認を得ずに勅令の形で出すことができるようにした法律。

□【**南部仏印進駐**】…1941年，日本の南部仏印進駐に対して，アメリカは在米日本資産を凍結し，対日**石油**輸出を全面禁止した。

□【**ソ連の対日参戦**】…1945年8月8日，ソ連は**日ソ中立条約**を無視して日本に宣戦布告し，ソ連極東軍がソ満国境線を越えて進攻した。

9 戦後日本の発展

▶**占領と改革**

□【**連合国軍最高司令官総司令部（GHQ）**】…最高司令官は**マッカーサー**。占領後は，GHQの指令・勧告にもとづき，日本政府が政治を行う**間接統治**。

□【**極東国際軍事裁判**】…A級戦犯指導者は**東条英機**以下7人の死刑をはじめとして病死など3人を除いて全員に有罪判決が下された。

□【**労働三法**】…1945年制定の**労働組合法**，1946年制定の**労働関係調整法**，1947年制定の**労働基準法**。労働組合の結成が進んだ。

□【**教育基本法**】…1947年，義務教育が6年から小・中学校の9年に延長され，男女共学が原則となり，教育の機会均等がはかられた。

□【**日本国憲法**】…1946年公布，1947年施行。政府が作成した案は保守的なものだったため，GHQが**天皇制存続（象徴天皇制）**，**戦争放棄**などを含む改正案を作成し政府に提示した。

□【**新民法**】…**戸主制度**を廃止し，男女同権・夫婦中心の家族制度となった。

▶**冷戦の開始と講和**

□【**ドッジ＝ライン**】…**経済安定九原則**にもとづき，超均衡予算の編成と財政支出の大幅削減，1ドル＝**360**円の単一為替レートが設定された。

▶**55年体制の成立**

□【**55年体制**】…1955年，社会党の左右両派が統一し，財界の要望を背景に，保守陣営でも日本民主党と自由党が合流して**自由民主党**を結成して55年体制が成立。自由党と社会党の議席数は，ほぼ2：1で推移した。

□【**日ソ共同宣言**】…1956年，ソ連との戦争状態が終結し，日本の国連加盟が実現した。ソ連は平和条約締結後に**歯舞群島・色丹島**を日本に引き渡すことを約束したが，平和条約はいまだ締結されていない。

□【**新安保条約**】…1960年，アメリカの**日本防衛義務**や在日米軍の**事前協議制**が定められ，参議院の議決を経ないまま自然成立した。

□【**所得倍増計画**】…**池田勇人**内閣は，1人当たり国民所得を10年間で2倍

にする国民**所得倍増計画**を推進し，1967年に目標を達成した。

□【**日韓基本条約**】…1965年，佐藤栄作内閣が韓国の朴正熙政権と調印。韓国政府を「朝鮮にある唯一の合法的な政府」と承認した。

▶1970年代以降の日本

●田中角栄内閣(1972〜74年)…「日本列島改造論」を打ち出し，土地投機と第1次石油危機で激しいインフレに陥った(狂乱物価)。

日本史

現代

□【**日中共同声明**】…1972年に訪中し，中国との国交正常化を実現した。

●三木武夫内閣(1974〜76年)…「クリーン政治」を打ち出すが，総選挙で自民党大敗(「保革伯仲」へ)。

□【**ロッキード事件**】…アメリカ航空業界の汚職事件。田中角栄を逮捕。

●福田赳夫内閣(1976〜78年)…1978年，**日中平和友好条約**に調印。

●大平正芳内閣(1978〜80年)…イラン・イラク戦争で第2次石油危機。

●鈴木善幸内閣(1980〜82年)…参議院議員の全国区選挙が比例代表制に。

●中曽根康弘内閣(1982〜87年)…「**戦後政治の総決算**」を唱えて行財政改革を推進。電電公社(NTT)，専売公社(JT)，国鉄(JR)の民営化を断行。

●竹下登内閣(1987〜89年)…1989年**消費税**導入。リクルート事件で辞職した。

●宇野宗佑内閣(1989年)…参議院議員選挙で大敗し，辞任。69日の短命内閣。

●海部俊樹内閣(1989〜91年)…湾岸戦争の戦費負担で国際的な批判を招く。

●宮沢喜一内閣(1991〜93年)…1992年PKO協力法成立。

□【**PKO協力法**】…1991年の**湾岸戦争**をきっかけに，続発する地域紛争に対応するために翌年成立させた。自衛隊の海外派遣が開始される。

□【**平成不況**】…政府・日銀は低金利政策と公的資金の投入により不良債権を抱えた金融機関を救済したが，企業の倒産やリストラが相次いだ。

●細川護熙内閣(1993〜94年)…1993年に自由民主党が総選挙で過半数割れの敗北を喫し，非自民8党派による細川内閣が成立。**55年体制は崩壊**した。

●羽田孜内閣(1994年)…日本社会党が連立を離脱し，2か月の短命内閣。

●村山富市内閣(1994〜96年)…片山哲以来の日本社会党政権で，自民・社会・新党さきがけの連立内閣。

●橋本龍太郎内閣(1996〜98年)…1996年，沖縄の普天間飛行場の返還合意。

●小渕恵三内閣(1998〜2000年)…1999年，情報公開法成立。

●森喜朗内閣(2000〜01年)…2001年，中央省庁を再編。

●小泉純一郎内閣(2001〜06年)…「聖域なき構造改革」を掲げ，郵政民営化を問う総選挙で圧勝。

□【**郵政民営化法**】…2005年に成立。日本郵政公社を解散し，日本郵政株式会社の下に郵便・窓口業務・貯金・保険の4つの事業会社ができた。

01 日露戦争後，桂太郎や清浦奎吾らの政党人を中心に「閥族打破・憲政擁護」を掲げる第一次護憲運動が起こった。当時の西園寺公望内閣は，治安維持法を制定してこれを鎮圧しようとした。　国家Ⅱ種・平23

02 山本権兵衛は，立憲同志会を与党として組織し，文官任用令や軍部大臣現役武官制の改定を行ったが，軍艦購入をめぐる海軍高官の汚職事件で世論の批判を受け，山本内閣は総辞職した。　地方上級・平30

03 第一次世界大戦は欧州が主戦場となったため日本は参戦せず，辛亥革命で混乱している中国に干渉し，同大戦中に清朝最後の皇帝溥儀を初代皇帝とする満州国を中国から分離・独立させた。　国家一般職・平29

04 ロシア革命でアレクサンドル2世が亡命すると，世界初の社会主義国家が誕生した。その影響を恐れ，日本は米国と石井・ランシング協定を結び，米国に代わってシベリアに出兵した。　国家一般職・平29

05 第一次世界大戦の開戦以来，わが国はアジア，アメリカ市場に軍需品を輸出したことで大戦景気となり，設備投資が進んで生産性が向上したことから，大戦終結後も景気が継続した。　地方上級・平28

06 吉野作造は，主権は国民にあり，天皇はあくまで国家の機関であるとする天皇機関説を唱え，これに美濃部達吉は，主権は天皇にあると反論し，日本の統治体制に関する論争が展開された。　国家専門職・平23

01 第一次護憲運動の中心は，立憲政友会の**尾崎行雄**と立憲国民党の**犬養毅**。1912年，第二次西園寺内閣が倒れ，第三次**桂太郎**内閣が成立したことに対し，「閥族打破・憲政擁護」を掲げて展開された。

02 第三次桂内閣総辞職後，山本権兵衛が**立憲政友会**を与党として内閣を組織した。文官任用令や軍部大臣現役武官制の改正，行政・財政の整理などを行ったが，1914年の**シーメンス事件**の発覚で退陣した。

03 イギリスがドイツに宣戦すると日本は**日英同盟**を口実に参戦した。日本は中国のドイツ権益を接収し，1915年，**袁世凱**政府に**二十一カ条の要求**の大部分を承認させた。満州国の建国は1932年。

04 帝政ロシア最後の皇帝は**ニコライ2世**。1918年，英，仏，米，日はロシア革命への干渉を目的にチェコ軍救援の名目で**シベリア**に共同出兵した。石井・ランシング協定は中国での特殊権益に関する協定。

05 日本はアジアに**綿織物**を，アメリカに**生糸**などを輸出した。軍需品は英・仏・露などの連合国への輸出品である。日本経済は，大戦終結後1919年から輸入超過に転じ，翌年には**戦後恐慌**が発生した。

06 吉野作造は**民本主義**の提唱者で，天皇機関説を唱えたのは**美濃部達吉**。美濃部の天皇機関説に，主権は天皇にあると反論したのが**上杉慎吉**である。民本主義と天皇機関説は政党政治の理論的支柱だった。

07 立憲政友会総裁の原敬は華族でも藩閥でもない，衆議院に議席をもつ首相であったため，「平民宰相」と呼ばれ，普通選挙法を制定し，25歳以上の男性に選挙権を与えた。 地方上級・平30

08 米国大統領ウィルソンが民族自決の原則を提唱した影響から，朝鮮では三・一独立運動が，中国では北京における学生の抗議運動をきっかけに五・四運動と呼ばれる排日運動が起こった。 国家専門職・平23

09 第一次世界大戦後，ワシントン会議で太平洋の現状維持のための九カ国条約，中国の主権尊重を定めた四カ国条約などが調印されたが，日本はワシントン体制を受け入れず，孤立化した。 国家専門職・平23

10 関東大震災により東京市・横浜市の大部分が廃墟と化し，わが国の経済は大きな打撃を受け，企業の手持ち手形が決済不能となり，日本銀行の特別融資でしのいだが，決済は進まなかった。 地方上級・平28

11 枢密院議長の清浦奎吾は，貴族院の支持を得て超然内閣を組織したが，反発した憲政会，立憲政友会，革新倶楽部の3政党は，内閣反対，政党内閣実現をめざして護憲三派を結成した。 地方上級・平30

12 憲政会総裁の加藤高明は，立憲政友会，革新倶楽部と連立内閣を組織し，国体の改革や私有財産制度の否認を目的とする運動を処罰し，共産主義思想の波及を防ぐため治安警察法を制定した。 地方上級・平30

13 大正デモクラシーの潮流は第一次世界大戦をまたいで都市から農村にまで広がったが，二・二六事件と呼ばれる政党内閣の崩壊により終焉を迎えた。

国家専門職・平23

07 普通選挙法（1925年）を成立させたのは**加藤高明**内閣。原内閣は社会政策や普通選挙制の導入には慎重で，選挙権の納税資格を**3**円以上に引き下げ，**小選挙区制**を導入するにとどまった。

08 正しい。1918年にウィルソンが「14カ条」で提唱した**民族自決**主義の影響から，朝鮮全土で独立を求める**三・一独立運動**が，中国ではヴェルサイユ条約の調印拒否などを求める**五・四運動**が起こった。

09 太平洋諸島の領土・権益の相互尊重を約する**四カ国条約**（1921年），中国の主権尊重などを定めた**九カ国条約**（1922年）などが調印された。高橋是清内閣はワシントン体制を積極的に受け入れた。

10 正しい。1923年の**関東大震災**で日本経済は大打撃を受け，不況が深刻化した。政府は被害にあった地域の企業や銀行を守るため，震災手形割引損失補償令を公布して**日本銀行**に特別融資をさせた。

11 正しい。1924年，**清浦奎吾**が貴族院の支持を得て超然内閣を組織すると，**護憲三派**は**第二次護憲運動**を起こした。**清浦**内閣は政友本党を味方につけて議会を解散したが，総選挙は護憲三派の圧勝だった。

12 1925年に加藤高明内閣が制定したのは**治安維持法**。これは，**日ソ国交樹立**による共産主義思想の波及を防ぎ，**普通選挙法**の成立による労働者階級の政治的影響力の増大に備えるためであった。

13 第一次護憲運動から男性普通選挙制成立までの時代思潮を大正デモクラシーと呼ぶことが多い。二・二六事件ではなく**五・一五事件**（1932年）で犬養毅首相が射殺され，「**憲政の常道**」が終わった。

14 加藤高明内閣は，震災手形の整理に着手したが，1927年に議会での高橋是清蔵相の失言から一部の銀行の経営悪化が世間に知られ，不安に駆られた人々による取付け騒ぎへ発展した。　　　　　　　　地方上級・平28

15 若槻礼次郎内閣は，経営が破綻した総合商社・鈴木商店に対する巨額の不良債権を抱えた台湾銀行を緊急勅令によって救済しようとしたが，衆議院に否決され，総辞職した。　　　　　　　　　　　　地方上級・平28

16 田中義一内閣は，3週間のモラトリアムを発し，日本銀行からの非常貸出しによって，金融恐慌をしずめたが，金融恐慌で中小銀行の整理，合併が進み，五大銀行が支配的な地位を占めた。　　　　　　　地方上級・平28

17 犬養毅内閣は，円高で一時的に経営が苦しくなる企業の国際競争力を高めるため産業合理化政策をとり，1931年には基幹産業におけるカルテルの結成を促す重要産業統制法を制定した。　　　　　　　地方上級・平28

18 世界恐慌が始まった翌年，日本は生産性の低い企業を救済することを目指し，輸入品の代金支払のために金貨や地金を輸出することを禁じたが，世界恐慌の影響を受け，昭和恐慌に陥った。　　　　　　　地方上級・平28

19 1930年，浜口雄幸内閣は金解禁したが，世界恐慌のため日本では猛烈なインフレが生じ，労働争議が激化した。そのため，同内閣は治安維持法を成立させ，労働争議の沈静化を図った。　　　　　　　国家一般職・平29

20 浜口雄幸首相は協調外交を推進し，補助艦の制限に関するロンドン海軍軍縮条約に調印。二・二六事件は，天皇の統帥権を侵すものとして条約に反対する青年将校らが浜口首相を射殺した。　　　　　国家一般職・平26

14 加藤高明内閣ではなく**若槻礼次郎**内閣。1927年，議会での**片岡直温**蔵相の失言から一部の銀行の経営悪化が世間に知られ，取付け騒ぎが起こって銀行の休業が続出した（**金融恐慌**）。

15 若槻礼次郎内閣は，台湾銀行を緊急勅令によって救済しようとした。しかし，衆議院ではなく**枢密院**に否決され総辞職した。否決の背景には，**中国**への**内政不干渉**政策をとる若槻内閣への不満があった。

16 正しい。1927年，田中内閣は**モラトリアム**（**支払猶予令**）を発し，その間に日本銀行は大量の紙幣を刷って銀行に資金供給をした。その結果，中小銀行の整理・合併が進み，**五大銀行**に預金が集中した。

17 犬養毅内閣ではなく**浜口雄幸**内閣。井上準之助蔵相は**緊縮財政**と**産業合理化**を進め，金解禁を断行した。**昭和恐慌**下では，指定産業での不況カルテル結成を容認する重要産業統制法（1931年）も制定した。

18 日本は，金貨や地金の輸出を禁じたのではなく，**金解禁**を実施して為替相場の安定と貿易の振興をはかった。しかし，旧平価解禁だったため**円の切上げ**となり，世界恐慌の波及も受けて昭和恐慌に陥った。

19 金解禁を実施した頃に世界恐慌が発生し，日本は二重の打撃を受けて深刻な**デフレ**不況に陥った。失業者が増え，労働争議が相次いだため，政府は，**重要産業統制法**を成立させ，産業の安定化を図った。

20 政府は反対論を押し切って条約に調印したが，これが軍の**統帥権**を侵すものとして，1930年，浜口首相が右翼青年に狙撃され翌年死去した。二・二六事件は，皇道派の青年将校たちが起こしたクーデタ。

21 日本は中国東北部に満州国を建国し実効支配していたが，その地域に中国軍が侵攻し満州事変が起こった。それによって，日中両軍が戦闘状態となり，日中戦争へと発展した。

地方上級・平29

よく出る

22 わが国の行き詰まりの原因が財閥・政党などの支配層の無能と腐敗にあると考えた一部の将校が二・二六事件を起こし，岡田啓介首相を殺害して，大正末以来の政党内閣が終わった。

地方上級・平28

23 日本は米国と共に国際連盟の常任理事国だったが，1933年，国際連盟がリットン報告書により満州における中国の主権を認め，日本の除名を勧告したため，国際連盟を脱退した。

国家一般職・平29

24 日中戦争が始まると，政府は国民に節約や貯蓄を奨励した。国家総動員法を制定し，戦争目的のために，政府は全ての人的・物的資源を議会の承認なしに無条件に動員できることとした。

地方上級・平29

25 満州事変以降，中国への侵略を拡大し，南方へ進出しようとする日本に対し，アメリカは経済制裁を行った。日本政府はアメリカと交渉を続けたが，妥結しないまま戦争に突入した。

地方上級・平27

26 太平洋戦争開戦直後，日本は資源を求めて東南アジア，オーストラリア，ニュージーランド一帯を占領した。特にオーストラリアの豊富な資源は経済制裁を受ける日本に大きく寄与した。

地方上級・平27

27 太平洋戦争末期にソ連は日ソ中立条約を破って満州へ攻め入った。終戦後ソ連に拘束された人々は主にシベリアへ連行され，長期にわたり強制労働に従事させられた。

地方上級・平27

21 満州事変の契機は，満州国への中国軍の侵攻ではなく，関東軍が南満州鉄道の線路を爆破した**柳条湖事件**(1931年)。また，日中戦争の契機は満州事変ではなく，北京郊外で起こった**盧溝橋事件**である。

22 **政党内閣**の崩壊は，犬養毅首相が射殺された**五・一五事件**(1932年)である。二・二六事件では，岡田首相ではなく，**斎藤実**内大臣・**高橋是清**蔵相・**渡辺錠太郎**教育総監らが殺害された。

23 米国は国際連盟の提唱国であったが，**上院の反対**で参加できなかった。日本の除名ではなく，連盟側が日本に**満州国**の承認を撤回することを求める勧告案を採択したため，1933年に国際連盟を**脱退**した。

24 正しい。政府は**国民精神総動員運動**を展開して国民に日中戦争への協力をうながし，1938年に**国家総動員法**を制定して，政府は**議会の承認**なしに戦争遂行に必要な物資や労働力を動員できることとした。

25 正しい。アメリカは日本の**北部仏印**進駐，**日独伊三国同盟**締結と前後して，航空ガソリンや屑鉄の対日輸出を禁止。日本の**南部仏印**進駐に対し，在米日本資産の凍結，対日石油輸出の全面禁止を決定した。

26 日本は，**マレー半島・シンガポール・香港・ビルマ（ミャンマー）・インドネシア・フィリピン**など，東南アジアから南太平洋にかけて制圧したが，オーストラリアとニュージーランドは占領していない。

27 正しい。ソ連は**日ソ中立条約**を無視して満州に侵入した。関東軍は壊滅し，多数の死傷者を出して，多くの中国残留孤児が生まれた。また，捕虜となった兵士は主に**シベリア**に抑留された。

01 GHQは，日本のポツダム宣言受諾の後，マッカーサーを最高司令官とし，日本を占領して，直接統治による占領政策を行った。　地方上級・平17

02 A級戦犯として起訴された戦前・戦中の日本の指導者のうち，極東国際軍事裁判所による裁判で有罪判決を受けた被告はいなかった。　市役所・平26

03 GHQは，日本の経済を民主化するため，財閥の解体と資産の凍結を指令し，持株会社整理委員会を発足させて財閥が所有する持株を売却させた。　地方上級・平17

04 1日12時間労働，女性・年少者の深夜労働禁止など，労働者保護のための規制は設けられたが，労働組合の結成や労働争議は一律に禁止された。　市役所・平30

05 第二次世界大戦後，米国教育使節団の勧告により，修身・日本歴史・地理の授業が一時停止され，複線型・男女別学の学校体系に改められた。　国家一般職・平27

06 GHQは，日本政府が作成した旧憲法の改正案について，修正の指示をすることなく原案通り承諾し，帝国議会の審議後，日本国憲法として公布した。　地方上級・平17

01 直接統治ではなく，**連合国軍最高司令官総司令部**（**GHQ**）の指令・勧告にもとづいて日本政府が政治を行う**間接統治**だった。空爆と原爆投下によって日本を降伏させたアメリカの地位は別格だった。

02 GHQ は日本の戦争指導者を逮捕し，そのうち28人がA級戦犯として起訴された。極東国際軍事裁判では**東条英機**以下7人の死刑をはじめとして**全員**に有罪判決が下された（病死など3人を除く）。

03 正しい。**持株会社整理委員会**は，財閥解体のための財閥本社の持株処分を行う機関として発足した。この委員会で指定された会社は，所有する株式などをすべてこの委員会に譲渡し，処分を受けた。

04 1945年に労働者の**団結権・団体交渉権・争議権**を保障する**労働組合法**，1946年に**労働関係調整法**，そして1947年に**8**時間労働制を規定した**労働基準法**が制定された。これらを労働三法という。

05 **教育基本法**（1947年）で**男女共学**が原則となり，**学校教育法**（1947年）で六・三・三・四制の**単線型**学校体系に改められた。大学も増設されて大衆化し，女子学生も増加した。

06 日本政府の改正試案は保守的であったため，1946年2月，GHQ はみずから**天皇制存続**と**戦争放棄**を含む改正案を作成して日本政府に提示し，政府はこれにやや手を加えて政府原案として発表した。

07 日本国憲法の精神に基づいて多くの法律が改正されたが，新民法では家中心の戸主制度が残され，刑法でも不敬罪が残された。　市役所・平26

08 GHQ はドッジ＝ラインを示し，日本政府はこれを受けて経済安定九原則を定め，為替を固定相場制から変動相場制に移行した。　地方上級・平17

09 GHQ によって日本経済の安定が図られ，インフレを収束させるために緊縮財政が実施され，直接税中心主義の税制改革が行われた。　市役所・平30

10 経済安定九原則の実施によって，日本の経済は急速に復興し始めたが，1950年に勃発した朝鮮戦争によって再び減速し，恐慌に陥った。　市役所・平23

11 1955年から55年体制といわれる自由民主党による長期単独政権時代が始まり，55年体制が崩壊するまでの約40年間近く，自民党と社会党の議席数はほぼ 2：1 のままで推移した。　地方上級・平29

12 鳩山一郎内閣は，日ソ共同宣言に調印してソ連との国交を回復し，その結果として日本の国連加盟が実現した。　地方上級・平24

13 対等な日米関係をめざした岸内閣は新安保条約に調印したが，革新勢力の大規模な反対運動によって，国会での批准を得られなかった。　地方上級・平24

07 1947年に改正された**新民法**では家中心の**戸主制度**を廃止し，男女同権・夫婦中心の家族制度を定めた。刑事訴訟法は人権尊重を理念とし，刑法の一部でも**大逆罪・不敬罪・姦通罪**などが廃止された。

08 **経済安定九原則**（1948年）は GHQ が日本経済復興のために要求した。**ドッジ＝ライン**はこれを実施するための経済政策で，1ドル＝**360**円の**単一為替レート**が設定され，輸出振興が図られた。

09 正しい。**傾斜生産方式**による巨額の資金投入でインフレが進行したため，**超均衡予算**の編成と財政支出の大幅削減が行われた。また，1949年に**シャウプ**の勧告で直接税中心主義や累進課税制が採用された。

10 経済安定九原則の実施策である**ドッジ＝ライン**によってインフレは収束したが，経済は深刻な不況に陥った。しかし，朝鮮戦争勃発によるアメリカ軍の特需が景気回復の引き金となった（**特需景気**）。

11 正しい。1955年に**社会党**の左右両派が統一し，保守陣営も財界の強い要望で日本民主党と自由党が合流して**自由民主党**を結成して**55年体制**が成立した。自民党と社会党の議席数はほぼ2：1だった。

12 正しい。両国は**日ソ共同宣言**に署名し，日本の**国連加盟**が実現したが，**歯舞群島・色丹島**の日本への引渡しは平和条約締結後とされた。また，**国後島・択捉島**の帰属について，ソ連は解決済みとした。

13 新安保条約によってアメリカの世界戦略に組み込まれる危険があるとして，革新勢力の反対運動が起こったが，警官隊を導入した衆議院で条約批准を**強行採決**し，参議院の議決を経ないまま**自然成立**した。

14 1960年代前半, 池田勇人首相は韓国の李承晩大統領の訪日にあわせて日韓基本条約を締結, 日本が韓国と北朝鮮の2国をそれぞれ合法的な政府と認めて国交を回復した。

地方上級・平19

15 池田勇人内閣は,「所得倍増」をスローガンに, 1人当たり国民所得を10年間で2倍にする国民所得倍増計画を推進したが, 石油危機により, 計画は中断された。

地方上級・平24

16 高度経済成長期には, 好景気で労働力が流動化し, 終身雇用・年功序列といった昭和初期からの日本型経営として定着してきた雇用慣行が, 大企業を中心に崩壊した。

地方上級・平26

17 1970年代になると, 大都市圏において非自民系の革新首長が多数登場した。国政においても自民党への支持が減少し, ついには総選挙で非自民勢力が勝利し, 自民党は野党となった。

市役所・平28

18 中曽根康弘内閣は財政赤字を抑えるために行政改革と民営化をめざし, 1985年に電電公社の民営化を実施したが, 国鉄の民営化については白紙撤回した。

地方上級・平29

19 1992年のPKO (国連平和維持活動) 協力法の成立によって, 自衛隊の海外派遣が可能になり, カンボジアなどへの海外派遣が始まった。

市役所・平23

20 1993年に自由民主党が総選挙で過半数割れの敗北を喫すると, 日本社会党委員長の村山富市を首相とする内閣が成立し, 55年体制は崩壊した。

地方上級・平24

14 日韓基本条約は，**佐藤栄作**内閣と**朴正熙**政権との間で1965年に調印された。両国の外交関係の再開，韓国併合条約などの失効を確認した。北朝鮮政府についての言及はなく，現在も国交は回復していない。

15 経済成長は計画を上まわるハイペースで進み，1967年に**目標の倍増**を達成した。第一次石油危機は1973年で，これによる原油価格の高騰と地価急騰とが重なり，**高度経済成長**は終焉を迎えた。

16 導入された先進技術は日本の条件に合わせて改良が施され，**終身雇用・年功序列・労使協調**を特徴とする日本的経営が確立した。日本的経営が崩壊するのは，バブル経済崩壊後の1990年代後半以降。

17 1976年，ロッキード事件で**田中角栄**元首相が逮捕されると，同年の総選挙で自民党は大敗し，議席を減らして「**保革伯仲**」となった。自民党が野党となったのは1993～94年と2009～12年。

18 中曽根内閣は，世界的な新自由主義の風潮の中で**行財政改革**を推進し，老人医療や年金などの社会保障を後退させ，電電公社（現 NTT）・専売公社（現 JT）・国鉄（現 JR）の**民営化**を断行した。

19 正しい。地域紛争に国連平和維持活動で対応する動きが国際的に強まる中，**湾岸戦争**を機に日本の国際貢献への機運が高まり，1992年に **PKO 協力法** が成立。**自衛隊**の海外派遣が可能になった。

20 村山富市ではなく**日本新党**の**細川護熙**が共産党を除く非自民連立内閣の首相となった。1955年以来，38年ぶりに政権が交代し，55年体制は崩壊したが，これを継いだ羽田孜内閣は短命に終わった。

21
□ □ □

55年体制は，衆議院の中選挙区制にも支えられていたが，55年体制崩壊後は反自民の細川連立内閣によって小選挙区比例代表並立制が導入され，事実上小選挙区主体の制度となった。
市役所・平28

....

22
□ □ □

1991年にバブルが崩壊すると，日本の政府・日銀は高金利政策と公的資金の投入を行って，不良資産を抱えた金融機関を救済した。
地方上級・平25

....

23
□ □ □

小泉純一郎内閣は戦後の内閣の中で一番高い支持率でスタートしたが，郵政民営化を問う総選挙で大敗した。
地方上級・平29

21 正しい。金権政治という昭和の政治の実態が明らかになると，1993年の総選挙で自民党が大敗し，非自民8党派の連立政権が発足。<u>細川</u>内閣は1994年，衆議院に<u>**小選挙区比例代表並立制**</u>を導入した。

22 1990年代にバブルが崩壊し，<u>**平成不況**</u>に陥ると，政府・日銀は<u>**低金利政策**</u>と公的資金の投入を行って不良資産を抱えた金融機関を救済したが，企業の倒産やリストラが相次ぎ，大量の失業者が出た。

23 小泉内閣は，郵政民営化を問う総選挙で<u>圧勝</u>した。構造改革を掲げ，<u>**新自由主義的**</u>な政策をとり，金融や労働法制の規制緩和，町村合併などを推進したが<u>所得格差・地域格差</u>が広がった。

戦後の歴代内閣と主な出来事を，しっかり整理しておこう。ある首相の経歴の中に，別の首相の経歴を混ぜて出題されることもあるから，気をつけよう。

文化・外交・経済史

⑩ 文化史

▶白鳳文化(天武天皇・持統天皇時代)

□【興福寺仏頭】…685年造立。もと山田寺の薬師三尊の本尊の頭部。

□【薬師寺金堂薬師三尊像】…薬師寺本尊の金銅像。やわらかく写実的。

▶天平文化(聖武天皇時代)

□【鎮護国家】…仏教により国家の安定をはかるという思想にもとづき,**聖武天皇**は**国分寺建立の詔**(741年),**大仏造立の詔**(743年)を出した。

□【正倉院宝庫】…聖武太上天皇の遺品などをおさめていた校倉造の建物。

□【古事記】…712年に**太安万侶**が稗田阿礼の記憶を筆録して完成した史書。

□【日本書紀】…720年に**舎人親王**を中心に漢文編年体で編纂した官撰正史。

□【懐風藻】…751年に成立した日本最古の漢詩集。

▶弘仁・貞観文化(平安時代初期)

□【最澄】…**天台宗**を開き,近江の比叡山に草庵(のちの**延暦寺**)を開く。

□【空海】…紀伊の高野山に**金剛峰寺**を建てて,**真言宗**を開いた。

□【勧学院】…初代蔵人頭に任命された**藤原冬嗣**が設置した大学別曹。

□【綜芸種智院】…真言宗を開いた**空海**が設置した庶民教育機関。

▶国風文化(10世紀以降の摂関時代)

□【古今和歌集】…905年**紀貫之**らが編纂した最初の勅撰和歌集。

□【源氏物語】…中宮彰子(藤原道長の娘)に仕えた**紫式部**による大長編小説。

□【枕草子】…皇后定子(藤原道隆の娘)に仕えた**清少納言**による随筆集。

▶鎌倉文化(13世紀～14世紀前半)

□【新仏教】…庶民や武士など広い階層に広まる。

浄土真宗系	浄土宗(**法然**)…**専修念仏**の教えを説く。『選択本願念仏集』	
	浄土真宗(**親鸞**)…**悪人正機**を説く。『教行信証』	
	時宗(**一遍**)…**踊念仏**で教えを広める。『一遍上人語録』	
禅宗系	臨済宗(**栄西**)…**公案問答**により悟りを目指す。『興禅護国論』	
	曹洞宗(**道元**)…**只管打坐**によって悟りに達する。『正法眼蔵』	
	法華宗(**日蓮**)…**題目**をとなえることで救われる。『立正安国論』	

□【新古今和歌集】…**後鳥羽上皇**の命で**藤原定家**らが撰集した勅撰和歌集。

文化は鎌倉, 室町, 桃山, 江戸時代の文化が重要です。鎌倉新仏教は, まず宗派と開祖を覚えましょう。明治時代の条約改正は, 改正交渉の担当者と内容を順番におさえましょう。

□【金槐和歌集】…3代将軍**源実朝**の歌集で, 歌数は約700首。

□【平家物語】…**琵琶法師**により平曲として語られた軍記物語で, **信濃前司行長**の作とされる。

□【方丈記】…**鴨長明**が源平の争乱や災厄による人生の無常を嘆いた随筆。

▶室町文化(足利義満・足利義政時代)

□【鹿苑寺金閣】…足利義満が造営した, 寝殿造風と禅宗様を折衷した建物。

□【慈照寺銀閣】…足利義政が造営した, 書院造と禅宗様を折衷した建物。

□【五山・十刹の制】…臨済宗寺院を**足利義満**が南宋の官寺の制に倣い整備。

□【雪舟】…東山文化で日本的水墨画を大成して『四季山水図巻』を描いた。

□【宗祇】…正風連歌を確立し, 連歌集『新撰菟玖波集』を撰した。

□【宗鑑】…俳諧連歌をつくりだし, 俳諧連歌集『犬筑波集』を編集した。

▶桃山文化(織田信長・豊臣秀吉時代)

□【城郭建築】…平地に**天守閣**をもつ本丸が築かれた。**書院造**を取り入れる。

□【濃絵】…墨の濃淡ではなく**金箔地に青・緑を彩色する**障壁画。

□【阿国歌舞伎】17世紀初めに**出雲阿国**が京都でかぶき踊りを始めて人々にもてはやされ, やがてこれをもとに女歌舞伎が生まれた。

▶元禄文化(17世紀後半～18世紀初め:江戸時代)

□【井原西鶴】…**浮世草子**を創作し, 好色物・武家物・町人物を書いた。

□【近松門左衛門】…義理と人情の板挟みに悩む人々の姿を**人形浄瑠璃**や**歌舞伎の脚本**に書き, **竹本義太夫**らによって語られた。

□【市川団十郎】…荒事で好評を得て江戸で活躍した歌舞伎役者。

□【坂田藤十郎】…和事で好評を得て上方で活躍した歌舞伎役者。

□【中江藤樹】…**知行合一**の立場で現実を批判してその矛盾を改めようとする**陽明学派**を形成し, 門下の**熊沢蕃山**に引き継がれた。

□【山鹿素行】…**古学派**の学者で, 『**聖教要録**』で儒教古典の朱子学的解釈を批判したため, 赤穂に配流された。

□【契沖】…和歌の道徳的な解釈を批判して, 『**万葉代匠記**』を記す。

□【土佐光起】…大和絵系統から出て宮廷絵所預となり, 土佐派を復興した。

▶宝暦・天明期文化と化政文化(18世紀後半～19世紀初め:江戸時代)

□【寺子屋】…村役人・僧侶・神職・富裕な町人などによって運営され, 江戸時代末期にはおびただしい数の**寺子屋**がつくられた。

□【鈴木春信】…多色刷りの浮世絵である**錦絵**を完成させた。

□【喜多川歌麿】…美人画の大首絵の絵師で,『婦人相十品』が代表作。

□【東洲斎写楽】…役者絵・相撲絵の絵師で,『市川鰕蔵』が代表作。

□【葛飾北斎】…風景画の浮世絵師で『**富嶽三十六景**』などを代表作とし,ヨーロッパの印象派画家に影響を与えた。

□【歌川広重】…風景画の浮世絵師で『**東海道五十三次**』が代表作。

□【竹田出雲】…近松門左衛門の弟子で『**仮名手本忠臣蔵**』が代表作。

▶近現代の文化

□【坪内逍遙】…戯作文化の勧善懲悪主義や政治小説の政治至上主義に対し,1885年に評論『小説神髄』を発表して**写実主義**を提唱。

□【学校令】…1886年,文部大臣**森有礼**の下でいわゆる**学校令**が公布され,小学校・中学校・師範学校・帝国大学などからなる学校体系が整備された。

□【プロレタリア文学運動】…『種蒔く人』(1921年創刊)などが創刊され,**徳永直**や**小林多喜二**らが,労働者の生活に根ざした作品を著した。

11 外交史

▶江戸幕府の四つの窓口

窓口	対馬口(朝鮮)	薩摩口(琉球)	松前口(蝦夷)	長崎口(中国・蘭)
担当	宗氏	島津氏	松前氏	幕府(長崎奉行)
使節	朝鮮通信使	慶賀使(将軍) 謝恩使(国王)	なし	オランダ商館長 (カピタン)

□【出島】…1641年,オランダ商館を平戸から長崎の**出島**に移す。

□【唐人屋敷】…1688年,長崎郊外に清国人居住地兼交易所として設置。

▶明治時代の朝鮮との交渉

□【日朝修好条規】…1875年の**江華島事件**の翌年に締結された条約で,釜山・仁川・元山の開港,日本の領事裁判権や無関税特権を認めさせた。

▶明治時代の条約改正の経過

担当者	交渉内容
岩倉具視	安政の諸条約に関する予備交渉と,欧米の制度・文物の視察。
寺島宗則	税権回復にアメリカが賛成するが,ドイツ・イギリスの反対で失敗。
井上馨	鹿鳴館外交。改正予備会議,国内の反対で失敗。
大隈重信	外国人判事の大審院任用問題で玄洋社員に襲撃され辞任。
青木周蔵	イギリスが条約改正に応じる姿勢を見せるが,**大津事件**で辞任。
陸奥宗光	日英通商航海条約で,**法権回復**と相互の最恵国待遇の承認に成功。
小村寿太郎	日米通商航海条約で,**関税自主権の回復**(1911年)に成功。

12 経済史

▶江戸時代の交通網の整備

□【五街道】…道中奉行が管理。**日本橋**を起点として，東海道は100人100疋^{びき}，
中山道は50人50疋，それ以外は25人25疋の伝馬役が準備された。

□【南海路】…江戸・大坂の航路で，**菱垣廻船**や**樽廻船**が就航。

□【河村瑞賢】…東北の日本海沿岸から津軽海峡経由で江戸に至る**東廻り航
路**と酒田(のち松前)から下関経由で大坂に至る**西廻り航路**を整備。

▶明治政府の地租改正と殖産興業

□【地租改正】…1873年，課税の基準を収穫高から**地価**に改め，物納を金納
に改めて税率を**地価の3％**とし，地券所有者を納税者とした。

□【工部省】…1870年設立。**伊藤博文**中心に軍需工場や鉱山の経営，鉄道・
通信・造船業などの育成にあたった。

□【内務省】…1873年設立。**大久保利通**中心に軽工業の振興にあたった。

□【国立銀行条例】…1872年，民間に兌換銀行券を発行させるため，**渋沢栄
一**中心に制定され，翌年，**第一国立銀行**が設立された。

▶GHQの民主化政策

□【労働組合法】…1945年，労働者の**団結権**・**団体交渉権**・**争議権**を保障。

□【持株会社整理委員会】…持株会社・財閥家族の所有する株式の譲渡を受
けて，一般に売り出し(株式の民主化)，財閥の傘下企業支配を一掃した。

□【独占禁止法】…1947年，持株会社や**カルテル**，**トラスト**が禁止された。

□【農地改革】…寄生地主制を解体して，在村地主の貸付地のうち一定面積
をこえる分は，国が強制的に買い上げて，小作人に安く売り渡した。

▶経済復興から高度成長へ

□【特需景気】…1950年に勃発した**朝鮮戦争**により，武器・車両の修理や弾
薬の製造など膨大な特需が発生。繊維や金属を中心に生産が拡大した。

□【高度経済成長】…1955年から73年にかけて鉄鋼・造船・自動車・電気機械・
化学で，アメリカの**技術革新**の成果を取り入れて**設備投資**がなされた。

▶経済大国への道

□【貿易摩擦】…1980年代，半導体・IC(集積回路)・コンピューターなど，ハ
イテク産業の発展によって，日本の貿易が黒字を続けたため。

□【プラザ合意】…1985年，**プラザ合意**により**円高ドル安**が急進し，円高不
況となって，欧米やアジアに生産拠点を移す日本企業が増加した。

□【バブル経済】…**超低金利政策**のもと，金融機関や企業の余剰資金が不動
産市場や株式市場に流入し，地価・株価の異常な高騰が起こった。

⑩ 文化史

01 天平文化は，平城京を中心として栄えた貴族文化で，唐の影響を受けた国際色豊かな文化である。鎮護国家思想が重んじられ，中央には東大寺，地方には国分寺・国分尼寺が造営された。　**国家専門職・平29**

02 『古事記』は舎人親王（とねりしんのう）が中心となって古くから伝わる伝記を編集した歴史書で，大化の改新で国政を刷新した天武天皇が，唐にならった律令による中央集権国家の成立を機に作成を命じた。　**国家専門職・平23**

03 平安時代には，貴族の子弟を対象とした大学が盛んに設立され，儒教に代え仏教・道教を中心とする教育が施された。また，藤原氏が設けた綜芸種智院（しゅげいしゅちいん）などの大学別曹も設けられた。　**国家一般職・平27**

04 国風文化は，大陸文化に日本人の嗜好を加味した文化である。13世紀に始まり，かな文字が発達して自由な表現が可能となったことから，『新古今和歌集』などの文学作品が生まれた。　**国家専門職・平29**

05 『源氏物語』は，紫式部によって書かれた長編の小説である。当時は女官が執筆した物語が多く作られており，同様のものとして短編の『竹取物語』，『伊勢物語』がある。　**国家専門職・平23**

06 鎌倉文化は，伝統文化を受け継いだ公家が担い手になったほか，武士や庶民にも支持された。武士や庶民を対象とし，法然の浄土真宗，空海の真言宗など，いわゆる鎌倉新仏教が生まれた。　**国家専門職・平29**

01　正しい。天平文化は，唐や西・南アジアなどの影響が見られる国際色豊かな文化。仏教による国家の安定を図る**鎮護国家**思想により，東大寺など奈良の大寺院では**南都六宗**と呼ばれる学派が形成された。

02　『古事記』を編纂したのは舎人親王ではなく**太安万侶**。「帝紀」「旧辞」をもとに天武天皇が稗田阿礼に誦習させた内容を筆録した（712年）。また，大化改新で国政を刷新したのは天武天皇ではなく**孝徳天皇**。

03　大学の設立は平安時代ではなく**奈良**時代で，大学では，仏教・道教ではなく**儒教**を中心とする教育が行われた。また，藤原氏の大学別曹は綜芸種智院ではなく**勧学院**で，綜芸種智院は空海が創設した。

04　国風文化は，13世紀ではなく**10世紀**に始まり，『新古今和歌集』ではなく『**古今和歌集**』が紀貫之らによって最初の勅撰和歌集として編纂された。『新古今和歌集』は**鎌倉文化**の作品である。

05　女官が執筆した作品は，『竹取物語』や『伊勢物語』ではなく赤染衛門によるとする説が有力な『**栄華物語**』や清少納言の『**枕草子**』である。なお『竹取物語』，『伊勢物語』はいずれも作者不詳。

06　法然は浄土真宗ではなく**浄土宗**で，**専修念仏**を説いた。空海の真言宗は鎌倉文化ではなく**弘仁・貞観文化**。鎌倉新仏教は念仏・題目・禅など，ただ一つの道を選び，専心して修めることを特徴とした。

07 鎌倉時代には仏教の新宗派が相次いで誕生し，法然や日蓮は「南無阿弥陀仏」を唱えるだけでは足りず，造寺造仏や困難な修行が仏の願いにかなうと説いた。

国家一般職・平24

08 『平家物語』は，琵琶法師の語りとして伝承されていた軍記物語であり，『金槐和歌集』の編纂にかかわった藤原定家が筆録したものといわれている。

国家専門職・平23

09 『徒然草』は，鴨長明の随筆である。この頃は，幕府の実力者の大内氏と細川氏の対立により応仁の乱が起こり，戦乱を避けて地方に移住した公家や僧侶などが多くの作品を残した。

国家専門職・平23

10 足利義政が建てた鹿苑寺金閣は，北山文化を代表する一向宗の建物であり，足利義満が建てた慈照寺銀閣は，東山文化の中で生まれた寝殿造の建物である。

地方上級・平30

11 足利義満は五山の制を整え，一向宗の寺院と僧侶を統制し保護したため，浄土宗文化が盛んとなり，義満に仕えた五山の僧の雪舟は，障壁画に幽玄の境地を開いた。

地方上級・平30

12 15世紀後半の東山文化では『新撰菟玖波集』が宗祇により編集され，水墨画の「四季山水図巻」が狩野永徳により描かれた。また，禅宗寺院や住宅に寝殿造が採用されるようになった。

国家一般職・平24

13 松尾芭蕉の連歌の作風は俳諧連歌と呼ばれ，『新撰菟玖波集』は芭蕉と弟子の秀作を編集したもの。宗祇は形式にとらわれない自由さをもつ正風連歌を確立し，『犬筑波集』を編集した。

国家Ⅱ種・平22

07 法然や日蓮は「南無阿弥陀仏」を唱えて造寺造仏や困難な修行を説いたのではなく，法然は**念仏**を，日蓮は**題目**を唱え，ただ選び取られた一つの道にすがることによってのみ救われると説いた。

08 『金槐和歌集』の編纂にかかわったのは藤原定家ではなく**源実朝**，『平家物語』を筆録したのは**信濃前司行長**とされている。藤原定家は，後鳥羽上皇の命で編纂された『**新古今和歌集**』の編者の一人。

09 鴨長明によって書かれた随筆は『徒然草』ではなく『**方丈記**』で，『徒然草』を書いたのは**吉田兼好**である。また，応仁の乱（1467年）が起こったのは室町時代で，『徒然草』が書かれた鎌倉時代ではない。

10 鹿苑寺金閣を建てたのは足利義政ではなく**足利義満**で，一向宗ではなく**寝殿造風**と**禅宗様**を折衷した建物。また，慈照寺銀閣を建てたのは**足利義満**ではなく足利義政で，寝殿造ではなく**書院造**の建物。

11 五山の制で幕府が保護したのは一向宗ではなく**臨済宗**。浄土宗文化ではなく**禅宗文化**が盛んとなった。雪舟は義満のもとで障壁画を創作したのではなく，**大内氏**の保護のもと，日本的な**水墨画**を創造した。

12 東山文化で水墨画の「四季山水図巻」を描いたのは，狩野永徳ではなく**雪舟**，禅宗寺院や住宅に採用されたのは寝殿造ではなく**書院造**である。狩野永徳は桃山文化の人物で「**唐獅子図屏風**」などを描いた。

13 『新撰菟玖波集』を編纂したのは芭蕉と弟子ではなく**宗祇**で，彼の作風は俳諧連歌ではなく**正風連歌**と呼ばれた。『犬筑波集』を編集したのは宗祇ではなく**宗鑑**で，正風連歌ではなく**俳諧連歌**を確立した。

14 □□□ 桃山文化は，戦国大名や豪商の気風を反映した文化で，山城を中心とした城郭建築や墨の濃淡を用いた濃絵による障壁画などが特徴で，オランダ人の来航を機に南蛮文化の影響も受けた。　**国家専門職・平29**

15 □□□ 桃山文化は，新興の大名や豪商の気風を反映した豪壮で華麗な文化で，城郭には天守閣や書院造の居館などが建てられ，民衆の間では，**出雲阿国**のかぶき踊りが人気を呼んだ。　**地方上級・平25**

16 □□□ 井原西鶴は，**浮世草子**と呼ばれる本格的な小説を書いた。近松門左衛門は，『国性（姓）爺合戦』などの時代物のほか，『曽根崎心中』などの世話物を人形浄瑠璃や歌舞伎の脚本に書いた。　**国家Ⅱ種・平22**

17 □□□ 歌舞伎は能の幕間に演じられた。当初は女性や若者の舞踊が中心だったが，やがて役者は男性のみとなり，上方に市川団十郎らの名優が出た。　**国家Ⅱ種・平22**

18 □□□ 近江聖人とよばれた中江藤樹は，幕府の御用学者となった林羅山とともに朱子学派を形成し，その思想は門下の熊沢蕃山に引き継がれた。　**地方上級・平21**

19 □□□ 古典の研究では，山鹿素行が『万葉集』を文献学的方法で研究して『万葉代匠記』を著し，後の国学の基礎を築いた。また，**荻生徂徠**は『源氏物語』を研究し，幕府の歌学方に任ぜられた。　**国家Ⅱ種・平22**

20 □□□ 土佐光起は，都市の風俗を描く浮世絵の版画を始めたことが評価され，幕府の御用絵師になった。また，尾形光琳は住吉派を興し，形式化して衰えた狩野派に代わって朝廷の絵師となった。　**国家Ⅱ種・平22**

14 桃山文化は，山城ではなく平城を中心とした**城郭建築**，また，金箔地に青・緑を彩色する濃絵による**障壁画**などが特徴。西洋文化との接触は，オランダ人ではなく**ポルトガル人**の来航を機に始まった。

15 正しい。桃山文化を象徴する**城郭建築**は，平地につくられ，**天守閣**をもつ本丸に，内部は**書院造**が取り入れられた。民衆の娯楽として室町時代からの能に加え，**出雲阿国**のかぶき踊りがもてはやされた。

16 正しい。**井原西鶴**は浮世草子を創始し，好色物のほか，武家物や町人物を書いた。**近松門左衛門**は時代物や世話物を人形浄瑠璃や**歌舞伎**の脚本に書き，**竹本義太夫**らによって語られた。

17 能の幕間に演じられたのは**狂言**。上方の歌舞伎役者は，和事を得意とする**坂田藤十郎**や女形の代表**芳沢あやめ**である。市川団十郎は**江戸**で活躍した。

18 中江藤樹は**陽明学派**を形成し，門下の**熊沢蕃山**に引き継がれた。陽明学は，革新的で実践を重んじる**知行合一**の立場をとったため，幕府から警戒された。

19 『万葉代匠記』を著したのは，山鹿素行ではなく**契沖**で，和歌を道徳的に解釈しようとする従来の説を批判した。『源氏物語』の研究を行い，幕府の歌学方に任ぜられたのは荻生徂徠ではなく**北村季吟**。

20 土佐光起は，浮世絵を始めて幕府の御用絵師になったのではなく，**大和絵**系統から出て**朝廷**の絵師となった。住吉派を興したのは，尾形光琳ではなく，幕府の御用絵師となった**住吉如慶**。

21

江戸時代には，一般庶民も読み・書き・算盤などの知識が必要になり，幕府は寺子屋を全国に設けた。寺子屋は下級武士によって経営されたが負担が大きく，江戸時代末期には衰退した。

国家一般職・平27

22

江戸時代後期には町人文化が成熟し，浮世絵が最盛期を迎えた。喜多川歌麿や東洲斎写楽が美人画や役者絵を，葛飾北斎が「富嶽三十六景」を，歌川広重が「東海道五十三次」を描いた。

国家一般職・平24

23

化政文化は，京都や大坂など上方の町人を担い手とした文化で，人形浄瑠璃や歌舞伎では，近松門左衛門の『仮名手本忠臣蔵』や鶴屋南北の『東海道四谷怪談』などの作品が人気を博した。

地方上級・平25

24

明治初期，坪内逍遙は，戯作文学の勧善懲悪主義と西洋文学の写実主義との融合を提唱した『小説神髄』を著すとともに，小説『安愚楽鍋』を著し，わが国の小説の先駆けとなった。

国家一般職・平30

25

明治時代，政府は，教育機関や教育内容の整備を進め，文部大臣森有礼のもとで帝国大学令・師範学校令などの学校令が初めて公布され，学校体系の基本が確立された。

国家一般職・平27

26

明治中期，尾崎紅葉は，わが国で初めて言文一致体で書かれた小説『浮雲』を著すとともに，国木田独歩らと民友社を結成して雑誌『国民之友』を発刊し，近代小説の大衆化を進めた。

国家一般職・平30

27

明治末期には，英国やドイツの影響を受けた自然主義が文壇の主流となり，留学経験もある夏目漱石と森鷗外は，人間社会の現実の姿をありのままに描写する作品を著して活躍した。

国家一般職・平30

21 寺子屋は，幕府が設けて下級武士によって経営されたものではなく，**村役人・僧侶・神職・富裕な町人**などによって運営された。江戸時代末期には衰退どころか，おびただしい数の寺子屋がつくられた。

22 正しい。鈴木春信は**錦絵**を完成させ，**喜多川歌麿**や**東洲斎写楽**は**大首絵**の手法を駆使し，**葛飾北斎**や**歌川広重**は風景画で活躍した。開国後は海外にも紹介され，ヨーロッパの**印象派画家**に影響を与えた。

23 化政文化の担い手が，上方の町人ではなく，**江戸**をはじめとする三都の町人である。また，『仮名手本忠臣蔵』は近松門左衛門ではなく二代目**竹田出雲**らの作品で，**宝暦・天明期**の文化である。

24 明治初期，**仮名垣魯文**の戯作文学『安愚楽鍋』などは人気を博したが，坪内逍遙は『小説神髄』を発表して，戯作文学の勧善懲悪主義を**排し**，人間の内面や世相を**写実的**に描くことを提唱した。

25 正しい。1886年に**森有礼**のもとで**学校令**が公布され，小学校・中学校・師範学校・帝国大学などの学校体系が整備された。その後，尋常小学校3〜4年が**義務教育**とされ，さらに6年間に延長された。

26 小説『浮雲』の著者は，尾崎紅葉ではなく**二葉亭四迷**。尾崎紅葉は**山田美妙**らと**硯友社**を結成し，回覧雑誌『我楽多文庫』を発刊した。民友社は徳富蘇峰が『国民之友』を発行するために設立した出版社。

27 人間社会の暗い現実をありのままに描写する自然主義の代表的作家は，**国木田独歩**，**田山花袋**，**島崎藤村**などである。夏目漱石や森鷗外は**反自然主義**の立場をとり，近代知識人の内面を描いた。

28

□□□ 大正期，人道主義・理想主義を掲げ，雑誌『白樺』を中心に志賀直哉や武者小路実篤らの白樺派が，新現実主義を掲げ，雑誌『新思潮』を中心に菊池寛や芥川龍之介らの新思潮派が活躍した。　　　　**国家一般職・平30**

. . . .

29

□□□ 大正末期には，社会主義・労働運動の高揚に伴って，プロレタリア文学運動が起こり，機関誌『改造』が創刊され，幸田露伴や小林多喜二らが労働者の生活に根ざした作品を著した。　　　　**国家一般職・平30**

. . . .

30

□□□ 日本では，戦後，義務教育制度が初めて設けられ，戦前は義務ではなかった6年間の小学校教育が義務化され，児童数の増大に対応するため，全国に公立の小学校が設立された。　　　　**市役所・平30**

28 正しい。志賀直哉や武者小路実篤らの**白樺派**は個性，自我，生命の尊重をうたい，永井荷風や谷崎潤一郎などの**耽美派**は官能的な美を追求し，菊池寛や芥川龍之介らの**新思潮派**は現実を理知的に捉えた。

29 大正末期にプロレタリア文学運動が起こり，機関誌『**種蒔く人**』や『**戦旗**』などには，徳永直の『**太陽のない街**』，小林多喜二の『**蟹工船**』など，無産階級である労働者の現実を描いた作品が掲載された。

30 義務教育の明確化は1886年の小学校令(学校令の一つ)から。1947年の**教育基本法**により義務教育が実質6年から小・中学校の**9**年に延長され，男女共学が原則となり，教育の機会均等がはかられた。

01 琉球王国は，琉球王国の代がわりごとにその即位を感謝する慶賀使を，徳川将軍の代がわりごとにその就任を奉祝する謝恩使を，それぞれ幕府に派遣した。

地方上級・平26

02 江戸幕府下で締結されたアメリカ合衆国との不平等条約の改正を目的に，いわゆる岩倉使節団が派遣され，外務卿の大久保利通は関税自主権を認めさせることに成功し，同権を回復させた。 国家Ⅱ種・平21

03 岩倉具視は，使節団の全権大使として欧米の近代的な政治や産業を視察して帰国し，自由貿易の開始や開港場における外国人居留地の設置などについて定めた日米修好通商条約を締結した。 国家専門職・平22

04 日清修好条規は，日清戦争の講和のために締結された条約であり，この条約では，清国は遼東半島と台湾を日本に譲渡し，日本は2億両の賠償金を清国に支払うことが規定された。 地方上級・平20

05 国交樹立を朝鮮に拒否されたため，明治政府は西郷隆盛を大使とする使節団を朝鮮に派遣し，領事裁判権等を盛り込んだ不平等条約である日朝修好条規（江華条約）の締結に成功した。 国家Ⅱ種・平21

06 日朝修好条規は，日露戦争の結果ロシアが朝鮮に対する日本の優越権を認め日本と朝鮮との間で締結された条約で，日本による朝鮮の独立国としての承認と朝鮮総督府の設置が規定された。 地方上級・平20

01 琉球国王の代がわりごとにその即位を徳川将軍に感謝するのは**謝恩使**。また，将軍の代がわりごとにその就任を奉祝するのは**慶賀使**である。使節には**異国風**の服装・髪型を強制した。

02 1911年に関税自主権の回復に成功したのは外務大臣の**小村寿太郎**。岩倉使節団は不平等条約の改正を果たすことはできなかったが，欧米の実情を体験し，近代化の方向を探ることができた。

03 日米修好通商条約の締結は岩倉使節団の帰国後ではなく，幕末の**1858年**。岩倉使節団は，幕府から引き継いだ安政の諸条約改正に関する予備交渉と，欧米の制度・文物の視察を目的として派遣された。

04 日清戦争の講和のために1895年に締結された条約は日清修好条規ではなく**下関条約**。日本の勝利により，日本が清にではなく，清が日本に**2億両**の賠償金を支払うことが規定された。

05 明治政府は**西郷隆盛**を大使とする使節団の派遣を決めていたが，**大久保利通**らの強硬な反対で派遣は中止された。日朝修好条規（江華条約）締結の契機は西郷の派遣ではなく，1875年の江華島事件。

06 日朝修好条規は，日露戦争ではなく**江華島事件**後の1876年に締結された条約。朝鮮総督府の設置ではなく，**釜山**ほか2港を開かせ，日本の**領事裁判権**や**無関税特権**を認めさせた**不平等条約**であった。

07
☐☐☐☐
樺太・千島交換条約は，日本とロシアとの国境を明確にし，両国の雑居地となっていた樺太をロシアが放棄して日本領とし，千島全島をロシア領とすることが規定された。 **地方上級・平20**

··

08
☐☐☐☐
井上馨外相は，外国人判事任用案の中止や領事裁判権の撤廃に重点を置いてイギリスと交渉を進め，領事裁判権の撤廃について同国の同意を得たが，大津事件をきっかけに辞任した。 **国家専門職・平22**

··

09
☐☐☐☐
小村寿太郎外相は，領事裁判権の撤廃と関税自主権の一部回復を求めて欧米と交渉し，了承を得たが，欧化政策や外国人の内地雑居を認める方針が国民の反発を招き，辞任に追い込まれた。 **国家専門職・平22**

··

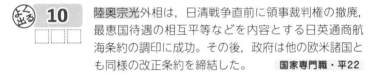

よく出る 10
☐☐☐☐
陸奥宗光外相は，日清戦争直前に領事裁判権の撤廃，最恵国待遇の相互平等などを内容とする日英通商航海条約の調印に成功。その後，政府は他の欧米諸国とも同様の改正条約を締結した。 **国家専門職・平22**

··

よく出る 11
☐☐☐☐
青木周蔵外相は，日米通商航海条約を締結し，米国との間で領事裁判権の一部撤廃に成功したが，ノルマントン号事件で辞任に追い込まれ，関税自主権の回復については交渉が中止された。 **国家専門職・平22**

07 樺太・千島交換条約は，1875年，ペテルブルグで榎本武揚・ゴルチャコフの両全権間で調印された。北海道の開拓で手一杯だった日本が**樺太**を放棄し，その代わりに**千島**全島を日本領とした。

08 イギリスは，**シベリア鉄道**を計画して東アジア進出をはかるロシアを警戒して，相互対等の条約改正に応じる態度を示した。訪日中のロシア皇太子が襲われた大津事件（1891年）は**青木周蔵**外相のとき。

09 欧化政策や外国人の内地雑居を認める方針に批判が起こったのは，**井上馨**外相のとき。**領事裁判権の撤廃**には，欧米同様の法典の編纂と外国人が被告のときは**外国人判事**を採用するという条件があった。

10 正しい。**陸奥宗光**は，自由党の支持で国内の改正反対の声をおさえ，**1894**年，**領事裁判権の撤廃**，相互対等の**最恵国待遇**などを内容とする日英通商航海条約の調印に成功。**1899**年から施行された。

11 青木周蔵ではなく**小村寿太郎**外相が1911年に日米通商航海条約を締結し，**関税自主権の回復**に成功した。ノルマントン号事件で辞任に追い込まれたのは，青木周蔵ではなく井上馨外相である。

01

江戸時代には，江戸の日本橋を起点に五街道が整備された。水上交通としては，江戸と大坂を結ぶ航路に菱垣廻船や樽廻船が就航し，河村瑞賢により東廻り航路と西廻り航路が整備された。 **国家専門職・平25**

02

政府は，土地の売買を認め土地所有者に地券を発行し，課税の基準を収穫高から地価に改め地価の一定割合を地租として土地所有者に金納させることにより，安定的な財源の確保を図った。 **地方上級・平26**

03

政府によって，明治5年に大阪と京都の間にわが国初の鉄道が開通した。その後，官営鉄道として東海道線，山陽線，東北線などの建設が進められたが，後にこれらの路線は民営化された。 **国家専門職・平25**

04

政府は，殖産興業を進めるため先に設置した内務省に軍需工場や鉱山の経営，鉄道・通信・造船業などの育成にあたらせ，続く工部省には軽工業の振興，内国勧業博覧会の開催を行わせた。 **地方上級・平26**

05

政府は新貨条例を定め，円・銭・厘を単位とする新硬貨を発行し，国立銀行条例を定めて全国に官営国立銀行を設立。第一国立銀行を日本初の中央銀行に指定し唯一の紙幣発行銀行とした。 **地方上級・平26**

06

戦後，日本経済の復興を進めるために，カルテルの形成が一時的に認められ，企業の合併が促進されて，三井・三菱・住友・安田の四大財閥が生まれた。 **市役所・平30**

01　正しい。**五街道**は日本橋を起点に**道中奉行**が管理し，水上交通は，江戸・大坂の航路を**菱垣廻船**や**樽廻船**が就航した。**河村瑞賢**が東・西廻り航路を整備し，角倉了以が富士川を整備し，高瀬川を開削した。

02　正しい。1872年，明治政府は土地の所有権を示すために**地券**を発行した。地租は**地価**を基準に課税され，物納を**金納**にして税率を**地価の3%**とし，**地券所有者**を納税者として，財源確保の安定を図った。

03　わが国初の鉄道は大阪・京都間ではなく，**新橋・横浜**間の東海道線（官営）である。山陽線や東北線は**民営鉄道**として建設されたが，**鉄道国有法**により主要幹線は国有化された。

04　殖産興業を推進するために設置された政府機関は内務省ではなく**工部省**（1870年設立）。軽工業の振興，内国勧業博覧会の開催を行わせたのが**内務省**（1873年設立）である。

05　政府は国立銀行条例を定め，官営でなく**民営**の国立銀行を全国に設立した。第一国立銀行は**兌換銀行券**の発行を許可された国立銀行の一つで，日本初の中央銀行は1882年に設立された**日本銀行**である。

06　戦後，GHQ は日本の**財閥解体**を経済民主化の課題と考えた。三井・三菱・住友・安田などの15財閥の資産の凍結・解体を命じ，**独占禁止法**によって，持ち株会社やカルテル・トラストなどを**禁止**した。

07 戦後，日本の農業の生産性向上のために農地改革が行われた。小規模な農地が集約され，農業の大規模化が進められ，専業農家が増加した。　**市役所・平30**

08 農地改革により，日本のすべての小作地は国に買い上げられ，大規模農業をめざす企業に優先的に安く払い下げられた。　**市役所・平26**

09 労働改革では労働組合法が制定され，労働者の団結権と団体交渉権は認められたが，共産主義勢力の台頭を恐れて争議権は認められなかった。　**市役所・平26**

10 日本の高度経済成長の国内要因として，国民の貯蓄率が高く，その豊富な資金が銀行などの金融機関を通じて企業に貸し出され，巨額の設備投資が行われていたことが挙げられる。　**地方上級・平26**

11 高度経済成長期には，土地や株の価格が持続的に上昇し，資産家・企業経営者の所得は増えたが，雇用労働者の賃金は上がらず，経済格差が拡大した。　**地方上級・平26**

12 1970年代前半，ドル危機，第一次石油危機等により高度経済成長は終焉した。石油危機後の日本企業は省エネルギーなどの減量経営化に失敗し，実質 GDP は漸次減少した。　**市役所・平28**

13 1980年代に日本の輸出を大幅に伸ばし不況を乗り切る牽引役となったのは，鉄鋼・石油化学・造船などの産業である。　**地方上級・平25**

07 農地改革により，農地の半分近くを占めていた**小作地**が大幅に減少したが，農家の大半が1町歩未満の零細な**自作農**となった。**兼業農家**が多くを占めるようになり，農業の大規模化は進められなかった。

08 戦後，**自作農創設特別措置法**により，不在地主の全貸付地と在村地主の一定面積を超える貸付地を国が強制的に買い上げ，**小作人**に優先的に安く売り渡したため，大規模な農業経営は発展しなかった。

09 労働組合法（1945年）で労働者の**争議権**が保障された。また，**労働関係調整法**（1946年）で，斡旋・調停・仲裁などの争議調整方法や労働争議の制限が規定された。

10 正しい。高度経済成長を牽引したのは大企業による膨大な**設備投資**である。アメリカの技術革新が，重化学工業のさまざまな部門に取り入れられて，設備が更新され，さらに中小企業の成長も促した。

11 高度経済成長期には，雇用労働者の賃金は，若年層を中心とする労働者不足や**春闘**方式を導入した労働運動の展開によって大幅に上昇した。経済格差は縮小し，**国内市場**が拡大した。

12 第一次石油危機後の日本企業は，エネルギーや人員削減などの**減量経営**につとめ，工場やオフィスの自動化を進めてハイテク産業を中心に生産をのばした。実質**GDP**は拡大し，日本は**経済大国**となった。

13 1980年代に日本の輸出を伸ばしたのは，省エネ型の自動車・電気機械や半導体・IC（集積回路）・コンピューターなどの**ハイテク産業**で，貿易黒字の拡大で欧米諸国との間に**貿易摩擦**が起こった。

14

プラザ合意が成立すると円安ドル高が急進し，対米貿易赤字が改善した。円安が進むにつれて，欧米やアジアの海外工場から日本へ生産拠点を移転する日本企業が増加した。

市役所・平28

15

1980年代末には，日本は，それまでの経済成長に見合って株価や不動産価格が上昇したため，バブル経済となった。

地方上級・平25

14 1985年のプラザ合意で円高ドル安が加速し，輸出主導型で成長してきた日本経済は**円高不況**に陥った。また，円高によって，欧米やアジアに生産拠点を移す日本企業が増加し，**生産の空洞化**が進んだ。

15 1987年半ばから内需に主導されて景気が回復し，実体以上に**地価・株価**が高騰してバブル経済となった。**超低金利政策**のもと金融機関や企業の余剰資金が不動産市場や株式市場に流入したためである。

1955年からの高度経済成長は，成長の背景や結果を覚えるだけでなく，その約20年後に迎える高度成長の終焉についても，経緯をしっかりおさえておこう。

スピードチェック
日本史　近代日本の国境と国域

●日清戦争・日露戦争・第一次世界大戦

P.48・49
樺太南半分
1905 ポーツマス条約

大韓帝国
1910 韓国併合条約

関東州
1905 租借

P.85
台湾・澎湖諸島
1895 下関条約

千島列島

京城
青島
南京
小笠原諸島
沖縄島

マリアナ諸島
マーシャル諸島
パラオ諸島
カロリン諸島

南洋諸島
1920 委任統治

プラスワン
【対外膨張主義】

1895年，日本は日清戦争に勝利すると，下関条約によって台湾・澎湖諸島を譲り受けた。また，1905年に日露戦争に勝利し，ポーツマス条約によって，旅順・大連（関東州）の租借権，北緯50度以南の樺太などを譲り受けた。さらに，この条約で韓国での優越権を認めさせた日本は，1910年，韓国併合条約を強要して韓国を植民地化した。第一次世界大戦後は，ヴェルサイユ条約によって，旧ドイツ領南洋諸島の委任統治権を得た。

●太平洋戦争

1945.8.8
ソ連の侵攻
P.60・61

満州国

P.63
1945.8
日本降伏

北京
南京

1942.6.5
ミッドウェー海戦

1944.7
サイパン島陥落

1941.12.8
真珠湾奇襲攻撃

タイ
フランス領
インドシナ
マレー半島
沖縄

オランダ領東インド

ガダルカナル島

日本の領土
1941 年まで日本の占領地
1941 年までの日本の同盟国
日本軍の最大進出地域

プラスワン
【大東亜共栄圏】

1941年12月，日本がハワイ真珠湾などを奇襲攻撃して太平洋戦争が始まった。緒戦の日本軍は，東南アジアから南太平洋にかけての地域を制圧したが，ミッドウェー海戦の敗北で戦局が転換し，サイパン島が陥落すると，米軍機による本土空襲が激化した。1945年4月に沖縄戦が始まり，8月に広島と長崎に原子爆弾が投下され，ソ連の対日参戦が決まると，日本はポツダム宣言を受諾し，無条件降伏した。

世界史

上・中級公務員試験
**一問一答
スピード攻略**

人文科学

西洋史（古代・中世）

11 古代文明とギリシア・ローマ

《オリエント》

▶**メソポタミア**…ティグリス川とユーフラテス川の間の地。ほぼ現イラク。

□【バビロン第1王朝】…前18世紀頃に**ハンムラビ王**が全メソポタミアを統一。粘土板に刻む**楔形**文字，**六十**進法，**太陰**暦を使用。

▶**エジプト**…前3000年頃から王（**ファラオ**）による統治。

□【古王国】…ナイル下流域の**メンフィス**中心。ピラミッド建設。

□【新王国】…前16世紀から。ミイラをつくり「死者の書」を残す。神聖文字（ヒエログリフ），**太陽**暦を用いた。

▶**オリエントでの興亡**

□【アケメネス朝】…前6世紀，**ダレイオス1世**がオリエント再統一。各地にサトラップを派遣，王の目・王の耳，軍道（王の道）を整備。前5世紀，**ペルシア**戦争に敗れ，前330年**アレクサンドロス大王**に征服され滅亡。

□【ササン朝】…3世紀，**クテシフォン**を首都に建国。シャープール1世のとき中央集権化。国教はゾロアスター教。

《インド》

▶**インダス文明**…前2600〜前1800年頃。インダス川下流域の**モエンジョ＝ダーロ**，上流域のハラッパーはレンガ造りの都市遺跡。

▶**アーリア人の進出**…前1500年頃〜。自然神崇拝の賛歌『リグ＝ヴェーダ』。

□【ヴァルナ制】…4つの身分。**バラモン**（司祭）・**クシャトリヤ**（武士）・**ヴァイシャ**（農民・商人）・**シュードラ**（隷属民）。

□【カースト制度】…生まれたときからの身分による上下関係。

インドでは，2世紀以降，ガンダーラ地方を中心に仏教美術が盛んになりました。4世紀頃になるとヒンドゥー教が定着していきます。

《ギリシア》

▶**古代ギリシア**…都市（ポリス）が発展。

| アテネ | イオニア系。前7世紀, **民主政**の出現。ペリクレスのとき最盛期。 |
| スパルタ | ドーリア系。厳しい規律で強力な陸軍をもつ。貴族政ポリス。 |

古代史からの出題は全体的に少ない傾向です。その分，各地域の基本的な出来事をしっかりとおさえておきましょう。

□【**ペルシア戦争**】…前500〜前449年。ギリシア軍が**アケメネス朝**に勝利。

▶**ヘレニズム時代**…前330頃〜前30までの約300年間。

□【**アレクサンドロス大王**】…マケドニア王。前334**東方遠征**に出発。

《ローマ》

▶**ローマの共和政**…前6世紀に**エトルリア**人の王を追放して共和制となる。

□【**元老院**】…貴族の会議。最高官職の執政官**コンスル**を指導し実権を握る。

□【**十二表法**】…前5世紀，慣習法を成文化。

▶**ローマの拡大**…各地に属州ができ，ローマ本国では**無産市民**が増大する。

□【**ポエニ戦争**】…前264〜前146年。3度に渡る戦いの末，**フェニキア**人の植民市**カルタゴ**に勝利。前2世紀に地中海のほぼ全域を支配下に置く。

▶**内乱の1世紀**…**カエサル**が台頭し，次第に独裁色を強める。

□【**三頭政治**】…第1回(前60〜前53年)**ポンペイウス**・カエサル・クラッスス。第2回(前43年)**アントニウス**・レピドゥス・オクタウィアヌス。

□【**アクティウムの海戦**】…前31年，アントニウスとプトレマイオス朝のクレオパトラに**オクタウィアヌス**が勝利。地中海平定。

▶**帝政時代**…元首政開始後約200年間「**ローマの平和**(パクス・ロマーナ)」。

□【**アウグストゥス**】…**オクタウィアヌス**が元老院から与えられた称号。

□【**トラヤヌス帝**】…**五賢帝**の一人。ローマの領土が最大になる。

▶**帝国の分裂**…3世紀，軍人皇帝の時代。ゲルマン人やササン朝の侵入。

□【**ディオクレティアヌス帝**】…帝国の四帝分治制。専制君主政。

□【**コンスタンティヌス帝**】…330年，首都**コンスタンティノープル**建設。

□【**テオドシウス帝**】…**ゲルマン**人の移動で混乱。395年，帝国を東西に分割。

▶**キリスト教の国教化**…皇帝崇拝を望む**ネロ**やディオクレティアヌスらに迫害されたが，帝国全体に浸透。

ミラノ勅令	313年，**コンスタンティヌス帝**がキリスト教を公認。
ニケーア公会議	325年，**アタナシウス**派を正統教義とする。
エフェソス公会議	431年，ネストリウス派を異端とする。→中国で景教として広まる。

世界史

西洋史(古代・中世)

2 ヨーロッパ世界の形成

▶**ゲルマン人**…**フン人**の西進後，375年に南下，ローマ帝国領内に移住。

▶**フランク王国の発展と分裂**

□【**メロヴィング朝**】…5～8世紀。**クローヴィス**が建国。キリスト教**アタ ナシウス派**に改宗し，ローマ人の支持を得て勢力を拡大。

□【**カール＝マルテル**】…**トゥール＝ポワティエ間の戦い**でイスラーム軍撃破。

□【**カロリング朝**】…8～10世紀。**ピピン**が創始。ランゴバルド王国から奪っ た**ラヴェンナ地方**をローマ教皇に寄進し，結びつきを強める。

□【**カール大帝**】…西ヨーロッパを統一。教皇**レオ3世**より帝冠を授かり （**カールの戴冠**），「西ローマ帝国」の復活を宣言。

▶**帝国の分裂**

□【**843年：ヴェルダン条約・870年：メルセン条約**】…フランク王国分裂。そ れぞれドイツ，フランス，イタリアの原型になる。

□【**聖像禁止令**】…726年に東ローマ帝国皇帝が発布。ローマ教皇と対立して 1054年に教会が分裂。**ギリシア正教会**と**ローマ＝カトリック教会**となる。

▶**十字軍**…11世紀末～13世紀。聖地イェルサレムの奪回運動。

□【**セルジューク朝**】…小アジアに侵入。ビザンツ皇帝がローマ＝カトリッ ク教会に救援を要請。クレルモン宗教会議で**ウルバヌス2世**が十字軍提唱。

第1回	**イェルサレム**の奪回に成功し，**イェルサレム王国**を建国。
第3回	イェルサレムを奪われ，アイユーブ朝の**サラディン**と交戦。
第4回	教皇**インノケンティウス3世**が提唱するも，ヴェネツィア商人が**コンス タンティノープル**を占領し，**ラテン帝国**を建国。

□【**王権の伸長**】…十字軍の失敗で教皇は失墜。一方，国王の権威は高まる。

 十字軍は，ヨーロッパとイスラーム世界の交流も活発 にし，ヨーロッパ世界には貨幣経済の浸透や東方貿 易，また，それに伴う都市の発展をもたらしました。

《中世諸国家の動向》

▶**イギリス**

□【**ヘンリ2世**】…プランタジネット朝の創始者。

□【**ジョン王**】…フランス王フィリップ2世に敗北し，教皇**インノケンティ ウス3世**から破門される。重税が原因で**大憲章**（**マグナ＝カルタ**）に署名。

□【**ヘンリ3世**】…マグナ＝カルタを無視し，大貴族シモン＝ド＝モン

フォールの乱が起こる。続く**エドワード1世**によって模範議会が招集される。

▶フランス

□【**カペー朝**】…フランス・カロリング朝断絶後，**ユーグ＝カペー**が開く。

□【**フィリップ2世**】…大陸領土の拡大に成功。第3回十字軍に参加。

□【**ルイ9世**】…**アルビジョワ十字軍**に成功。第6・7回十字軍も主導。

□【**フィリップ4世**】…聖職者課税問題で教皇**ボニファティウス8世**と対立。**三部会**を開き国内の支持を得る。1303年，**アナーニ事件**で教皇を破る。

□【**百年戦争**】…1339〜1453年。フランス王位継承問題とフランドルをめぐるフランスとイギリスの抗争。**ジャンヌ＝ダルク**の活躍でフランスが勝利。イギリスは**バラ戦争**突入。

▶ドイツ

□【**神聖ローマ帝国**】…962年にオットー1世が教皇より帝冠を戴く。

□【**カノッサの屈辱**】…1077年，叙任権問題で皇帝**ハインリヒ4世**が教皇**グレゴリウス7世**と対立。教皇に破門された皇帝が謝罪。1122年の**ヴォルムス協約**で妥協。

□【**大空位時代**】…皇帝不在の時代。ドイツの政治的混乱が極まる。

□【**金印勅書**】…**カール4世**が皇帝選出を七選帝侯に委ねる。分裂が進む。

□【**イタリア政策**】…歴代ドイツ皇帝はイタリアに干渉。これを受け，イタリアは分権化が進み，**ゲルフ**（教皇党）・**ギベリン**（皇帝党）が対立。

▶東ローマ帝国（ビザンツ帝国）…395年にローマ帝国が東西分裂して成立。

首都は**コンスタンティノープル**。1453年，**オスマン帝国**のメフメト2世の攻撃を受けて滅亡した。

□【**ユスティニアヌス帝**】…6世紀，最盛期の皇帝。トリボニアヌスに『**ローマ法大全**』を編纂させた。聖ソフィア聖堂を建設。

14世紀，カトリック教会は教皇が分立するなど混乱が続き，カトリック教会の堕落を批判するウィクリフやフスらが処刑されました。この動きが宗教改革へとつながっていきます。

01
エジプトでは，ファラオは全国を20余りの州に分け，知事をおいて統治するとともに，全国の要地を結ぶ軍道「アッピア街道」を建設し，駅伝制を整えて中央集権の強化を図った。
　　　　　　　　　　　　　　　　　　　国家Ⅱ種・平22

02
ローマは，数回にわたって行われたポエニ戦争でギリシアに勝ち，次第に領土を広げて地中海の覇権をにぎるようになった。
　　　　　　　　　　　　　　　　　　　地方上級・平21

03
カエサルは，クラッススやタキトゥスと結んで第2回三頭政治を始め，ガリア地方を平定した後にポンペイウスを破って独裁者となった。
　　　　　　　　　　　　　　　　　　　地方上級・平21

04
オクタウィアヌスは，クレオパトラと結んだアントニウスを破って地中海世界を統一し，元老院からアウグストゥスの称号を受け，帝政が始まった。
　　　　　　　　　　　　　　　　　　　地方上級・平21

05
コンスタンティヌス帝は，コロヌスを土地にしばりつけて税収入を確保し，下層民の身分や職業を世襲化した。また，都をビザンティウムに移し，コンスタンティノープルと改称した。
　　　　　　　　　　　　　　　　　　　地方上級・平25

06
テオドシウス帝は，ミラノ勅令でキリスト教を公認し，ニケーア公会議を開いて，三位一体説のアタナシウス派を正統とし，キリスト教の教義の統一をはかった。
　　　　　　　　　　　　　　　　　　　地方上級・平25

01 各州に知事（**サトラップ**）をおいたのは，エジプトのファラオではなくアケメネス朝ペルシアの王・**ダレイオス1世**である。全国の要地を結ぶ国道は，アッピア街道ではなく，**王の道**と呼ばれた。

02 ギリシアではなく，フェニキア人植民市**カルタゴ**。カルタゴは，前3世紀中頃からシチリアを主戦場としてローマと対立（**ポエニ戦争**：前264〜前146年）。第3回ポエニ戦争に敗れ，前146年に滅亡した。

03 第2回ではなく第1回三頭政治（前60〜前53年）。共和政ローマ末期の**カエサル・ポンペイウス・クラッスス**による寡頭政治。私的な政治同盟で，その後，カエサルがポンペイウスを倒して全土を平定。

04 正しい。オクタウィアヌスは，クレオパトラと結んだアントニウスを**アクティウムの海戦**で破り，権力の頂点に立った。**プリンケプス**（市民のなかの第一人者）を自称したが，事実上の皇帝独裁であった。

05 正しい。コンスタンティヌス帝（在位306〜337年）は，コロナトゥス（小作制）を強化する一方，**ソリドゥス金貨**を流通させ，交易の安定を図った。コンスタンティノープルは「**第二のローマ**」と呼ばれた。

06 テオドシウス帝ではなく**コンスタンティヌス帝**。**ミラノ勅令**（313年）によってローマ帝国内のキリスト教信仰が認められた。帝国全体に拡大したキリスト教徒に対する政治的措置である。

世界史

西洋史（古代・中世）

07 帝国を東西に分割したユスティニアヌス帝の死後，東ローマ帝国 (ビザンツ帝国) はなお1000年以上続くが，西ローマ帝国はゲルマン民族の傭兵隊長オドアケルによって滅ぼされた。

地方上級・平25

 08 キリスト教は帝国各地に広まり，国教として認められたが，教会で教義をめぐって対立が起こったため，コンスタンティヌス帝はクレルモン公会議を開き，アリウス派を正統とした。

国税専門官・平19

 09 ビザンツ帝国の首都アレクサンドリアは，アジアとヨーロッパを結ぶ貿易都市として栄え，ユスティニアヌス帝の時代には，一時的に地中海のほぼ全域にローマ帝国を復活させた。

地方上級・平30

07 ユスティニアヌス帝ではなく**テオドシウス帝**。ゲルマン人の大移動で混乱した帝国を分割して子にわけ与えた。東ローマ帝国（ビザンツ帝国）は1453年まで続き，西ローマ帝国は476年に滅亡した。

08 クレルモン公会議ではなく**ニケーア公会議**（325年）である。キリストを人間であるとするアリウス派は異端とされ，のちに**三位一体説**として確立するアタナシウス派の説が正統教義として確立した。

09 ビザンツ帝国（東ローマ帝国）の首都は**コンスタンティノープル**。アレクサンドリアはプトレマイオス朝エジプトの首都。ユスティニアヌス帝（在位527〜565年）の時代に『**ローマ法大全**』が編纂された。

② ヨーロッパ世界の形成

01
732年に勃発した<u>トゥール・ポワティエ間の戦い</u>では，イベリア半島に進出したウマイヤ朝がフランク王国を破り，ウマイヤ朝はピレネー山脈を越えてガリアにまで領域を拡大した。　　　　　　　　　　　**市役所・平26**

02
<u>十字軍</u>によってギリシアの古典やヨーロッパの先進的な科学が<u>イスラーム世界</u>にもたらされ，その刺激を受けてアラビアで医学や天文学，数学などが発達した。
　　　　　　　　　　　　　　　　　　　地方上級・平24

03
ローマ帝国の東西分裂後，<u>西ローマ帝国</u>は十字軍の遠征による混乱の中で滅亡したが，東ヨーロッパ世界では，<u>ビザンツ帝国</u>が独自の文化的世界をつくり，商業と貨幣経済は繁栄を続けた。　　　　　**地方上級・平30**

04
西ヨーロッパでは，<u>中世の封建社会</u>の成立により国王の権力は絶大なものとなり，国王と封建的主従関係を結んだ諸侯や騎士たちは，有していた独自の課税権を国王によって剥奪された。　　　　　　**国家専門職・平22**

05
ヨーロッパでは，<u>ローマ＝カトリック教会</u>の聖職売買などが生じていたため，シトー修道会を中心に改革運動が起きた。　　　　　　　　　　　　　　**国家Ⅱ種・平21**

06
第4回十字軍では，ヴェネツィア商人の要求によってコンスタンティノープルを占領し，ラテン帝国が建てられた。　　　　　　　　　　　　　　　　**地方上級・平24**

01 イスラームのウマイヤ朝は**フランク王国**に敗北した。フランス北西部の**トゥール・ポワティエ間の戦い**(732年)では，ウマイヤ朝がフランク王国の**カール＝マルテル**に敗北し，ピレネー以南に退いた。

02 十字軍で**イスラーム世界**の先進的な科学が伝わり，**西ヨーロッパ**の学問に刺激を与えた。このように，イスラーム文明の影響を受けた12世紀ヨーロッパの文化吸収を「**12世紀ルネサンス**」と呼ぶ。

03 西ローマ帝国は，476年の**ゲルマン人の大移動**によって滅亡した。第1回十字軍の派遣は1096年である。ビザンツ帝国(東ローマ帝国)は，1453年にオスマン帝国に滅ぼされるまで続いた。

04 ヨーロッパにおいて国王の権力が絶大になるのは16世紀の**絶対王政期**である。中世封建社会では国王の権力は**限定的**で，領主たちは領内への国王の役人の立ち入りを拒否する**不輸不入権**を有していた。

05 教会改革運動を行ったのは，**クリュニー修道院**である。同修道院は，11世紀以降の教会刷新運動の先頭に立った。シトー修道会は，清貧と労働を重んじ，12世紀以降に**大開墾運動**の先頭に立った。

06 正しい。1202〜04年の第4回十字軍は「脱線十字軍」とも呼ばれており，**ヴェネツィア商人**たちに主導された。聖地奪回という本来の目的を離れ，商敵である**コンスタンティノープル**に向かった。

世界史 西洋史(古代・中世)

07 神聖ローマ皇帝フリードリヒ2世は，第5回十字軍で外交によるイェルサレムの回復に失敗したが，フランス王ルイ9世が主導した第6回・第7回十字軍はイェルサレムの奪回に成功した。

地方上級・平27

 08 教皇グレゴリウス7世と神聖ローマ皇帝フィリップ4世の間で始まった叙任権闘争では，教皇が皇帝を破門したため，皇帝はイタリアのカノッサで教皇に謝罪した。

国家Ⅱ種・平21

 09 イギリスの貴族は結束してジョン王に反抗し，1215年に新たな課税には高位聖職者と大貴族の会議の承認を必要とすることなどを定めた大憲章(マグナ＝カルタ)を王に認めさせた。

国家専門職・平25

10 イベリア半島ではキリスト教徒による国土回復運動(レコンキスタ)が起こされ，1492年にイスラーム勢力最後の拠点であるリスボンが陥落して国土統一が達成された。

市役所・平26

11 イベリア半島では，キリスト教徒が国土回復運動を起こし，12世紀までに半島の北部にカスティリャ・アラゴン・スペインの3王国が建てられた。

地方上級・平24

07 フリードリヒ2世は，外交交渉で**イェルサレム**の奪回に**成功**した。その後イェルサレムが再びイスラーム教徒に占領され，第6回・第7回十字軍が行われたが，イェルサレムの奪回には至らなかった。

08 教皇グレゴリウス7世と対立した神聖ローマ皇帝はハインリヒ4世である。フィリップ4世は，13世紀後半から14世紀のフランス国王で，**アナーニ事件**において教皇ボニファティウス8世と対立した。

09 正しい。**大憲章**は，人身の自由や国王による恣意的な課税の禁止などを定めたもので，近代的憲法の先駆けとされる。続く**ヘンリ3世**はこれを無視し，**シモン＝ド＝モンフォール**の反乱を招いた。

10 イスラーム勢力最後の拠点は**グラナダ**である。グラナダはイスラーム王朝の**ナスル朝**の都であり，アルハンブラ宮殿などで知られる。**リスボン**はポルトガル王国の首都であり，大航海時代に繁栄した。

11 12世紀までにイベリア半島の北部に成立したキリスト教国は**カスティリャ・アラゴン・ポルトガル**の3王国。**スペイン**は，1479年にカスティリャとアラゴンが統合されて成立した王国である。

国土回復運動（レコンキスタ）は，1492年のグラナダ陥落で完了したんだ。リスボンなど，別の都市名に変えて出題してくることがあるから気をつけて！

3 中国史（古代～清）

《古代》

▶ **中国文明**…彩陶の仰韶文化，黒陶の竜山文化。

□【**殷墟**】…殷の遺跡。**甲骨**文字が刻まれた獣骨などが見つかる。

▶ **春秋・戦国時代**…**鉄製農具**の使用，牛耕が始まり農業生産力が高まる。有力な諸侯（春秋の五覇）や国（戦国の七雄）の登場。

□【**諸子百家**】…春秋・戦国時代に活躍した多くの思想家・学派の総称。

儒家（孔子・性善説の**孟子**・性悪説の**荀子**），道家（老子・**荘子**），法家など。

▶ **秦（前8世紀頃～前206年）都：咸陽**

□【**始皇帝**】…秦王。前221年に中国統一。**郡県**制，焚書・坑儒，貨幣や度量衡の統一を行い，権力を強めた。長城の修築などを行う。

□【**陳勝・呉広の乱**】…農民反乱。「王侯将相いずくんぞ種あらんや」。反乱の中から台頭した劉邦が**項羽**を破り漢王朝を建国（前202年）。

▶ **漢（前202～220年）都：長安（前漢），洛陽（後漢）／新（8～23年）**

□【**劉邦**】…高祖。**郡国**制を敷き中央集権化を強める。

□【**武帝**】…7代皇帝。**匈奴**討伐のため張騫を西域へ派遣。積極的に領土を拡大し，北は衛氏朝鮮を滅ぼして**楽浪**など4郡をおき，南は南越を滅ぼした。経済政策は**均輸・平準法**。董仲舒により儒学が官学となる。

□【**司馬遷**】…武帝までの中国の歴史書『**史記**』を紀伝体であらわす。

□【**劉秀（光武帝）**】…**赤眉の乱**で23年に新が倒れ，25年に後漢を建国。

□【**黄巾の乱**】…2世紀末，**太平道**の指導者**張角**の反乱。各地に有力者が分立し，220年に後漢滅亡。

《中世》

▶ **分裂の時代**…**魏・蜀・呉**の三国が中国を支配。

→魏の司馬炎が建てた**晋**が280年に中国統一。周辺遊牧民の侵入を受ける。

▶ **隋（581～618年）都：大興城（長安）**

□【**楊堅**】…中国を再統一。**均田制**・租調庸制・府兵制。**科挙**を始める。

□【**煬帝**】…大運河建設。高句麗遠征に失敗し反乱を招く。

▶ **唐（618～907年）都：長安**…**律令**国家。三省・六部・御史台を中心とする官制を敷き，**均田制**・租調庸制を行った。**杜甫**や**李白**ら文化人も活躍。

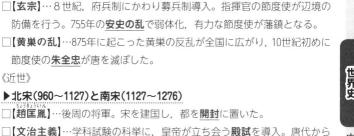

> 学習の
> ポイント

中国史は頻出です。各王朝の政治や外交の特徴をおさえましょう。イスラームについては，国土回復運動（レコンキスタ）に関する問題が頻出です。

□【李淵（高祖）】…隋を倒して唐を建国。

□【李世民（太宗）】…628年に中国統一。「貞観の治」といわれる安定した政治。

□【玄宗】…8世紀，府兵制にかわり募兵制導入。指揮官の節度使が辺境の防備を行う。755年の**安史の乱**で弱体化，有力な節度使が藩鎮となる。

□【黄巣の乱】…875年に起こった黄巣の反乱が全国に広がり，10世紀初めに節度使の**朱全忠**が唐を滅ぼした。

《近世》

▶北宋（960〜1127）と南宋（1127〜1276）

□【趙匡胤】…後周の将軍。宋を建国し，都を**開封**に置いた。

□【文治主義】…学科試験の科挙に，皇帝が立ち会う**殿試**を導入。唐代から続いた**節度使**を廃止し，君主独裁体制の確立に努めた。支配階層は**士大夫**。

□【新法】…財政難に陥った北宋は，宰相に**王安石**を起用するが失敗。

□【靖康の変】…1126〜27年。上皇の**徽宗**らが連行され，北宋は滅亡。

□【南宋】…都を**臨安（杭州）**に置く。主戦派の岳飛と和平派の秦檜が対立。

▶モンゴル帝国と元の成立…13世紀は「**モンゴルの世紀**」と呼ばれた。

□【チンギス＝ハン】…幼名テムジン。モンゴル民族を統合し，1206年に部族会議（クリルタイ）でハン位につく。周辺国家を征服し大帝国へ。

□【オゴタイ＝ハン】…都を**カラコルム**に定める。**金**を滅ぼし（1234年），バトゥをヨーロッパに派遣。1241年，**ワールシュタットの戦い**でヨーロッパ軍を撃破。

□【フビライ＝ハン】…1260年に即位。都を**大都**（北京）に定める。諸地域への遠征。南宋を滅ぼし，日本・ベトナム・ジャワなどに遠征軍を送る。

□【色目人】…中央アジア・西アジア出身の人々で，財務官僚として重用された。しかし，要職は**モンゴル人**が独占。

□【交鈔（紙幣）】…政府が濫発し，**紅巾の乱**（1351〜66年）が起こって衰退。

▶明…宋代以来の**漢民族**王朝。活発な内政改革・外征活動を行う。

□【洪武帝】…**朱元璋**が皇帝の位につく。都は**南京**。中書省を廃止する。**朱子学**を官学とし，民衆教化のために**六諭**を発布。戸籍・租税台帳の**賦役黄冊**や土地台帳の**魚鱗図冊**を作成。

□【永楽帝】…靖難の役を起こし，建文帝から帝位を奪う。都を**北京**に移す。皇帝補佐の内閣大学士設置。イスラーム宦官の**鄭和**に南海遠征を命じる。

世界史

中国史・イスラーム世界

109

□【朝貢貿易】…**鄭和**により促進。琉球や朝鮮などが朝貢に出向く。

□【正統帝】…**土木の変**(1449年)で，オイラトのエセン＝ハンに敗れる。

□【北虜南倭】…北からモンゴル，南東から海賊**倭寇**の侵攻。

▶**女真族(満州族)の王朝**…少数民族だが約300年に渡り中国を支配。

□【ヌルハチ】…**後金**建国(1616年)。軍事・行政組織の**八旗**を組織。

□【太宗ホンタイジ】…国名を**清**に改称(1636年)。

□【順治帝】…**李自成の乱**で明が滅亡し(1644年)，北京を占領。

□【康熙帝】…**三藩の乱**を鎮圧し，**鄭成功**らの鄭氏台湾を鎮圧。ロシアと**ネルチンスク条約**を締結(1689年)。**ジュンガル**を破り，外モンゴルを征服。

□【雍正帝】…ロシアと**キャフタ条約**(1727年)，モンゴル方面の国境確定。

□【乾隆帝】…**ジュンガル部**などを滅ぼし，清の最大版図を築く。

□【銀経済】…**銀**の流通活発化。明代に**一条鞭法**。清代に**地丁銀制**。

4 イスラーム世界

▶**イスラーム教の特徴**

□【メッカ】…イスラーム教第1の聖地。予言者**ムハンマド**生誕の地。

□【アッラー】…イスラーム教の唯一絶対神。経典は『**コーラン**』。

□【スンナ派】…イスラーム教の多数派。少数派を**シーア派**と呼ぶ。

▶**イスラーム教拡大**

□【ムハンマド】時代…622年に**メディナ**に逃れる(**ヒジュラ**：聖遷)。630年にメッカを征服し，その後アラビア半島をほぼ統一する。

□【正統カリフ】時代…ムハンマドの後継者(**カリフ**)が選挙で選ばれた時代。異教徒に対する征服活動(**ジハード**：聖戦)が続き，西方でエジプト・シリアを奪い，642年，東方で**ニハーヴァンドの戦い**でササン朝を破った。

□【ウマイヤ朝】…ムアーウィヤが建国。都を**ダマスクス**に定め，イベリア半島の**西ゴート王国**を滅ぼす。フランク王国との**トゥール・ポワティエ間の戦い**でカール＝マルテルに敗れる(732年)。

□【アッバース朝】…都は**バグダード**。最盛期のカリフは**ハールーン＝アッラシード**(8〜9世紀初)。751年に**タラス河畔の戦い**で**唐**を破る。

▶**ウマイヤ朝とアッバース朝の税制**：ジズヤ(人頭税)・ハラージュ(地租)。

対象者	ウマイヤ朝	アッバース朝
アラブ人	免除	ハラージュ
アラブ人以外のイスラーム教徒	ジズヤ・ハラージュ	ハラージュ
アラブ人以外の異教徒	ジズヤ・ハラージュ	ジズヤ・ハラージュ

▶**3 カリフ鼎立時代**…各王朝の指導者がカリフを称する。

□**【後ウマイヤ朝】**…8〜11世紀。ウマイヤ朝の滅亡後，その一族がイベリ
ア半島に移動して建国。首都は**コルドバ**。

□**【ファーティマ朝】**…10〜12世紀。急進的な**シーア派**がアッバース朝のカ
リフに対抗し，エジプトに建国。首都**カイロ**は貿易の拠点として発展。

□**【ブワイフ朝】**…10〜11世紀。**シーア派**がイランに建国。**大アミール**(大総
督)の称号を得る。軍人に土地の徴税権を与える**イクター制**を創始。

▶**東方イスラーム世界**…トルコ系軍人奴隷の**マムルーク**が主力。

□**【サーマーン朝】**…9〜10世紀。中央アジア初の**イラン系**イスラーム王朝。
東西交易の中心として首都のブハラや**サマルカンド**などが発展する。

□**【カラハン朝】**…10〜12世紀。中央アジア初の**トルコ系**イスラーム王朝。

□**【セルジューク朝】**…11〜12世紀。建国者トゥグリル＝ベク。ブワイフ朝
を滅ぼし，アッバース朝のカリフから**スルタン**(支配者)の称号を得る。宰
相はニザーム＝アルムルク。小アジア進出が**十字軍**を誘発。

□**【ガズナ朝】**…10〜12世紀。アフガニスタンに建国。北インドへ侵入。

□**【イル＝ハン国】**…13〜14世紀。アッバース朝を滅ぼした**フラグ**が建国。7
代君主**ガザン＝ハン**のときにイスラーム教に改宗し，国教となる。

▶**エジプトのイスラーム王朝**…ヨーロッパの十字軍と交戦。

□**【アイユーブ朝】**…12〜13世紀。建国者**サラディン**。ファーティマ朝を滅
ぼした。イェルサレムを奪回したため，**第3回十字軍**と交戦。

□**【マムルーク朝】**…13〜16世紀。モンゴルや十字軍勢力を撃退する。

▶**西方イスラーム世界**…アフリカ北部からイベリア半島に樹立。

□**【ムラービト朝】**…11〜12世紀。北アフリカの先住民**ベルベル人**の王朝。

□**【ムワッヒド朝】**…12〜13世紀。マグリブ地方からイベリア半島を支配。

□**【ナスル朝】**…13〜15世紀。イベリア半島最後のイスラーム王朝。都グラ
ナダのアルハンブラ宮殿が有名。**国土回復運動**(**レコンキスタ**)で滅亡。

▶**インドのイスラーム化**…ヒンドゥー教優勢の地にイスラーム教が入る。

□**【ゴール朝】**…12〜13世紀。アフガニスタンが中心。北インドに侵入。

□**【デリー＝スルタン朝】**…13〜16世紀。首都は**デリー**。マムルーク出身の
アイバクが建国。連続する5王朝を併せた名称。

《アジアの諸帝国》

□**【ティムール朝】**…14世紀半ば**ティムール**が建国。首都**サマルカンド**。

□**【オスマン帝国】**…ムスリム政権。メフメト2世がビザンツ帝国を滅ぼす。

□**【サファヴィー朝】**…イランの**シーア派**王朝。**アッバース1世**が最盛期。

□**【ムガル帝国】**…インドのイスラーム王朝。アウラングゼーブ帝が最盛期。

01
□ □ □
春秋時代末期から戦国時代にかけて農業が発展し，青銅製の農具が使われるようになった。また，農業や商工業の発展にともなって，貝貨とともに鉄の貨幣も使われるようになった。　地方上級・平13

02
□ □ □
春秋時代末期から戦国時代にかけて，諸子百家が現れ，孔子の思想は孟子と荀子に受け継がれた。　地方上級・平13

03
□ □ □
秦の始皇帝は，世襲に基づく分権的な封建制に代わって，法律と官僚制を通じて都の長安から全領域を直接統治する中央集権体制をとり，中央から官僚を派遣する郡国制を全土に施行した。　地方上級・平22

04
□ □ □
漢は朝鮮半島に楽浪郡を設置し，匈奴の対策に万里の長城を修築し，張騫を西域へ派遣した。　地方上級・平16

05
□ □ □
秦の始皇帝の死後まもなく各地で反乱が起き，このうち，農民出身で指導者として人望の厚かった項羽と，楚の名門出身の劉邦が相次いで長安を占領し，秦は統一から15年で滅びた。　地方上級・平22

06
□ □ □
漢代には歴史書の編纂が盛んになり，司馬遷の『史記』，班固の『漢書』が完成した。『史記』や『漢書』が採用した本紀と列伝からなる紀伝体という形式は，後世の歴史書の基本となった。　地方上級・平22

07
□ □ □
後漢の将軍班超は，匈奴征伐に従軍して活躍し，西域都護に任じられて中央アジアの50余国を服属させた。さらに部下の甘英を大秦国（ローマ）に派遣して国交をひらこうとした。　国家Ⅱ種・平20

01　青銅製ではなく**鉄製**の農具。鉄ではなく**青銅**の貨幣である。鉄製農具の使用で**牛耕農法**が始まり，農業生産力が飛躍的に増大した。また，商工業が発達して青銅の貨幣が普及し，富を蓄える者が現れた。

02　正しい。孔子の思想は，人間の本姓は善であるとする「**性善説**」の孟子や，「**性悪説**」をとなえ，礼による規律維持を強調した荀子などに受け継がれた。

世界史

中国史（古代〜清）

03　秦の都は長安ではなく**咸陽**。地方統治の方法は郡国制ではなく**郡県制**である。始皇帝は周の封建制を廃止し，自国内で行ってきた郡県制を全国に拡大した。**郡国制**は漢の初期に行われた統治政策である。

04　万里の長城を修築したのは**秦**の**始皇帝**の時代。漢の武帝の時代に遊牧民の大月氏と同盟して匈奴を攻撃するため，**張騫**を**西域**に派遣した。

05　**劉邦**は農民，**項羽**は楚の名門の出である。二人は咸陽のある関中を目指したが，先に咸陽を落とし秦を滅ぼしたのは劉邦だった。劉邦は項羽と対立し，**垓下の戦い**に勝って前202年に中国を統一した。

06　正しい。「**本紀**」は皇帝の事績，「**列伝**」は功臣など主要人物の伝記である。これ対し，年月順に記述する**編年体**という形式もあり，孔子の『**春秋**』や司馬光の『**資治通鑑**』の形式がそれにあたる。

07　正しい。匈奴征伐で戦功をあげ西域の使者に命じられた。鄯善国（楼蘭）に赴き，「**虎穴に入らずんば虎子を得ず**」といって数百人におよぶ匈奴の一団にわずか数十名で切り込み，全滅させたといわれる。

08 三国時代から南北朝時代にかけて学問では儒学が発展し，国家を現実的に運営する方法を論じ合う，いわゆる清談が儒学者の間で流行した。また，この時代には紙が発明され書写の材料とされた。　国家Ⅱ種・平19

09 隋から唐の時代に完成した律令制度では，北魏に始まる均田制に基づいて租庸調の税制が整備され，国家財政の安定が図られた。しかし，給田は必ずしも規定どおりに実施されなかった。　地方上級・平19

10 唐の時代には外国文化が盛んに流入したため，国際色豊かな文化が発達するとともに，詩文が興隆し李白や白居易らを輩出した。また，木版印刷の発達や羅針盤の航海への利用がみられた。　国家Ⅱ種・平19

よく出る 11 唐の時代は詩の文化が衰退し，これに代わって小説の文化が生まれた。『西遊記』や『紅楼夢』などの名作が庶民の人気を獲得していった。　地方上級・平19

12 10世紀後半の宋代から，科挙に皇帝自らが行う最終試験（殿試）が加わるなど，官僚の人事を皇帝が握ることとなるとともに，形勢戸と卿・大夫・士と呼ばれる新しい指導層が生まれた。　国家専門職・平26改

13 北宋の司馬光がまとめた『資治通鑑』は，君主の統治に資することを目的に書かれた。これは紀伝体で記された前漢の司馬遷『史記』や後漢の班固『漢書』と異なり，編年体であった。　国家Ⅱ種・平23

よく出る 14 12世紀に，東アジアではチンギス＝ハンが諸部族を統一してモンゴル帝国を建て，第5代のフビライが大都に都を定め，国名を元と称し，南宋を滅ぼして中国全土を支配した。　国家Ⅱ種・平21

08 儒学の発展は前漢・後漢の時代。魏晋の時代に**貴族**の間で**清談**が流行し，政治と関わる儒教より世俗を離れた**老荘思想**などが，名利とは無関係の高尚な題材として好まれた。紙の普及は後漢時代である。

09 正しい。唐は隋の制度を受け継ぎ，国家の基本法典として**律・令・格・式**を定めた。この統治体制は**租庸調**などの税制によって支えられたが，成年男性への土地の支給は必ずしも規定どおりではなかった。

10 木版印刷は唐の時代に始まり，宋の時代に普及した。羅針盤や火薬の発達も宋の時代である。また，唐の時代に官吏登用試験の**科挙**で詩作が重んじられ，**李白・杜甫・白居易**らが名声を博した。

11 唐代は詩の黄金時代である。この時代の詩は**唐詩**と呼ばれ，「**詩仙**」李白，「**詩聖**」杜甫をはじめとして，多くのすぐれた詩人を輩出した。『西遊記』は明の時代，『紅楼夢』は清の時代の小説である。

12 卿・大夫・士ではなく，**士大夫**が正しい。卿・大夫・士は，中国周代における周王や諸侯の支配下にある**有力者**のことを，士大夫は，宋代以降における**儒教的教養**を身につけた**文人官僚**のことを指す。

13 正しい。**編年体**とは，年月をおって事実などを叙述する歴史記述の様式で，**紀伝体**は，歴史現象を本紀（皇帝の年代記）と列伝（臣下の伝記や外国記事）を中心にして叙述する歴史記述の様式である。

14 12ではなく13世紀。モンゴル民族が勢力を拡大し，「**モンゴルの世紀**」と呼ばれた。1241年**ワールシュタットの戦い**でドイツ・ポーランド連合軍を撃破し，イスラーム帝国のアッバース朝も滅ぼした。

15 元がフビライ＝ハンにより樹立されたと同時に，モンゴル帝国はキプチャク＝ハン国やチャガタイ＝ハン国などの反乱によって崩壊した。　　地方上級・平21

16 モンゴル帝国の皇帝フビライ＝ハンは，都をサマルカンドから長安に移して元王朝を開き，領内の駅伝制（ジャムチ）を整えて東西の交流を奨励した。

国家Ⅱ種・平20

17 元は文永の役・弘安の役という2度にわたる日本への侵攻は失敗したものの，ベトナム及びジャワを征服し，東南アジアに領土を広げていった。

地方上級・平21

18 元において，少数のモンゴル人が効率的に統治するに当たり，異民族の支配に反発する官僚や知識人を懐柔するため，官僚の登用には科挙が一段と重視され，儒学中心の学問が発達した。　　国家専門職・平23

19 元の時代，ヴェネツィアの商人マルコ＝ポーロやモロッコの旅行家イブン＝バットゥータなどが中国に入り，カトリック布教のため，モンテ＝コルヴィノがローマ教皇により派遣された。　　国税専門官・平20

20 モンゴル帝国は史上最大の領域を形成し，陸海の交通路が整備され，東西交流が活発化したが，ムスリム商人たちは交易することを許されず，陸海交通路はモンゴル人たちが独占した。　　地方上級・平27

21 明においては，14世紀後半，科挙の内容が抜本的に改められ，四書五経など古典の知識に代わり，外国語，医学など，より実用的な知識が試験の中心を占めるようになった。　　国家専門職・平23

15 同時には崩壊していない。フビライが<u>第5代皇帝</u>に即位したのは1260年，国号を<u>元</u>にしたのは1271年である。1266年から1301年に起こった<u>ハイドゥの乱</u>を機に，モンゴル帝国は分裂した。

16 長安ではなく**大都**（現在の**北京**）。モンゴル帝国は第2代**オゴタイ**のとき，都を**カラコルム**に定めたが，1271年にフビライが大都に移した。大都の繁栄は，**マルコ = ポーロ**により西方へ紹介された。

17 元は**ベトナム・ジャワ**への遠征も失敗した。1287年に元軍は**ビルマ**のパガン朝に軍隊を派遣し，滅亡させている。しかし，**ベトナム**の陳朝には撃退されており，**ジャワ**への遠征も失敗に終わった。

18 **科挙**が行われた回数は少なかった。隋代以降中国王朝で採用された官吏登用法の科挙であったが，元朝では初め中止され，1313年に復活したものの，合格者の総数は宋代に比べ少なかった。

19 正しい。元代にはヨーロッパ諸国との東西交流が盛んになり，イタリア出身のフランチェスコ派修道士の**モンテ = コルヴィノ**や，フランス出身のフランチェスコ派修道士**ルブルック**が派遣された。

20 モンゴル支配下では，**ムスリム商人**と積極的に提携し，**駅伝制（ジャムチ）**による陸上交通整備に加え，元代には江南から大都に至る**大運河**が整備され，海を通じたムスリム商人の往来も活発化した。

21 科挙は抜本的には改められていない。明の創始者**朱元璋**（洪武帝）は，建国時に儒学の素養をもつ知識人の協力を得ていた。また，**朱子学**を官学として科挙制を整備するなど，儒学を重視した。

22 明の時代には，永楽帝が都を北京に移し，鄭和率いる大艦隊による7回にも及ぶ南海遠征は，東南アジアからアラビア半島やアフリカ東海岸にまで達し，多くの国々が中国に朝貢した。 **国税専門官・平20**

23 明は周辺諸国との朝貢貿易を廃し，民間人による自由貿易を交易政策の基本とした。 **市役所・平28**

24 東アジアでは，14世紀後半に中国を統一した明が17世紀まで続き，ヨーロッパから火薬や羅針盤が伝わり，中国からは当時世界で最も進んでいた天文学が西アジアに伝わった。 **地方上級・平27**

25 明の時代には，人頭税を土地税に一本化する地丁銀制が，清の時代には，複雑化していた租税と徭役を銀に換算し，一本化して納入させる一条鞭法が実施された。 **地方上級・平22**

26 清では，女真族による漢民族支配を強めるため，17世紀半ばに科挙制が廃止され，軍事組織においては八旗が編制され，八旗に所属する者以外は官吏になれず，漢人官僚は一掃された。 **国家専門職・平23**

22 正しい。**永楽帝**は明の3代皇帝。皇帝独裁を強化し，鄭和の南海遠征を命じて，**モンゴル**遠征・**ベトナム**出兵・**朝鮮**や**チベット**の服属化など，積極的な対外政策を行った。内政では北京遷都などが有名。

23 明は**朝貢貿易**を進めた。明の時代は，中国近海に**倭寇**が現れ，民間人による密貿易も横行したため，民間人の海外渡航を禁止する**海禁政策**をとった。

24 **火薬**と**羅針盤**は，中国の宋代から実用化され，羅針盤はムスリム商人を経てヨーロッパへ，火薬はモンゴル人勢力を経て世界各地で使われるようになった。**天文学**はイスラーム文化圏が優位であった。

25 逆である。明の時代に**一条鞭法**が，清の時代に**地丁銀制**が実施された。明の時代には，大航海時代を経て，世界規模で銀経済が活発化していた。

26 科挙が廃止されたのは1905年であり，17世紀には盛んに行われていた。また，清朝では「**満漢併用制**」が採用されており，**六部**など中央官庁の高官の定員を偶数とし，満州人と漢人を同数任命した。

④ イスラーム世界

01
西アジアではアッバース家がウマイヤ朝を倒し，アッバース朝が樹立。第5代カリフであるハールーン＝アッラシードの時代に最盛期を迎え，首都のバグダードは国際都市として繁栄した。

国家Ⅱ種・平21

02
アッバース朝においては，アラブ人以外の者だけに地租と人頭税の両方が課せられていた。

国家専門職・平22改

03
第1回十字軍により，1099年にイェルサレム王国が建てられたが，12世紀末にそのイェルサレムを奪回した人物は，サラディンである。

地方上級・平27

04
14世紀のイスラーム世界の旅行家イブン＝バットゥータは，モロッコから中国にいたる広大な世界を旅して，世界各国の歴史を調査し，『千夜一夜物語』や『世界史序説』を著した。

国家Ⅱ種・平23

05
11世紀にオスマン帝国が聖地イェルサレムを支配下に置き，キリスト教徒の巡礼を妨害したことから，聖地奪回を目的に十字軍が起こされた。

地方上級・平24

06
ムスリム商人は，12世紀から15世紀にかけてインド商人から買いつけた香辛料や絹織物などをアレクサンドリアに運び，イタリア商人に売り渡す東西交易で活躍した。

市役所・平26

01 正しい。**アッバース朝**の首都**バグダード**は「平安の都」と呼ばれ，**国際交易**の中心都市として最盛期には人口100万人を越える大都市に発展した。この人口は中国唐の都であった長安に匹敵した。

02 アッバース朝ではなく**ウマイヤ朝**(661〜750年)。アラブ人の税制優遇策をとったウマイヤ朝は「アラブ帝国」と呼ばれた。すべてのイスラーム教徒から徴税したアッバース朝は「イスラーム帝国」と呼ばれた。

03 正しい。クルド人出身のサラディンは，**アイユーブ朝**を興したのち，十字軍との戦いを経て1187年に**イェルサレム**を回復。その後，キリスト教ヨーロッパ勢力による第3回十字軍と和解を成立させた。

04 **イブン＝バットゥータ**が著した旅行記は『**三大陸周遊記**』。『**千夜一夜物語**』は8〜9世紀のアラビア語の説話集，『**世界史序説**』はイスラームの歴史家**イブン＝ハルドゥーン**によるものである。

05 聖地イェルサレムを支配下に置いたのは**セルジューク朝**(1038〜1194年)。セルジューク朝による小アジア進出を受け，**ビザンツ皇帝**がローマ教皇に救援を要請し，十字軍が起こされた。

06 正しい。特に中世ヨーロッパにおいて主に保存料として使用された**香辛料**は，**東南アジア原産**であったため，ヨーロッパ商人たちはアジア方面で活躍する**ムスリム商人**から香辛料を高値で買い取っていた。

07

☐☐☐ 西アジアでは，14世紀にオスマン帝国が成長し，ヨーロッパへの進出を図った。しかし，ビザンツ帝国との戦いに敗れ，ヨーロッパへ領土を広げることはできなかった。

地方上級・平27

08

☐☐☐ スレイマン1世はオスマン帝国最盛期のスルタンで，ハンガリーを征服後，ウィーンを包囲してヨーロッパ諸国に脅威を与えた。さらにプレヴェザの海戦でスペインを破った。

国家一般職・平24

09

☐☐☐ サファヴィー朝は神秘主義教団の教主イスマーイールによって建国され，イスラーム教シーア派を国教とし，アッバース1世のときに最盛期をむかえ，イスファハーンを首都とした。

市役所・平24

10

☐☐☐ タージ・マハルを建造したムガル帝国の皇帝アクバルは，ヒンドゥー教とイスラーム教の融和を図り，イスラーム教徒への人頭税（ジズヤ）を廃止したが，両者の対立は収まらなかった。

国家一般職・平24

07 オスマン帝国は，1453年の**メフメト2世**のときに
ビザンツ帝国を滅ぼし，**スレイマン1世**の時代にア
ジア・アフリカ・ヨーロッパを含む大帝国を現出し
た。オスマン帝国の衰退は，18世紀後半。

08 正しい。16世紀，**スレイマン1世**はヨーロッパを
ウィーン包囲で圧迫し，さらに地中海の制海権を
握った。**カール5世**の**神聖ローマ帝国**(**ハプスブル
ク家**)と対立し，フランス王フランソワ1世と結んだ。

09 正しい。サファヴィー朝はシーア派の中でも**十二イ
マーム派**で，君主は代々，イランの王を意味する
シャーの称号を用いた。イスファハーンの繁栄は
「**イスファハーンは世界の半分**」として讃えられた。

10 タージ・マハルを建造したのは，第5代皇帝**シャー
=ジャハーン**。彼は，愛妃**ムムターズ=マハル**の死
を悼んで，タージ・マハルを建造した。また人頭税
はもともと非イスラーム教徒に課せられていた。

③ 西洋史(近代)

>>>

5 ヨーロッパ世界の展開

《大航海時代》

▶**インド航路開拓**…**ポルトガル**が中心。

「航海王子」**エンリケ**	アフリカ西岸の探検など。
バルトロメウ=ディアス	アフリカ南端の**喜望峰**に到達。
ヴァスコ=ダ=ガマ	インドの**カリカット**に到達。

▶**新大陸到達**…スペインが中心。植民地化が進む。

コロンブス	女王**イサベル**の支援でサンサルバドル島に到達。
カブラル	**ブラジル**に到達。
アメリゴ=ヴェスプッチ	新大陸を**アメリカ**と名付ける。
マゼラン	西廻りから**世界周航**達成。途中フィリピンに到達。

▶**大航海時代の影響**

□【**価格革命**】…アメリカ大陸の**銀**がヨーロッパに流入。**封建社会**が衰退。

□【**商業革命**】…ヨーロッパの貿易活動の中心が地中海から**大西洋**に移る。

《宗教改革》

□【**レオ10世**】…**サン=ピエトロ大聖堂**修築のため**贖宥状**の販売。

□【**マルティン・ルター**】…1517年『**九十五か条の論題**』、贖宥状を批判。

□【**カール5世**】…破門されたルターを**ヴォルムス帝国議会**に呼び出し、自説の撤回を迫るが失敗。**ザクセン選帝侯フリードリヒ**がルターを保護。

□【**ドイツ農民戦争**】…1524〜25年、ルターを支持する**ミュンツァー**が指導。

□【**シュマルカルデン戦争**】…1546〜47年、ルター派諸侯が皇帝側と抗争。

□【**アウクスブルクの和議**】…1555年、ルター派公認。

《絶対王政の時代》

▶**スペイン**…大航海時代に蓄えた富を元に、いち早く絶対王政を築く。

□【**カルロス1世**】…ハプスブルク家。神聖ローマ皇帝**カール5世**。

□【**フェリペ2世**】…最盛期。ポルトガル併合。**レパントの海戦**に勝利。

▶**オランダ**…スペインから独立後、貿易中心国として覇権国家に躍り出る。

□【**オランダ独立戦争**】…スペインの圧政に抵抗。1581年、オラニエ公ウィ

レムのもと，**ネーデルラント連邦共和国**の独立を宣言。

□【**アムステルダム**】…荒廃した**アントワープ**に代わり，国際金融の中心に。

▶**イギリス**…国王主導の宗教改革。海軍力でスペインを上回り始める。

□【**ヘンリ8世**】…1534年，首長法発布。**イギリス国教会**成立。

□【**エリザベス1世**】…最盛期。1559年，**統一法**発布し，イギリス国教会が
　　定着。カトリックのスペインと対立。経済面で**重商主義**政策を推進。

▶**フランス**…宗教戦争を経たのちに，王権が強化。絶対王政の全盛期へ。

□【**フランソワ1世**】…**イタリア戦争**に介入し，**カール5世**と対立。

□【**ユグノー戦争**】…1562～98年に起こった宗教戦争。新旧両派の対立。新
　　教徒を殺害する**サンバルテルミの虐殺**。ヴァロワ朝断絶。

□【**アンリ4世**】…ブルボン朝を開く。新教徒からカトリックに改宗。また
　　ナントの王令で個人の信仰の自由を認め，ユグノー戦争を終結させる。

□【**ルイ13世**】…宰相リシュリュー。**三部会**停止など王権強化に努める。

□【**ルイ14世**】…宰相**マザラン**。ナントの王令を廃止し，王権を強化。

▶**ドイツ**…三十年戦争勃発により国土荒廃。神聖ローマ帝国は有名無実化。

□【**三十年戦争**】…1618～48年，**ベーメン**を中心に勃発。ハプスブルク家と
　　フランスの対立。1648年の**ウェストファリア条約**で講和。

▶**ロシア**…西ヨーロッパの近代化に追いつこうと改革を行う。

□【**モスクワ大公国**】…**イヴァン4世**が**ツァーリ**の称号を正式に採用。

□【**ピョートル1世**】…西欧化改革。1689年に清朝と**ネルチンスク条約**。

□【**エカチェリーナ2世**】…啓蒙専制君主。**プガチョフ**の農民反乱を鎮圧。

▶**ポーランド**…大国に挟まれ，国家が消滅する事態になる。

□【**ヤゲウォ朝**】…16世紀後半に断絶。その後，選挙王制が実施される。

□【**ポーランド分割**（3回）】…第2回のとき，コシューシコの抵抗が失敗。

▶**プロイセン**…1701年に王国として昇格する。

□【**フリードリヒ＝ヴィルヘルム1世**】…軍隊強化。絶対王政の基礎を築く。

□【**フリードリヒ2世**】…**オーストリア継承戦争**と**七年戦争**に勝利。

▶**オーストリア**…プロイセンとの戦いを通じ，内政改革を実施。

□【**マリア＝テレジア**】…シュレジエンを失う。フランスと提携（**外交革命**）。

□【**ヨーゼフ2世**】…**農奴解放**や宗教寛容令を発布するが挫折。

《ヨーロッパ諸国の海外進出》

- ▶**イギリス**…1600年に東インド会社を設立する。
- □【**マドラス・ボンベイ・カルカッタ**】…インド経営の拠点。1757年に**プラッシーの戦い**でフランス軍を破り，イギリス領インドの基礎を築く。
- □【**ヴァージニア植民地**】…**ピューリタン**が新大陸に入植し**13植民地**へ。
- ▶**フランス**…財務総監**コルベール**が**東インド会社**を再建。
- □【**シャンデルナゴル・ポンディシェリ**】…インド経営の拠点。
- □【**ルイジアナ**】…北アメリカ南部。1682年，フランスによる領有を宣言。
- ▶**オランダ**…1602年に**東インド会社**を設立。アジア中心の経営。
- □【**東南アジア**】…ジャワ島の**バタヴィア**を中心に香辛料貿易。アンボイナ事件でイギリスを東南アジアから駆逐。南アフリカに**ケープ植民地**を建設。
- ▶**英仏植民地抗争**…ヨーロッパでの戦争と並行して，新大陸でも抗争。
- □【**パリ条約**】…**七年戦争**と**フレンチ＝インディアン戦争**の講和条約(1763年)。英は**カナダ**や**ミシシッピ以東のルイジアナ**獲得。仏は北米領土を失う。
- ▶**大西洋三角貿易**…アメリカからヨーロッパに**砂糖・綿花**が，ヨーロッパからアフリカに**武器・雑貨**が，アフリカからアメリカへ**黒人奴隷**が送られた。

《市民革命》
- ▶**イギリスの市民革命**…**ピューリタン革命**(1640年〜)と**名誉革命**(1689年)

 市民革命を早期に経験した国ほど，議会制が定着し，成熟した近代国家へと進んでいきます。各国とも，革命の展開は複雑ですが，順を追って整理しましょう。

原因	【**ジェームズ1世**】…ステュアート朝を開き，専制政治を行う。 【**チャールズ1世**】…専制政治を批判する**権利の請願**が議会より提出されるが，これを無視し，議会を解散。スコットランドの反乱を招く。
展開	【**ピューリタン革命**】…1640年勃発。議会派の**クロムウェル**が鉄騎隊を組織して勝利。**チャールズ1世**を処刑して共和政を開く。 【**クロムウェル**】…護国卿となり，軍事的独裁体制をしく。国民の不満。 【**王政復古**】…クロムウェルの死後，**チャールズ2世**が亡命先から帰国。再び専制政治を行ったため，議会は審査法や人身保護法を制定して抵抗。**ホイッグ党**(後の**自由党**)，**トーリー党**(後の**保守党**)が誕生。
結果	【**名誉革命**】…ジェームズ2世の専制に対し，議会がオランダから**ウィリアム3世**とメアリ2世を招き即位させる(**権利の宣言**を承認)。その後，**ウォルポール**首相のもとで**責任内閣制**が成立。

▶アメリカの独立革命 (1775〜83年)

原因	【印紙法・茶法】…イギリス本国が植民地アメリカに課税強化。住民は**ボストン茶会事件**で抵抗。大陸会議を開いて自治の尊重を要求。
展開	【独立戦争】…1775年にレキシントンで武力衝突が起こり独立戦争へ。植民地側総司令官は**ワシントン**。戦争中に**独立宣言**発布。仏の**ラ=ファイエット**，ポーランドのコシューシコ，露の武装中立同盟などの援助。 【独立宣言】…**トマス=ジェファソン**らが起草。
結果	【ヨークタウンの戦い】…植民地側の勝利がほぼ確定。**パリ条約**(1783年)で合衆国の独立を承認し，ミシシッピ川以東の領土を譲る。 【合衆国憲法】…人民主権・連邦主義・大統領制や**三権分立**の原則。

▶フランス革命 (1789〜99年) とナポレオンの台頭

原因	【アンシャン=レジーム】…旧制度。第一身分の聖職者，第二身分の貴族，第三身分の平民の矛盾が増大。
展開 ①	【財政改革】…ルイ16世がテュルゴー・**ネッケル**らを起用。 【三部会】…財政改革に特権身分が抵抗し招集。議決法を巡り紛糾。 【球戯場の誓い】…第三身分の議員が真の**国民議会**であることを宣言。 【バスティーユ牢獄の襲撃】…1789年7月14日，**フランス革命**が勃発。その後，議会はラ=ファイエットらの起草した**人権宣言**を採択。 【立法議会】…ジロンド派内閣成立。8月10日事件で王権停止。 【国民公会】…共和政が成立(**第一共和政**)し，ルイ16世を処刑。 【ジャコバン派】…ジャコバン派の**ロベスピエール**による**恐怖政治**へ。**テルミドール9日のクーデタ**でロベスピエールが処刑される。 【総裁政府】…5人の総裁。**ナポレオン=ボナパルト**が頭角を現す。 【統領政府】…ナポレオンが**ブリュメール18日のクーデタ**を起こす。
展開 ②	【第一帝政】…国民投票を経て皇帝**ナポレオン1世**となる。 【トラファルガーの海戦】…1805年，イギリスの**ネルソン**に敗北。 【アウステルリッツの戦い】…1805年，オーストリア・ロシアの連合軍破る。 【ライン同盟】…1806年，神聖ローマ帝国が消滅。 【大陸封鎖令】…大陸諸国にイギリスとの通商を禁じる。経済の混乱。 【ロシア遠征】…失敗。**ライプツィヒの戦い**にも敗北。ナポレオンは**エルバ島**に流される。その後脱出するも，再び**セントヘレナ島**に流される。
結果	【ナショナリズムの高揚】…被征服地(スペインなど)で。 【ウィーン会議】…メッテルニヒ主導のもと，国際秩序の再編。正統主義が採用されフランス革命以前の絶対王政が復活，自由主義やナショナリズム運動をおさえる**ウィーン体制**ができる。→1848年の革命で崩壊。

6 欧米の発展とアジア諸地域

《産業革命》

▶**イギリスは①資本の蓄積，②豊富な労働力，③恵まれた資源，④海外市場などの諸要素の結果，いち早く産業革命を達成することができた。**

▶**綿織物業における主要な技術革新**(人物と業績の数字が対応)

①**ジョン＝ケイ**，②**カートライト**	①飛び杼，②力織機発明。職布工程の効率化。
③**ハーグリーヴス**，④**アークライト**，⑤**クロンプトン**	③ジェニー紡績機，④水力紡績機，⑤ミュール紡績機を発明。製糸工程の効率化。

▶**動力・交通・通信革命**(人物と業績の数字が対応)

①**ニューコメン**，②**ワット**	蒸気機関の①考案，②実用化。
③**トレヴィシック**，④**スティーヴンソン**	蒸気機関車の③考案，④実用化。マンチェスター・リヴァプール間で旅客鉄道が開通(1830年)。

《19世紀のヨーロッパ諸国》

▶**イギリスの自由主義的改革**…**ヴィクトリア女王**時代に繁栄。

□【自由貿易政策】…特権的貿易会社である**東インド会社**の商業活動が停止。

□【審査法の廃止】…カトリックを除く非国教徒の公職就任が可能になる。

□【カトリック教徒解放法】…**オコンネル**の尽力により信教差別撤廃。

□【穀物法の廃止】…コブデン・ブライトらの**反穀物法同盟**が活躍。

□【航海法の廃止】…自由貿易体制が確立する。

□【選挙法改正】…第1回で産業資本家に，第2回で都市労働者に選挙権。

▶**フランスの動向**…七月革命・二月革命・普仏戦争と混乱が続く。

□【シャルル10世】…反動政治の不満をそらすために**アルジェリア**出兵。

□【七月革命】…1830年にパリで勃発。結果，オルレアン家の**ルイ＝フィリップ**の即位により**七月王政**が成立。選挙権が大幅に制限された政治体制。

□【二月革命】…1848年にパリで勃発。**ルイ＝フィリップ**は亡命。第二共和政が成立し，臨時政府に社会主義者のルイ＝ブランが入閣するが**六月蜂起**が勃発。

□【第二帝政】…大統領選挙で**ルイ＝ナポレオン**当選。**普仏戦争**(1870～71年)で独に敗北。

□【第三共和政】…対独復讐熱が強く，小党分立の不安定な政治。

▶**その他のヨーロッパ諸国**…再編が進む。

□【イタリア王国】…サルデーニャ王国が中心となり，1861年に成立。66年

にオーストリア領だった**ヴェネツィア**，70年に普仏戦争で**ローマ教皇領**を併合し，分裂の続いていたイタリアを統一した。しかし，ローマ教皇は併合を認めず，王国と対立した。

□【ドイツ帝国】…政治的な分裂状態が続くドイツでは，プロイセンの首相**ビスマルク**が鉄血政策で統一を進め，諸邦で構成されたドイツ帝国が1871年成立した。

□【小ドイツ主義】…オーストリアを除いて**プロイセン**を中心にドイツ統一を目指す構想。

▶**アメリカ大陸の動向**…米英戦争による経済的自立を経て国力増す。

□【ラテンアメリカ独立】…**クリオーリョ**中心の独立運動。**ハイチ**が最初に独立。イギリス外相のカニングやモンロー大統領はこの動きを支持した。

□【領土買収】…**ジェファソン**大統領以後，**ルイジアナ**や**フロリダ**など。

□【西部開拓】…**ジャクソン**大統領が先住民強制移住法と西漸運動。

□【南北戦争】…**奴隷制**などを巡り対立。南部はジェファソン・デヴィスを大統領とする**アメリカ連合国**をつくる。**共和党のリンカン**大統領が**奴隷解放宣言**を経て**ゲティスバーグの戦い**で北軍勝利，その後，南軍降伏。

□【フロンティア消滅】…**ホームステッド法**や**大陸横断鉄道**の開通による。

《19世紀のインド・アジア諸地域との関係》

□【アヘン戦争】…1840〜42年におこったアヘンをめぐる清とイギリスの戦争。清は敗れて**南京条約**を結び，広州や上海など5港を開港，**香港島**を**イギリス**に割譲した。以後，ヨーロッパのアジア進出が進む。

□【インド大反乱】…1857年に東インド会社の傭兵**シパーヒー**がおこした反乱がインド全土に広がった。**イギリス**は**ムガル帝国**を滅ぼし，新インド統治法を定めて**東インド会社**を解散させた。

□【清仏戦争】…1884年に**ベトナム**でおこった清と**フランス**の戦争。翌年，清の李鴻章は**天津条約**を結び，フランスのベトナム保護国化を認めた。

□【太平天国】…洪秀全を指導者とし，「**滅満興漢**」を掲げ，1851年清に反乱を起こした。漢人官僚の義勇軍(郷勇)である，**曾国藩**の湘軍，**李鴻章**の淮軍（わいぐん）などにより鎮圧された。

□【義和団事件】…1899〜1900年におこった中国民衆の排外運動。清は列強8か国に宣戦布告したが敗れ**北京議定書**を結んだ。中国の分割が進む。

□【江華島事件】…1875年，**日本**が**朝鮮**の江華島を砲撃。76年に**日朝修好条規**を結び朝鮮は開国した。

01
ポルトガルでは，エンリケのアフリカ大陸西側の南下に続き，ディアスがアフリカ大陸南端の喜望峰に到達した。また，インド航路を開拓したヴァスコ＝ダ＝ガマはカリカットに到達した。　**国家専門職・平22改**

02
スペインでは，女王のマルグレーテがコロンブスの新大陸発見や，マゼランの世界周航を支援し，のちにラテンアメリカといった海外の鉱山から大量の銀を入手して，莫大な利益を得た。　**国家専門職・平22**

03
スペインはラテンアメリカを植民地化し，鉱山や農園を経営した。スペイン人がもち込んだ伝染病や過酷な労働のためインディオは激減したため，アフリカから黒人奴隷が移住させられた。　**市役所・平29**

 04
15世紀にポルトガルが羅針盤を発明すると，ヴァスコ＝ダ＝ガマが史上初の世界周航を成し遂げ，大航海時代に入った。そしてヨーロッパの遠隔地貿易の中心は大西洋沿岸から地中海へ移った。　**国家Ⅱ種・平22**

05
フィレンツェ生まれの詩人ダンテはトスカナ語で『神曲』を著し，マキャヴェリは『君主論』でどこにもないあるべき理想社会の姿を描いた。　**地方上級・平20改**

06
メディチ家の保護を受けていたエラスムスは，聖職者の道徳的な堕落を風刺する『愚神礼賛』を著し，ローマ法王に破門された。　**地方上級・平20**

解 説

01 正しい。ポルトガルは12世紀のイベリア半島でキリスト教徒による**レコンキスタ**（**国土回復運動**）の中で成立した。積極的な海外進出を行い，ヨーロッパでいち早く**インド**に到達し，利益を独占した。

02 マルグレーテは**デンマーク**の女王。スペイン女王は**イサベル**で，レコンキスタを完成させ，カトリック布教にも熱心で，コロンブスの航海を援助した。マゼランを支援したのは，スペインのカルロス1世。

03 正しい。スペイン人の征服者を**コンキスタドール**といい，**アステカ王国**を滅ぼした**コルテス**や**インカ帝国**を滅ぼした**ピサロ**がいる。インディオの激減による黒人奴隷の移住がアフリカの停滞をもたらした。

04 羅針盤の実用化は**宋代**の中国。史上初の世界周航は**マゼラン**一行で，ヴァスコ＝ダ＝ガマは**インド航路**の開拓。大航海時代になると，貿易の中心が地中海から大西洋沿岸に移った（**商業革命**）。

05 『**君主論**』では，近代政治学の基礎について描かれている。マキァヴェリは，分裂の進んだイタリア社会の現状を憂い，この本を書いた。理想社会を描いたのは**トマス＝モア**の『**ユートピア**』である。

06 メディチ家の保護は受けていない。**エラスムス**はネーデルラント出身の人文主義者で，『**愚神礼賛**』で**聖職者の腐敗**を批判した。メディチ家は，**ボッティチェリ**などの画家とその作品を保護した。

世界史

西洋史（近代）

131

07 □□□ ルネサンスを代表する絵画である<u>レオナルド＝ダ＝ヴィンチ</u>の『最後の審判』は，初めて遠近法を取り入れた作品であり，彼は「万能人」との異名をもった。

地方上級・平20

08 □□□ スペインでは，<u>フェリペ２世</u>が<u>レパントの海戦</u>でオスマン帝国海軍を破った後，ポルトガルの王位を継承し，アジアの植民地も手に入れ，「太陽の沈まぬ国」を築いた。　　　　　地方上級・平24改

09 □□□ <u>カルヴァン派の多いネーデルラント</u>に対し，スペインはカトリックを強制したが，北部７州はユトレヒト同盟を結んで戦い，1581年にはネーデルラント連邦共和国の独立を宣言した。　　　国家Ⅱ種・平20改

10 □□□ <u>フェリペ２世</u>下のスペインで，支配下のオランダが独立を宣言し，イギリスがそれを支援したため，スペインは無敵艦隊（アルマダ）を送ってイギリスを撃破し，オランダを再支配した。　　　国家一般職・平28

11 □□□ <u>オランダ</u>は16世紀に独立を宣言したあと，強力な海運業に支えられて，17世紀になると首都の<u>アントウェルペン</u>は世界の貿易と金融の中心地となった。

国家専門職・平22

12 □□□ <u>イギリス</u>では，バラ戦争の後に王権が強化され，<u>エリザベス１世</u>の時代に絶対王政の全盛期を迎えた。同国では常備軍・官僚制を整備して中央集権化を進め，毛織物工業の育成に努めた。　　　国家Ⅱ種・平20

13 □□□ ルイ14世はコルベールを財務総監に任じて重商主義政策をとった。またアンリ４世が発布したナントの王令を廃止し，信仰の自由を認めなかったため，ユグノーの抵抗を生んだ。　　　国家一般職・平24改

07 『最後の審判』は<u>ミケランジェロ</u>の作品で，他に『<u>ダ ヴィデ像</u>』が有名。<u>ダ＝ヴィンチ</u>の代表作はシス ティナ礼拝堂の『**最後の晩餐**』。なお，**遠近法**は，ダ ＝ヴィンチ以前のギベルティなども採用している。

08 正しい。フェリペ2世はスペインの**絶対王政**を築い た国王だが，その父にあたる**カルロス1世（神聖ロー マ皇帝カール5世）**は，**オーストリア＝ハプスブルク 家**出身で，フェリペ2世が活躍する基礎を築いた。

09 正しい。ネーデルラントは**毛織物工業**で栄え，カル ヴァン派が多かった。**オランダ独立戦争**が勃発する と，カトリックの多い**南部10州**は脱落したが，**北部 7州**は**オラニエ公ウィレム**のもと独立した。

10 スペインの**無敵艦隊**はイギリスに**敗北**した。当時， エリザベス1世のイギリスは，**カトリック**のスペイ ンと宗教面でも対立していた。スペイン敗北後，イ ギリスとオランダが海軍力で競い合うようになる。

11 アントウェルペンではなく**アムステルダム**。アント ウェルペンは現在のベルギーにあたる都市で，15世 紀以降繁栄したが，**独立戦争**（1568年〜）で没落し， 中心地は北部のアムステルダムに移った。

12 正しい。イギリスは，バラ戦争（1455年〜）の後，ヘ ンリ8世ら**テューダー朝**のもとで**王権**が強化され， エリザベス1世の時代に**絶対王政**の全盛期を迎え た。その後，市民革命を経て強国へと成長した。

13 正しい。自身がユグノーであったアンリ4世は**カト リック**に改宗し，ナントの王令でユグノーを認めた が，**ルイ14世**はこれを廃止した。そのため多数の商 工業者がフランスを脱出し，**商工業**が衰退した。

14 17世紀フランスでルイ14世が即位し，宰相のリシュリューが国王権力の強化に努めたが，貴族がフロンドの乱を起こした。鎮圧はされたが，ルイ14世親政時に王権は形骸化していた。　　　　　　　国家一般職・平28

15 神聖ローマ帝国内に領邦が分立していたドイツでは，ハプスブルク家によるカトリック信仰の強制にオーストリア領ベーメンが反抗し，百年戦争が起きたが，ウェストファリア条約で終結した。　国家一般職・平28

16 チャールズ1世が絶対王政の復活に努めたため，議会はクロムウェル率いる鉄騎隊により対抗し，権利の宣言を国王に受け入れさせ，これにより立憲王政が確立した。　　　　　　　　　　　　　国家専門職・平25

17 イギリスでは，国王の権威を重んじるトーリ党と，議会の権利を主張するホイッグ党が生まれた。ジェームズ2世の専横に対し，両党派は王女メアリとその夫オランダ総督ウィレムを招いた。　　国家一般職・平28

18 議会の権利を主張するホイッグ党のウォルポールは，1721年に首相となり，その後，内閣は王に対してではなく，議会に対して責任を負うという責任内閣制が形成された。　　　　　　　　　　国家専門職・平25

19 フランスではコルベールが重商主義政策を実施したため，農民の生活が苦しくなり，コルベールに対する不満が募った結果，フランス革命が起こった。
国家専門職・平13

14 ルイ14世の宰相は**マザラン**。この時代にフランス絶対王政が全盛期を迎え，**ヴェルサイユ宮殿**が建てられた。リシュリューは**ルイ13世**の宰相。三十年戦争に介入して対ハプスブルク家対策を展開した。

15 百年戦争（1339〜1453年）ではなく**三十年戦争**（1618〜48年）である。ウェストファリア条約で終結したが，これにより神聖ローマ帝国内の300近い**領邦**にほぼ完全な主権が認められた。

16 クロムウェルはチャールズ1世を**イギリス革命**（**ピューリタン革命**）において打倒し，その過程で処刑している。権利の宣言は名誉革命の際に，**ウィリアム3世**と**メアリ2世**が受け入れたもの。

17 正しい。**ジェームズ2世**はルイ14世に倣ってカトリック中心の国づくりを模索したが，**議会**が強く反対し，国外から王位候補者を招いて即位させ，ジェームズ2世は逃亡した（1689年：**名誉革命**）。

18 正しい。ウォルポールは，イギリスの**初代内閣総理大臣**であり，責任内閣制を確立した。ジョージ1世紀以降の内閣のあり方は，「**王は君臨すれども統治せず**」という言葉に象徴されている。

19 コルベールが**重商主義政策**を実施したのは，17世紀後半のフランス絶対王政全盛期のとき。フランス革命が起きたのは**1789年**であり，**ルイ14・15世**による多くの侵略戦争などが一因となった。

イギリス国王のチャールズ2世とジェームズ2世をしっかり区別しよう。チャールズ2世は王政復古のとき，ジェームズ2世は名誉革命のときの国王だよ。

20 フェリペ5世のスペイン王位継承をめぐり，イギリス・オーストリア・オランダとフランスとの間に**スペイン継承戦争**が起こり，**ユトレヒト条約**でハプスブルク家の王位継承が認められた。 国家専門職・平14

21 プロイセンでは，**フリードリヒ＝ヴィルヘルム1世**がユンカーを官僚・軍隊の中心とする軍事色の強い絶対主義の基礎を築いた。 国家Ⅱ種・平15

22 プロイセンでは，**フリードリヒ2世**が宗教寛容令を出し，**重商主義政策**によって産業を育成したほか，ヴォルテールらの啓蒙思想家を宮廷に招き，「君主は国家第一の下僕」と称した。 国家専門職・平24

23 18世紀中頃，オーストリアの**マリア＝テレジア**は，ハプスブルク家の全領土を継承したのち，プロイセンとオーストリア継承戦争や七年戦争を戦い抜き，**シュレジエン**確保に成功した。 国税専門官・平13改

24 ロシアはステンカ＝ラージンによる農民反乱が鎮圧された後に即位した**イヴァン4世(雷帝)**の下で，軍備の拡大を背景にシベリア経営を進め，清朝と**ネルチンスク条約**を結んだ。 国家一般職・平28

25 **エカチェリーナ2世**はラクスマンを日本の根室に派遣した一方，貴族をおさえて専制政治の基礎を固めるとともに，農奴制を強化し，**プガチョフの農民反乱**を鎮圧した。 国家一般職・平24

26 イギリスはインドの**ゴア**を根拠地とし，東南アジアを制圧し，**マカオ**に居住権を得て，欧州・日本・マニラと貿易をした。 地方上級・平6

20 ユトレヒト条約（1713年）の結果，**ブルボン家**によるスペイン王位継承が認められた。同条約では，ブルボン家による王位継承の条件として，**スペイン・フランス**両国は合同しないことも確認された。

21 正しい。ユンカーとは，エルベ川以東の**土地貴族**で，18世紀以降のプロイセン官僚の中心となった。プロイセンはもともと公国だったが，**スペイン継承戦争**で王国に昇格し，その後軍隊を強化した。

22 正しい。フリードリヒ2世はプロイセンを代表する**啓蒙専制君主**。文化・芸術への傾倒だけでなく，富国強兵・産業育成にも精を出し，**オーストリア継承戦争**や七年戦争を戦って**シュレジエン**を獲得した。

23 マリア＝テレジアは，**オーストリア継承戦争**と**七年戦争**に敗北した。その子**ヨーゼフ2世**のときに啓蒙専制君主として近代化改革を推し進めたが，保守派の反発が強く，挫折したものが多かった。

24 イヴァン4世は**モスクワ大公**。**ステンカ＝ラージンの反乱**（1667〜71年）後に即位したのはロマノフ朝の**ピョートル1世**である。ピョートル1世は西欧化を推し進め，ペテルブルクに都を定めた。

25 正しい。エカチェリーナ2世はロシアの**啓蒙専制君主**。学芸保護や法治主義を掲げる一方，**プガチョフによる農民反乱**（1773年〜）を機に反動化し，**クリミア半島**進出や**ポーランド分割**への介入を行った。

26 インドのゴアを根拠地としたのは**ポルトガル**。ポルトガルは，1510年にインドのゴアを占領した。次いで**スリランカ・マラッカ・モルッカ諸島**を占領し，1557年には**マカオ**に居住権を得ている。

27 □□□
17世紀，西欧列強の植民地抗争において，イギリスは，モルッカ諸島の香辛料貿易をめぐる争いでオランダに敗れた後，インド経営に重点を置いた。　**国家Ⅱ種・平17**

 28 □□□
イギリスは1600年に東インド会社を設立して発展を遂げ，マドラス・ボンベイ・カルカッタを拠点とした。そしてプラッシーの戦いに勝利し，インドを植民地化した。　**地方上級・平6改**

29 □□□
17世紀以降，大西洋を舞台に行われた三角貿易では，ヨーロッパからアフリカに武器や雑貨，アフリカからアメリカへ砂糖や綿花，アメリカからヨーロッパへ奴隷が送られた。　**地方上級・平29**

27　正しい。イギリスは1623年の**アンボイナ事件**でオランダに敗れてモルッカ諸島から撤退し，これを機にインドネシアから締め出され，**インド経営**に専念した。

28　正しい。イギリスはフランスとインドをめぐって争ったが，1757年の**プラッシーの戦い**で，イギリスの**インド支配**が確立した。その後，イギリスは**ムガル帝国**を滅ぼし，インドの植民地化を進めた。

29　アフリカからアメリカへは**奴隷**が，アメリカからヨーロッパへは**砂糖・綿花・タバコ・コーヒー**などが送られた。この頃，ヨーロッパでは紅茶を飲む習慣が広まっており，砂糖の需要が増大していた。

01
他国に先駆けてイギリスで産業革命が始まった理由の一つとして，広大な海外植民地から石炭・鉄などの工業資源や労働力を安価に輸入できたことがある。

地方上級・平21

02
フランス・ドイツ・アメリカでは20世紀に入って第一次産業革命が本格化し，いずれも国家の保護を受けて重化学工業が発展し，イギリスの地位を脅かすようになった。

地方上級・平21

03
イギリスの産業革命は，大西洋の三角貿易で綿布の需要が急増したことから，マンチェスター周辺の綿工業において技術革新が始まった。

地方上級・平21

04
イギリスは20世紀初めまで「世界の工場」としての地位を維持し，長時間労働を課せられた労働者たちが階級意識に目覚め，社会主義が誕生した。政府は労働運動を弾圧しなかった。

地方上級・平20

05
18世紀半ばまでに，北アメリカの東海岸にはイギリスによって20以上の植民地が成立していた。しかし，イギリス領カナダの独立をきっかけに，アメリカ独立革命の起点となった。

国家専門職・平28

 06
植民地軍総司令官ジェファソンは，大陸会議でアメリカ独立宣言を採択した。それに対し，イギリス本国が自国の東インド会社に有利な茶法を制定すると，ボストン茶会事件が勃発した。

国家専門職・平28

解 説

01 イギリスは，石炭・鉄などの**資源**にめぐまれ，**第2次囲い込み**で土地を失った農民が工業労働者となった。海外植民地は「**市場**」としての役割を果たした。

02 フランス・ドイツ・アメリカで**第一次産業革命**が本格化するのは**19世紀**。**1870**年代には，電力・石油といった重化学工業分野での**第二次産業革命**が始まり，ドイツとアメリカがその中心となった。

03 正しい。17世紀末に，インドから輸入される**綿布**の需要がイギリスで高まり，綿布とその原料の綿花が**大西洋三角貿易**の重要な商品となって，イギリスで**綿工業**が発展する背景となった。

04 イギリスが「**世界の工場**」となったのは**19世紀半ば**のことで，1870年代にはアメリカやドイツにその座を譲った。イギリス政府は労働者の運動を警戒し，18世紀末に**団結禁止法**を制定した。

05 北アメリカの東海岸に，イギリスによって18世紀半ばまでにつくられた植民地の数は**13**である。1763年の**パリ条約**により**カナダ**などを獲得したイギリスは，その後，植民地への課税を強化した。

06 植民地軍総司令官に任命されたのは**ワシントン**で，1775年の**第2回大陸会議**において任命された。また，ボストン茶会事件が勃発したのは1773年であり，この事件が**アメリカ独立革命**へ繋がった。

世界史

西洋史（近代）

07 アメリカ独立戦争において，最終的にパリ条約でアメリカ合衆国の独立が承認された。独立後は合衆国憲法が制定されるなど，近代民主主義の理念を掲げた共和国になった。

国税専門官・平20

08 18世紀のフランスで国王は，免税特権を認められていた貴族への課税を試みた。反発した貴族は，第一身分の国王，第二身分の貴族，第三身分の平民からなる三部会の招集を要求した。

国家専門職・平30

09 絶対王政下のフランスでは，国王ルイ16世が自ら三部会の開催を要求して改革を試みたが，テュルゴー・ネッケルら貴族からの激しい抵抗にあい，三部会の開催を断念した。

国家専門職・平22

10 1789年，軍隊のヴェルサイユ集結の動きに危険を感じた農民が全国で反乱を起こし，その影響を受けたパリ市民がバスティーユ牢獄を襲撃した。

国家専門職・平30

11 国民議会では，ラ＝ファイエットらが起草し，すべての人間の自由・平等，国民主権，私有財産の不可侵などをうたった人権宣言を採択した。その後立憲君主政の憲法が発布された。

国家専門職・平30

12 ロベスピエールを中心とするジロンド派政権は，ヴェルサイユ体制を維持するため，これの反対派とも話し合いを重ね，協同して民主化を図った。

国家専門職・平30

13 フランスではフランス革命によって君主制が崩壊したが，オーストリアなどの周辺諸国が干渉戦争を起こして革命政府を倒し，その後周辺大国の勢力が均衡して，平和が保たれた。

地方上級・平28

07 正しい。アメリカ合衆国は，当時の世界において，**連邦制**を採用し，**大統領制**（初代大統領は**ワシントン**）をとる画期的な国家であった。合衆国憲法は，**連邦主義・三権分立・人民主権**を特徴としている。

08 旧制度において，第一身分は**聖職者**・第二身分は**貴族**・第三身分は**平民**であった。三部会は国王**フィリップ4世**によって1302年に開かれたが，絶対王政期の1615年以後，召集されていなかった。

09 ルイ16世自らが三部会の開催を要求したのではなく，**テュルゴー・ネッケル**らの改革派が特権身分への課税を提案をしたために開催に至った。議決方法を巡って紛糾し，フランス革命の一因となった。

10 民衆の動きは，**都市**から**農村部**へ波及した。第三身分により**国民議会**が成立し，**憲法制定議会**に代わると，国王は武力で弾圧しようとしたため，反発したパリの民衆が，**バスティーユ牢獄**を襲撃した。

11 正しい。ここで起草された人権宣言は，**近代市民社会**の原理を主張するものであり，三権分立の他にも，**抵抗権**などの**自然権**が規定された。これがフランス革命を推進するための革命理念ともなった。

12 急進共和主義の**ジャコバン派**に属していたロベスピエールは，**公安委員会**などを設置し，独裁による**恐怖政治**を進めたが，反発が強くなり，**テルミドール9日のクーデタ**によって逮捕，処刑された。

13 革命政府が倒れたあとフランスには**ナポレオン**が台頭した。彼はその後，皇帝になると，**対外戦争**を行い，ヨーロッパの国々を支配下に置いた。ヨーロッパは**対仏大同盟**を結成し，警戒を強めた。

14 皇帝ナポレオン1世は，第一帝政開始後，ワーテルローの戦いにおいてネルソン率いるイギリス軍に勝利したが，トラファルガーの海戦ではプロイセン・ロシア軍に大敗した。

国家専門職・平30

15 19世紀前半，パリに革命が起こり，圧政を敷いたシャルル10世は追放され，自由主義者として知られるルイ＝フィリップが王に迎えられて，七月王政が成立した。

国家一般職・平26

16 19世紀のイギリスでは，自由党・労働党の二大政党が選挙結果に基づいて政権を交替して担当する議会政党政治が確立された。

市役所・平26

17 19世紀のイタリアでは，サルデーニャ王国が中心となって統一が進められ，1861年，教皇領がローマ教皇より寄進された結果，イタリア王国が成立した。

市役所・平26

18 ドイツでは，プロイセンが統一の中心となり，宰相ビスマルクによる鉄血政策によって大ドイツ主義に基づくドイツ帝国が成立して，分立していた各邦は消滅した。

市役所・平26

19 フランス革命の影響を受けたトゥサン＝ルヴェルチュールらの指導で，カリブ海フランス領で反乱が起こった。植民地側は勝利し，キューバ共和国はラテンアメリカ初の独立国となった。

国家専門職・平28

20 18世紀以降の南アメリカ大陸は，ナポレオンによるスペイン占領の影響をきっかけに，独立運動が本格化した。そして19世紀前半には，南米のほとんどの植民地が独立を達成した。

国家専門職・平28

14 ナポレオンは，**ネルソン**率いるイギリスにトラファルガーの海戦で**敗北**した。1815年に勃発した**ワーテルローの戦い**では，イギリスの**ウェリントン**に敗れて失脚し，セントヘレナ島へ流刑となった。

15 正しい。シャルル10世は，自由主義的な潮流の中で**反動政治**を強化し，**ブルボン復古王政**を敷いた。そのためパリ市民がその打倒を目標に革命を起こし，国王はイギリスに亡命した（1830年：**七月革命**）。

16 19世紀のイギリス二大政党は，**自由党**と**保守党**である。自由党は**グラッドストン**が，保守党は**ディズレーリ**が有力党首として指導にあたった。なお，労働党が躍進するのは20世紀からである。

17 イタリア王国は，1861年に成立した時点で，**教皇領**や**ヴェネツィア**を含んでいなかった。教皇領の併合は，1870年に**普仏戦争**のときであったが，教皇は併合を望まず，王国との対立を深めた。

18 ビスマルクは，**オーストリア**を排除して**プロイセン**を中心にドイツ統一を進める**小ドイツ主義**をとった。1871年に成立した**ドイツ帝国**は，22の邦と3つの自由市で構成される**連邦国家**であった。

19 **トゥサン＝ルヴェルチュール**が指導し，中南米で最初の独立国となったのは**ハイチ**。ハイチの独立は1804年で，キューバの独立は1902年である。ここからラテンアメリカ独立運動が加速した。

20 正しい。19世紀前半に独立を達成したラテンアメリカの国として，**シモン＝ボリバル**の指導によりボリビアやベネズエラが，**サン＝マルティン**の指導によりアルゼンチンやチリが独立を達成した。

21 アメリカ合衆国は独立戦争でフランスの干渉を受けたため，フランス革命やナポレオン戦争に際して<mark>モンロー教書</mark>を公表して干渉し，ラテンアメリカの情勢には干渉しない方針を示した。

国家Ⅱ種・平23

22 <mark>南北戦争</mark>の背景には，奴隷制をめぐる立場の違いとともに，北部と南部の経済上の対立があった。工業化の進んだ北部はイギリスとの対抗上，保護貿易を求め，南部は自由貿易を求めた。

国家Ⅱ種・平23

23 南北戦争の開始前，アメリカ合衆国の南部諸州は，奴隷制存続のために州の自治権を制限することを要求し，立憲君主制による<mark>アメリカ連合国</mark>をつくって連邦から分離した。

地方上級・平30

24 19世紀のインドでは，イギリスがムガル帝国の皇帝を廃し，東インド会社を解散して，直接統治に乗り出した。また，<mark>ヴィクトリア女王</mark>がインド皇帝となり，英領インド帝国が成立した。

国家一般職・平29

25 東南アジアでは，植民地支配を強めるイギリスとフランスの対立が激化し，ベトナムの宗主権をめぐって軍事衝突を繰り返した。結果，フランスは，<mark>仏領インドシナ連邦</mark>を成立させた。

国家一般職・平29

26 李鴻章の指導する<mark>太平天国</mark>は，1901年に「滅満興漢」を掲げて清朝に反乱を起こした。清朝は，日本やロシアの支援を受けて鎮圧に向かったが敗北し，太平天国に賠償金を支払った。

国家Ⅱ種・平22

27 19世紀の朝鮮は，長らく清とオランダの2国だけしか外交関係をもっていなかったが，欧米諸国は朝鮮に開国を迫った。中でも，ロシアは，<mark>江華島事件</mark>を起こして朝鮮を開国させた。

国家一般職・平29

21 モンロー教書は，ヨーロッパ諸国のアメリカ大陸への干渉反対と，アメリカ合衆国自身もヨーロッパに干渉しないという**相互不干渉**を表明する内容。この**孤立主義**の立場は，アメリカ外交の基本となった。

22 正しい。南部は広大な敷地で**黒人奴隷**を用いて綿花を栽培し，それをイギリスに輸出していたので，奴隷制度に賛成し，**自由貿易**を求めていた。これが**南北戦争**（1861〜65年）の背景となった。

23 南部は州の自治権を擁護する立場だった。1861年に北部出身の**リンカン**が大統領になると，南部は連邦から独立して憲法を制定し，**ジェファソン＝デヴィス**を大統領とする**アメリカ連合国**を設立した。

24 正しい。インドではイギリスの支配に対し，1857年より**インド大反乱**が起こったが鎮圧され，**ムガル帝国**は滅んだ。**東インド会社**は責任を問われて解散し，1947年の独立までイギリスが支配した。

25 ベトナムをめぐって対立したのは**フランス**と**清**。ベトナムは清の**冊封体制**下にあったが，東南アジアの植民地支配を進めるフランスとの間で1884年に**清仏戦争**が起こり，フランスが保護権を得た。

26 1851年におこった太平天国は，**李鴻章**の淮軍や曾国藩の湘軍，**常勝軍**らに鎮圧された。1900年の**義和団事件**は，日本・ロシアなどの8カ国連合軍に鎮圧され，清朝は**北京議定書**により半植民地化された。

27 朝鮮は17世紀以来，外交関係を**清**と**日本**の2国に限っていた。また，1875年に**江華島事件**を起こしたのは日本であり，この結果，不平等条約である**日朝修好条規**を結んで釜山などを開港させた。

7 第一次世界大戦前後

《帝国主義》

1880年代以降，欧米諸国はアジア・アフリカへ進出し，植民地化した。

▶アフリカ分割

□**【ベルリン会議】**…1884～85年，独の**ビスマルク**が開催。コンゴ自由国を**ベルギー**国王の所有と認める。以後，列強のアフリカ進出が強まる。

□**【ファショダ事件】**…1898年，縦断政策をとる**イギリス**と横断政策をとる**フランス**がスーダンで対立。→**英仏協商**（1904年）で独に対抗。

□**【3C政策】**…英の政策。**カイロ**・ケープタウン・カルカッタ。

□**【3B政策】**…独の政策。ベルリン・ビザンティウム・**バグダード**を鉄道で結ぶ「世界政策」。英・仏と対立し**モロッコ事件**（1905・11年）。→失敗。

 補足
します
20世紀初頭にアフリカで独立を保ったのは，エチオピア帝国とリベリア共和国の2国のみでした。

▶同盟関係の変化

□**【露仏同盟】**…1894年，**ドイツ**の再保障条約更新見送りを受け，露が仏と結ぶ。

□**【日英同盟】**…1902年，英は露の**南下**政策に備えるため「**光栄ある孤立**」を捨て日本と結ぶ。

□**【三国協商】**…1907年，英・仏・露がそれぞれの勢力圏を守るため協力関係を築く。

□**【三国同盟】**…1882年に結んだ独・墺・伊の同盟。

連合国	同盟国
三国協商	三国同盟
・イギリス	・ドイツ
・ロシア	・オーストリア
・フランス	・イタリア
・日本	・オスマン帝国
・アメリカ	・ブルガリア
・イタリア など	など

※1915年，イタリアが三国同盟離脱

《第一次世界大戦》

バルカン半島で対立が激化→「ヨーロッパの**火薬庫**」。1914年，**セルビア**人が墺の帝位継承者を暗殺し第一次世界大戦が勃発。新兵器（航空機・**戦車**・**毒ガス**など）が使用された。各国は国力を総動員する**総力戦**体制。

□**【無制限潜水艦作戦】**…1917年，ドイツの宣言を受け**アメリカ**が参戦。

□**【ロシア革命】**…1917年，二月革命で皇帝**ニコライ2世**が退位，十月革命で**レーニン**率いるボリシェヴィキが臨時政府打倒。**ソヴィエト**政権樹立。

学習の
ポイント
　現代史は最頻出です。二つの世界大戦のおおまかな
流れや，国際関係をしっかりとおさえましょう。

>>

□【**ドイツ革命**】…1918年11月，**キール軍港**で兵士が蜂起。皇帝が亡命し共
　和国となったドイツは連合国と休戦した。→第一次世界大戦の終結。

□【**パリ講和会議**】…1919年1月，米の**ウィルソン**が提唱した**民族自決**，秘密
　外交禁止，国際平和機構設立などを原則とした（十四カ条）。

□【**ヴェルサイユ条約**】…1919年6月，連合国の対独講和。植民地の放棄，巨
　額の賠償金と軍備制限，仏に**アルザス・ロレーヌ**を返還した。

□【**国際連盟**】…1920年に発足。本部は**ジュネーヴ**。常任理事国は，英・仏・
　日・伊の4か国。独とソは除外され，アメリカは不参加。

□【**ワシントン会議**】…1921〜22年。

海軍軍備制限条約	米・英・日・仏・伊の主力艦保有比率を調整
九カ国条約	中国の領土保全，主権尊重などを約束
四カ国条約	太平洋諸国の現状維持を決定→日英同盟解消

□【**ロカルノ条約**】…1925年。ドイツ国境の現状維持，ラインラント非武装，
　ドイツの**国際連盟**加盟。

□【**ロンドン会議**】…1930年。米・英・日の補助艦保有比率を調整。

《世界恐慌》

　　ニューヨーク株式市場で株価が大暴落して世界的な不況（世界恐慌）を引
き起こした。1929年10月24日は「暗黒の木曜日」と呼ばれた。

▶**各国の対応**

アメリカ	民主党のF・**ローズヴェルト**が**ニューディール**（新規まき直し）政策を行う。全国産業復興法（NIRA），農業調整法（AAA），失業者対策として公共事業を増やした。→**テネシー川**流域開発公社（TVA）。
イギリス	労働党の**マクドナルド**が挙国一致内閣を組織。オタワ連邦会議（1932年）でスターリング（**ポンド**）=ブロックを結成。→**ブロック**経済。
フランス	**フラン**=ブロックを結成。
ソ連	**スターリン**が行っていた計画経済（**五カ年計画**）により恐慌の影響をほとんど受けなかった。

世界史

西洋史（現代）

149

□【満州事変】…1931年，世界恐慌による社会不安が広がるなか，日本は**柳条湖事件**をきっかけに**中国東北地方**を占領した。→満州国建国(1932年)。

 ブロック経済により，広い海外領土を持たない国（日本，ドイツ，イタリア）は侵略政策で新たなブロックを形成しようとしたことをおさえておこう。

▶ファシズム(全体主義)の台頭

イタリア	ファシスト党のムッソリーニが**ローマ進軍**(1922年)を行い一党独裁を樹立。1935年に**エチオピア**に侵攻し，翌年併合。
ドイツ	国民社会主義ドイツ労働者党のヒトラーが**ヴェルサイユ**条約反対，**ユダヤ**人排斥を強調し台頭。1933年に首相になり**全権委任法**で独裁を確立し**国際連盟**から脱退。翌34年，**総統**(フューラー)になり，35年に**再軍備宣言**を行った。
スペイン	人民戦線派の政府に対して**フランコ**将軍が反乱(**スペイン内戦**)。伊と独の支援を受けた**フランコ**側が勝利。

▶ナチス=ドイツの侵略

□【ラインラント進駐】…1936年，**ロカルノ条約**を破棄して軍隊を派遣。→**ヴェルサイユ体制**の崩壊。

□【ミュンヘン会談】…1938年，英・仏は宥和政策により**ズデーテン**地方の割譲を認めた。ヒトラーは翌年チェコスロヴァキアを解体して一部領有。

8 第二次世界大戦とその後

1939年9月，ドイツ軍のポーランド侵攻で開始。1941年6月独ソ戦，同年12月に太平洋戦争が開始され，世界戦争に拡大した。

▶ヨーロッパ戦線の経過

□【フランス降伏】…1940年6月，電撃戦によりナチスがパリを占領。**ヴィシー**に親独のペタン内閣が成立。**ド=ゴール**はロンドンに亡命，国内では対独抵抗運動の**レジスタンス**が起こった。

□【ロンドン大空襲】…チャーチル首相がドイツの激しい空襲に耐える。

□【独ソ開戦】…1941年，ドイツが一方的に条約を破棄しソ連に侵入。短期戦に失敗。

□【ノルマンディー上陸】…連合国軍がフランスに上陸，西部戦線が崩壊。1945年4月，ヒトラーの自殺により，翌5月ドイツは**無条件**降伏。

▶**太平洋戦線の経過**…1941年12月，日本軍は**真珠湾**の米軍基地を奇襲。米と英に宣戦した。開戦後半年で**フィリピン**やビルマなどを占領した。

□【ミッドウェー海戦】…1942年6月，日本の海軍が大敗。

□【沖縄戦】…1945年4月，アメリカ軍が沖縄本島に上陸。

□【原子爆弾の投下】…1945年8月6日に広島，9日に長崎が被爆。日本は
8月14日に**ポツダム宣言**を受け入れ無条件降伏した。

■大戦中の主な会談

大西洋憲章(41)	戦後構想の原則(ローズヴェルト，チャーチル)
カイロ会談(43)	対日処理(ローズヴェルト，チャーチル，**蔣介石**)
テヘラン会談(43)	上陸作戦(ローズヴェルト，チャーチル，**スターリン**)
ヤルタ会談(45)	対独処理，ソ連の対日参戦 (ローズヴェルト，チャーチル，スターリン)
ポツダム会談(45)	戦後ドイツの管理，日本の降伏 (**トルーマン**，チャーチル(**アトリー**)，スターリン)

□【サンフランシスコ会議】…1945年。国際連合憲章が採択され，**国際連合**
が発足(本部**ニューヨーク**)。米，英，仏，ソ，中の常任理事国に拒否権。

9 冷戦

▶**冷戦**…第二次世界大戦後に顕在化した資本主義陣営と社会主義陣営の対立。

■主な東西対立

資本主義陣営	社会主義陣営
トルーマン=ドクトリン(47.3)	共産党情報局コミンフォルム(47.9)
マーシャル=プラン(47.6)	**ベルリン封鎖**(48.6)
ドイツの**通貨改革**(48)	経済相互援助会議コメコン(49.1)
北大西洋条約機構 **NATO**(49.4)	ドイツ民主共和国成立(49.10)
ドイツ連邦共和国成立(49.5)	ワルシャワ条約機構(55.5)

▶**アジア情勢**

□【中華人民共和国】…共産党の**毛沢東**が国民党の蔣介石に内戦で勝利して
成立。主席：**毛沢東**，首相：**周恩来**。蔣介石は**台湾**に逃れ中華民国政府。

□【インドシナ戦争】…1946～54年。独立をめぐる**フランス**とベトナムの戦
争。**ジュネーヴ**休戦協定で撤退。北緯**17**度線を暫定的軍事境界線とする。

□【インド連邦】…1947年，イスラーム教徒が多いパキスタンと分離独立。

□【朝鮮戦争】…1950～53年。**北朝鮮**が北緯**38**度線を越えて南に侵攻。アメ
リカが韓国(**李承晩**)，中国が北朝鮮(**金日成**)に協力。

□【サンフランシスコ講和会議】…1951年，**日本**が独立を回復。**日米安全保障**条約も同時に調印。

▶**ヨーロッパの地域統合**…**ECSC**（ヨーロッパ石炭鉄鋼共同体）・**EEC**（ヨーロッパ経済共同体）・**EURATOM**（ヨーロッパ原子力共同体）設立。

□【雪どけ】…ソ連の**フルシチョフ**がスターリン批判を行い，資本主義国との平和共存路線へ。東欧諸国で民主化の動きが進む。

□【ベルリンの壁】…1961年，東独政府がベルリンに建設。

 1957年にソ連がスプートニク1号の打ち上げ成功して以降，宇宙開発でも米ソが争うことをおさえましょう。

□【平和五原則】…1954年，中国の**周恩来**とインドの**ネルー**が発表。翌年インドネシアでアジア・アフリカ会議開催。十原則を採択。

□【アフリカの年】…1960年に17か国が独立。1957年に**ガーナ**が**エンクルマ**のもとで最初の黒人共和国として独立。

□【非同盟諸国首脳会議】…1961年，ベオグラードで開催。

□【中東戦争】…第1次：1948年の**イスラエル**建国宣言を端緒にした**アラブ連盟**との戦争。パレスチナから追われた**アラブ**人の**難民**が発生。
　→1964年，パレスチナ解放機構（**PLO**）設置。
　・第2次：56〜57年。**ナセル**の**スエズ運河**国有化宣言。→スエズ戦争。
　・第3次：67年，イスラエルが大勝し，占領地を拡大。
　・第4次：73年，アラブ石油輸出国機構（**OAPEC**）が**イスラエル**支援国に原油輸出制限。→第1次**石油危機**。**ドル＝ショック**とあわせ先進国に打撃。

□【サミット】…国際的な問題に対応するため先進国が1975年以降開催。2008年からG8サミットに加え，インドや中国を含む**G20**サミット開催。

□【キューバ危機】…1962年，ソ連のミサイル基地建設で米（**ケネディ**）とソ連（**フルシチョフ**）の緊張が高まった。これを機に軍縮が進む。

■主な条約・交渉

部分的核実験禁止条約(63)	米・英・ソの3か国。**地下**を除いて禁止。
核拡散防止条約(68)	米・英・ソなど62か国。
第1次戦略兵器制限交渉(69〜)	米・ソの交渉。第1次**SALT**。
中距離核戦力の全廃(87)	米・ソ間。**INF**全廃。

▶**アジア情勢**

□【「大躍進」運動】…急激な社会主義建設をめざす**毛沢東**の政策。農村部で

人民公社設立。→失敗し失脚。

□【プロレタリア文化大革命】…**毛沢東**の新たな政策。社会的混乱がおこる。

□【四つの現代化】…1978年，鄧小平による改革・開放路線の新経済政策。

□【ベトナム戦争】…**南ベトナム解放民族戦線**と北ベトナムが**ゲリラ**戦を展開。1965年から米軍が**北爆**を開始したが泥沼化。**ニクソン**大統領は1973年にベトナム（パリ）和平協定に基づき米軍を撤退させた。

このころ，米では**キング牧師**が公民権運動を行い，**公民権法**成立（1964）。

▶中東情勢

□【イラン革命】…1979年，**ホメイニ**を中心とするイラン・イスラーム共和国成立。石油価格が高騰し，第2次**石油危機**発生。

□【湾岸戦争】…1990～91年，イラクが**クウェート**に侵攻。米軍を中心とする**多国籍軍**の反撃で撤退する。

▶冷戦終結
…80年代後半，ソ連のゴルバチョフが**ペレストロイカ**（改革），グラスノスチ（情報公開）を進め，「新思考外交」を行う。

□【マルタ会談】…1989年，冷戦終結。米**ブッシュ**とソ連ゴルバチョフ。

10 現代

冷戦の終結により，東欧諸国では共産党政権が崩壊し民主化が進む。

□【連帯】…1980年，ポーランドでワレサを指導者として結成。

□【ベルリンの壁開放】…1989年11月に開放。翌90年にドイツ統一。

□【ロシア連邦】…1991年12月，**エリツィン**を大統領として成立。ウクライナ，ベラルーシなど11か国で**独立国家共同体**（CIS）結成。→ソ連解体。

■主な地域協力の例

EU（93～）	ヨーロッパ連合。**マーストリヒト**条約が発効して発足。2002年から一般市民の取引にも共通通貨の**ユーロ**導入。
NAFTA（94～）	北米自由貿易協定。米，カナダ，メキシコ。
APEC（89）	アジア太平洋経済協力会議。
AU（02）	アフリカ連合。紛争の解決や経済統合をめざす。

□【天安門事件】…1989年，民主化を求めて天安門広場に集まった市民を政府が武力で弾圧。趙紫陽にかわり江沢民が総書記になる。

□【アパルトヘイト】…南アフリカで行われてた人種隔離政策。1991年に差別法を撤廃し，94年には黒人指導者の**マンデラ**が大統領に当選。

□【同時多発テロ】…2001年，旅客機が米のビルに突入。**ブッシュ**は対テロ戦争を行い**アフガニスタン**のターリバーン政権を打倒した。

01
19世紀後半から始まった第2次産業革命では，鉄鋼，化学工業などの重工業部門が発展し，石油や電気がエネルギー源の主流に変わった。 　地方上級・平29

02
帝国主義時代のドイツはヴィルヘルム2世の「世界政策」でバルカン方面へ進出する3B政策を推進してイギリスと対立した。 　市役所・平24

 03
帝国主義時代のフランスは，アフリカ横断政策を推進して，イギリスとの間にモロッコ事件を起こして対立した。 　市役所・平24

04
日清戦争の敗北をきっかけに列強は中国分割に乗り出し，ドイツは広州湾を，ロシアは旅順・大連を，イギリスはマカオと九竜半島を，フランスは膠州湾を相次いで租借した。 　市役所・平21

05
帝国主義時代のアメリカは，海外進出をめざすようになり，モンロー教書で中国分割への参加を表明した。 　市役所・平24

06
義和団事件では，宗教結社の義和団が，「滅満興漢」を揚げてキリスト教教会を攻撃する活動を行ったが，曾国藩らの郷勇により鎮圧された。 　地方上級・平23

01　正しい。石油や電力を動力源とする新工業部門の設備には莫大な資本を必要としたため，**資本**の集中・独占が進んだ。資源や市場の獲得競争も激化し，植民地を求めて競い合う**帝国主義**の時代が始まった。

02　正しい。ヴィルヘルム2世は帝国主義政策をおし進め，イギリスに対抗しうる海軍力の整備を進めた。**3B政策**は，イギリスの**3C政策**やロシアの**南下政策**と衝突し，第一次世界大戦の引き金となった。

03　モロッコ事件ではなく**ファショダ事件**（1898年）。縦断政策をとるイギリス軍と横断政策をとるフランス軍がスーダンのファショダで衝突したが，その後，この事件をきっかけに**英仏協商**を結んだ。

04　三国干渉の見返りとして，ロシアは**東清鉄道敷設権**を獲得した。また，ドイツが<ruby>膠州湾<rt>こうしゅうわん</rt></ruby>を租借すると，ロシアはさらに**遼東半島南部**を，イギリスは<ruby>威海衛<rt>いかい</rt></ruby>・**九竜半島北部**を，フランスは**広州湾**を租借した。

05　モンロー教書ではなく国務長官**ジョン＝ヘイ**の門戸開放宣言。中国の**門戸開放・機会均等・領土保全**を提唱し，中国分割に乗り遅れたアメリカが，中国市場への進出を表明した宣言である。

06　義和団の掲げたスローガンは「<ruby>扶清滅洋<rt>ふしんめつよう</rt></ruby>（清を扶けて外国を滅ぼす）」。「滅満興漢」を掲げて清朝打倒を目指し，その後，曾国藩らの郷勇に敗れたのは**太平天国**（1851〜64年）である。

07 辛亥革命は，四川における暴動をきっかけとして，武昌で軍隊が蜂起して起き，革命派は孫文を臨時大統領に選出して中華民国が成立した。　　　　地方上級・平23

08 1912年に孫文が南京で臨時大統領として中華民国の建国を宣言した。北洋軍をにぎる袁世凱は，清朝最後の皇帝を退位させ，孫文から臨時大総統を引き継いで独裁を進めた。　　　　国家Ⅱ種・平22

09 マッキンリー大統領は，アメリカ＝スペイン戦争（米西戦争）でスペインに敗れ，キューバの独立を認め，フィリピンをスペインに割譲した。　　　　市役所・平16

10 第一次世界大戦中，ドイツが連合国の海上封鎖に対抗して無制限潜水艦作戦を展開し，中立国の船舶にも攻撃したため，アメリカの参戦を招いた。　　　　地方上級・平23改

11 第一次世界大戦は，軍事力だけでなく，国家が持てる人的・物的資源を戦争遂行のために総動員する総力戦で，女性も植民地の人々も戦争のためにかり出された。　　　　市役所・平28

12 第一次世界大戦中，レーニン指導下のボリシェヴィキが革命を成功させ，労働者や兵士からなるソヴィエト（評議会）にすべての権力を集中させてソヴィエト政権を樹立した。　　　　市役所・平29

13 ロシアは，第一次世界大戦勃発時にドイツ側に立って参戦したが，革命後にドイツに宣戦布告し，戦後は賠償金や領土の割譲を要求した。　　　　市役所・平29

07 正しい。1911年に清朝政府が幹線鉄道を国有化し，外国資本（**四国借款団**）によって鉄道建設を進めようとすると，それに対する四川の暴動がきっかけとなって，**武昌**の軍隊内の革命派が蜂起した。

08 正しい。孫文は，清帝の退位と共和政の維持を条件に，臨時大総統の地位を袁世凱に譲った。袁世凱は北京で就任し，清朝の**宣統帝（溥儀）**は退位して，二千年以上続いた中国の皇帝政治は終わった。

09 アメリカはこの戦争に**勝利**し，フィリピンやプエルトリコなど，太平洋・カリブ海のスペイン領植民地を獲得するとともに，キューバに「**プラット条項**」を押しつけ，事実上の保護国とした。

10 正しい。アメリカ参戦の背景には，ドイツの無制限潜水艦作戦だけでなく，連合国側に巨額の**債権**を有したまま連合国を負けさせるわけにはいかないという事情もあった。

11 正しい。第一次世界大戦では，働き手であった男性が次々と出征し，その穴を埋めるために女性や青少年が**軍需工場**などに動員された。看護婦などと並び，女性の社会進出に道をひらいたといわれる。

12 正しい。1917年，**十月革命（十一月革命）**の成功によって成立したレーニンを議長とするソヴィエト政権は，「**平和に関する布告**」を採択し，戦争終結方式として無併合，無償金，民族自決を呼びかけた。

13 ロシアは**イギリス・フランス**などの協商国側である。ソヴィエト政権は社会主義の確立をめざし，ドイツなどの同盟国側と単独講和にふみきり，**ブレスト＝リトフスク条約**を結んで戦線から離脱した。

14 ロシア革命後，周辺諸国は革命の波及を恐れ，イギリス・アメリカ・フランス・日本などの列強がシベリアに出兵した。

市役所・平29

15 アメリカの**ウィルソン大統領**は，第一次世界大戦中，軍備縮小や国際平和機構の設立を提唱し，戦後，**国際連盟**が結成されると，アメリカは常任理事国として国際紛争の解決に取り組んだ。

地方上級・平25

16 第一次世界大戦後，ロシアでは**共産党**が帝国に対する反発を強めたが，革命勢力への弾圧は一層強化された。

市役所・平27

17 ソヴィエト社会主義共和国連邦発足後，ウクライナやアフガニスタンの独立要求を承認し，ソ連は単一民族国家となった。

市役所・平29

18 パリ講和会議は1919年1月から開かれ，講和の原則はアメリカ大統領**セオドア＝ローズヴェルト**が発表した「十四カ条」であったが，第一次世界大戦の敗戦国は参加できなかった。

地方上級・平29

19 国際連盟は，1920年に成立した史上初の本格的な国際平和維持機構であったが，イギリスは孤立主義を取る議会の反対で参加せず，ドイツとソヴィエト政権下のロシアは除外された。

地方上級・平29

20 イギリスは第一次世界大戦に勝ったが，アメリカから多額の戦債を負い，世界経済の中心としての地位を奪われた。経済不況克服のため植民地支配を強め，イギリス帝国と呼ばれた。

市役所・平27

14 正しい。シベリア出兵（1918年〜）は，ロシア革命の拡大をおそれた連合国による**対ソ干渉戦争**の一つである。ソヴィエト政府は**赤軍**を強化し，総力動員を目指す**戦時共産主義**を実施してこれを退けた。

15 1918年，ウィルソンは，秘密外交の廃止，国際平和機構の設立など，戦後の国際政治の原則を示した「**十四カ条**」を発表したが，この提案に基づいて設立された**国際連盟**にアメリカは参加しなかった。

16 第一次世界大戦中にロシアの革命勢力は拡大した。1917年にロシア革命が起こり，翌年ドイツ側と単独講和を結んで戦線から離脱。その後，1922年に**ソヴィエト社会主義共和国連邦**を結成した。

17 1922年に成立したソ連は，**ロシア・ウクライナ・ベラルーシ・ザカフカース**の4共和国が結成した連邦国家で，最終的に15共和国の連合に拡大した。多くの民族からなる多民族連合国家であった。

18 ローズヴェルトではなく**ウィルソン大統領**。大戦の終結についての会議で，講和の原則は「**十四カ条**」だったが，英・仏は，独などの敗戦国に厳しい態度で臨み，この原則は部分的にしか実現しなかった。

19 国際連盟に参加しなかったのはイギリスではなく**アメリカ**。孤立主義を主張する**上院**がヴェルサイユ条約批准を拒否したため参加しなかった。また，ドイツなど敗戦国やソヴィエト＝ロシアも排除された。

20 イギリス帝国ではなく**イギリス連邦**。1931年にイギリス帝国会議の決議によって成立した**ウェストミンスター憲章**で法律化された。イギリスと旧イギリス領から独立した国家の緩やかな結合体である。

21

第一次大戦後，ドイツ経済は，ソ連の**ルール地方**の占領によって大打撃を受けた。この危機に，シュトレーゼマン外相は，ヴェルサイユ条約の破棄などを主張し，**国際連盟**を脱退した。　　　**国家専門職・平29**

22

ヴェルサイユ条約は1919年6月に調印された。ドイツはすべての植民地を失い，アルザス・ロレーヌをフランスに返還し，軍備制限，ラインラントの非武装化，巨額の賠償金が課された。　　　**地方上級・平29**

23

ソ連では，レーニンの死後，**スターリン**がコミンテルンを組織して，世界革命を主張した。スターリンは**五カ年計画**による社会主義建設を指示し，工業の近代化と農業の集団化を目指した。　　　**国家専門職・平29**

24

第一次世界大戦後，**アメリカ**は債務国から債権国へと変わり，さらに，新産業が発展して生産力が高まった。外交面では「**孤立主義**」を貫いたが，国際協調は推進した。　　　**市役所・平27**

25

第一次世界大戦中，**イギリス**は，オスマントルコ帝国領の分割領有についてフランス・ロシアと秘密協定を結ぶ一方，アラブ人とユダヤ人に戦後の独立を約束する矛盾した政策をとった。　　　**市役所・平28**

21 ルール占領はソ連ではなく**フランス**と**ベルギー**。ドイツの賠償金支払い不履行を理由に強行された。シュトレーゼマン外相は国際連合の脱退でなく加盟を実現させ，ドイツの国際的地位の回復につとめた。

22 正しい。ドイツはヴェルサイユ条約で過酷な賠償金を課せられ，経済と政局は安定しなかった。フランスとベルギーによるルール占領によって激しい**インフレーション**が進み，マルク相場は大暴落した。

23 コミンテルン創設と世界革命の推進はレーニン。スターリンはレーニンの死後，共産党書記長となって一国社会主義論を掲げ，重工業化を推し進めて，1928年に**第1次五カ年計画**を実行した。

24 正しい。第一次世界大戦中に，アメリカは連合国に物資・戦債を発行して大きな利益をあげ，戦後に**債務国**から**債権国**となった。1920年代，アメリカ経済は「**永遠の繁栄**」と言われる最盛期を迎えた。

25 正しい。イギリスはフランス・ロシアと**サイクス・ピコ協定**を締結しながら，**フセイン・マクマホン協定**でアラブ国家の独立を約束し，**バルフォア宣言**でユダヤ人国家建設の承認を約束した。

> ヴェルサイユ条約の内容も頻出だよ。ドイツと連合国との間の条約だね。ドイツを圧迫する厳しい内容で，のちのナチス台頭の一因になったんだ。

01

アメリカは国際連盟の常任理事国となり、軍縮や国際協調を進める役割を果たした。世界恐慌が始まると、フーヴァー大統領がニューディール政策を行い、恐慌から抜け出そうとした。　　　　国家専門職・平29

02

アメリカのフランクリン＝ローズヴェルト大統領は、恐慌対策としてニューディール政策を実施したほか、ラテンアメリカ諸国に対する内政干渉を改めて、善隣外交を展開した。　　　　地方上級・平25

03

世界恐慌の混乱の中、イギリスはマクドナルド挙国一致内閣を組織してオタワ連邦会議を開き、イギリス連邦内で排他的特恵関税制度を、他国にはスターリング＝ブロックを結成した。　　　　国家専門職・平29

04

ドイツでは世界恐慌による経済的混乱の中からナチスが台頭し、政府に独裁的権限を認める全権委任法を成立させて独裁体制を確立し、ヴェルサイユ体制を破壊する侵略政策を進めた。　　　　地方上級・平27

05

1920年代末の世界恐慌で、ソ連は他国以上に大きな打撃を受けた。それまで独裁体制を敷いていたスターリンは、その恐慌を乗り越えることができず失脚した。　　　　地方上級・平28

06

イタリアは、世界恐慌で経済が行き詰まり、ムッソリーニ政権は対外膨張政策を推し進めてオーストリア全土を併合したが、国際連盟による経済制裁を受けて、さらに経済は困窮した。　　　　国家専門職・平29

01　アメリカは連盟に参加しなかった。ニューディールは，フーヴァーではなく**フランクリン＝ローズヴェルト大統領**で，農業調整法・全国産業復興法の制定，テネシー川流域開発公社の設立などが行われた。

02　正しい。ローズヴェルトは，経済圏確保のためにラテンアメリカ諸国に対して**善隣外交政策**をとり，**プラット条項**を廃止した。これは，イギリスに対抗して中南米のブロック経済化を図るねらいもあった。

03　正しい。第二次マクドナルド内閣の総辞職後，保守党・自由党と結んで**挙国一致内閣**を組織。マクドナルドは労働党から除名された。**ブロック経済**は自由貿易を破壊し，第二次世界大戦の遠因となった。

04　正しい。1933年にナチ党が**一党独裁**を確立し，その後，ヒトラーが総統と称して独裁的権力を握った。ナチス＝ドイツが**国際連盟**から脱退し，再軍備を宣言すると，ヨーロッパの緊張が高まった。

05　ソ連は資本主義諸国との交流が少なかったため，世界恐慌の影響をほとんど受けず，工業生産は**上昇**を続けた。スターリンは社会主義建設を掲げ，反対派を次々と失脚させて，**スターリン体制**を確立した。

06　イタリアの侵略行動はオーストリア併合ではなくエチオピア侵攻。これに対し国際連盟は経済制裁を行ったが効果は不十分だった。イタリアはこの間に**ドイツ**に接近し，**ベルリン＝ローマ枢軸**を結成した。

07 第二次世界大戦は，日本の真珠湾攻撃によって開始され，その後，ドイツのポーランド侵攻によって世界規模の戦いへと拡大した。　地方上級・平26

08 1939年9月，ドイツがフランスに侵攻すると，イギリス，ソ連及びポーランドは三国同盟を新たに結んでドイツに宣戦布告し，第二次世界大戦がはじまった。　地方上級・平27

09 アメリカが石油の対日禁輸など強い経済的圧力をかけると，日本は直ちにオランダと同盟を結んで，オランダ領のインドネシアから石油を輸入した。　地方上級・平27

10 日本は太平洋戦争の緒戦に勝利を収め，東南アジア・南太平洋地域を占領した。しかし，開戦から6か月後のミッドウェー海戦での敗退を機に戦局は変化し，敗戦を続けた。　地方上級・平26

11 カイロ会談では，フランス，イタリア及びスペインの首脳が集まり，エジプトの戦後処理に関するカイロ宣言が発表された。　地方上級・平27

12 ヤルタ会談では，イギリス，フランス及びオーストリアの首脳がクリミア半島のヤルタに集まり，中国の戦後の処理に関するヤルタ協定が結ばれた。　地方上級・平27

13 アメリカによる原子爆弾の投下，そして，ソ連の対日参戦後，日本はポツダム宣言を受諾し，第二次世界大戦は終結した。　地方上級・平27

07 日本の真珠湾攻撃ではなく，ドイツが**ポーランド**に侵攻し，イギリス・フランスがドイツに宣戦して始まった。その後，日本の真珠湾攻撃によって**太平洋戦争**が始まり，文字どおりの世界大戦となった。

08 ドイツは，1939年にソ連と**独ソ不可侵条約**を結んで東欧における独ソの勢力範囲を確定後，フランスではなく**ポーランド**に侵攻。これに対し，三国同盟ではなく**イギリスとフランス**がドイツに宣戦した。

09 オランダではなく**ドイツ・イタリア**と同盟を結んだ（**日独伊三国同盟**）。日本が**フランス領インドシナ**に進駐するとアメリカは日本への**石油輸出**を禁止した。日本は石油を求め，東南アジア進出を強めた。

10 正しい。**真珠湾攻撃**の後，日本は南太平洋の制海権を握り，東南アジア諸国を支配したが，ミッドウェー海戦の大敗で戦争の主導権を失った。この戦いで，日本海軍は空母4隻を失う大損害を受けた。

11 **カイロ会談**（1943年）は，カイロでローズヴェルト・チャーチル・蔣介石が開いた首脳会談。エジプトの戦後処理ではなく，対日戦の協力と戦後処理などについて話し合われ，**カイロ宣言**が発表された。

12 1945年，ヤルタで会談した3国は**アメリカ・イギリス・ソ連**である。**ヤルタ協定**は，中国ではなく**ドイツ**の戦後処理についての秘密協定で，ドイツ降伏後3カ月以内のソ連の**対日参戦**などが約束された。

13 正しい。1945年7月26日にポツダム宣言が発表された。日本は当初これを黙殺したが，8月6日**広島**，9日**長崎**に原爆が投下され，8日に**ソ連**が日本に宣戦したことで，14日に日本は無条件降伏した。

よく出る 01
□ □ □

第二次世界大戦後，アメリカはトルーマン＝ドクトリンを宣言し，マーシャル＝プランを発表した。ソ連などはコミンフォルムを結成して対抗し，以降，冷戦と呼ばれる緊張状態になった。　**国家一般職・平27**

02
□ □ □

1947年，アメリカのアイゼンハワー大統領はヨーロッパ経済復興援助計画を発表したが，ソ連，東欧諸国はこれを拒否し，以後，冷戦と呼ばれる緊張状態が米ソ間で激化した。　**地方上級・平28**

03
□ □ □

第二次世界大戦では，ソ連は人的・経済的被害はほとんど受けなかった。対戦が終わるとソ連はハンガリーなどの東欧諸国をソ連邦に組み入れて超大国となった。　**地方上級・平28**

よく出る 04
□ □ □

1948年，チェコスロヴァキアでクーデタが起こり，共産党が実権を握ったが，ティトー率いるユーゴスラヴィアは，ソ連に自主的な姿勢をとり，同年，コミンフォルムから除名された。　**地方上級・平28**

よく出る 05
□ □ □

ソ連，ハンガリー，ルーマニア，ブルガリアが経済協力し，結束を強めようとしたのに対し，1948年，イギリス，フランス，イタリア，ベルギー，オランダは西ヨーロッパ連合条約を結んだ。　**地方上級・平28**

06
□ □ □

第二次大戦後，中国では，蔣介石が中華人民共和国の建国を宣言し，国民党の毛沢東は台湾に逃亡して中華民国政府をたてた。　**地方上級・平29**

解　説

01　正しい。アメリカは，ギリシアとトルコへの軍事援助である**トルーマン＝ドクトリン**やヨーロッパ経済の復興を図る**マーシャル＝プラン**を発表し，ソ連に対する**封じ込め政策**を強化した。

02　アイゼンハワーではなく**マーシャル国務長官**。**封じ込め政策**の一つで，戦後ヨーロッパの経済的困窮が共産党拡大の原因とみて**ヨーロッパ経済復興援助計画（マーシャル＝プラン）**を発表。

03　ソ連は第二次世界大戦で最も多くの犠牲者を出した。大戦終了までソ連は東欧諸国のほとんどを勢力下においたが，戦後，ハンガリーなどの東欧諸国はソ連型の**人民民主主義**に基づく社会主義を採用した。

04　正しい。**コミンフォルム**は共産主義陣営の結束を図るために結成された。その後，**チェコスロヴァキア**は共産党が実権を握り，**ユーゴスラヴィア**は独自の社会主義路線を進んだ。

05　**西ヨーロッパ連合条約（ブリュッセル条約）**は，**英・仏・ベネルクス3国（ベルギー・オランダ・ルクセンブルク）**である。東方諸国へのソ連の影響力の強化に対抗したもので，のち NATO へ拡大した。

06　国共内戦では**共産党**が勝利し，1949年に**毛沢東**が**中華人民共和国**の成立を宣言した。**国民党**は，インフレへの無策や党幹部の腐敗が著しく，内戦に敗れて蒋介石は**台湾**に逃れ，**中華民国政府**を維持した。

世界史

西洋史（現代）

07 1949年，蔣介石の率いる国民党を台湾に追いやった共産党は，毛沢東を首相として中華人民共和国を建国した。建国直後に朝鮮戦争が勃発し，停戦後は社会主義国家建設を開始した。
市役所・平26

08 朝鮮はその全土をアメリカが占領していたが，金日成が北部に朝鮮民主主義人民共和国を建国して南部に侵攻し，1950年に朝鮮戦争が勃発した。
地方上級・平29

09 第二次世界大戦後，ホー＝チ＝ミンがベトナム民主共和国の独立を宣言したが，これを認めないアメリカとの間にインドシナ戦争が起こった。
地方上級・平20改

10 インドシナでは，ベトナムがフランスからの独立をめざすインドシナ戦争が始まった。フランスはディエンビエンフーの戦いで敗北し，ジュネーヴ休戦協定により和平が実現した。
国家専門職・平26

11 ベトナムは日本の敗戦直後に独立を宣言したが，旧宗主国フランスとの戦争に発展した。結果フランスが敗れ，ジュネーブ休戦協定により北緯38度線で南北を分けた状態で休戦となった。
市役所・平28改

12 インドシナ戦争後，ベトナムでは，アメリカがゴ＝ディン＝ジエムを擁立してベトナム共和国を樹立して，ホー＝チ＝ミンのベトナム民主共和国と対立した。
地方上級・平24改

13 第二次世界大戦後のインドでは，インドとパキスタンが分離して独立し，独立後も対立を続けた。インドは共産党が一党支配を行い，第三勢力とは一線を画した。
地方上級・平29

07 毛沢東は**主席**，首相は**周恩来**。首都を**北京**と定め，1950年に**中ソ友好同盟相互援助条約**を結び，社会主義国家建設を進めた。アメリカは台湾の**中華民国政府**を中国の代表とし，中華人民共和国と対立した。

08 朝鮮は，戦後，**北緯38度線**を境に北をソ連が，南をアメリカが占領下においた。その後，南部では**大韓民国**が，北部では**朝鮮民主主義人民共和国**（**北朝鮮**）が成立し，1950年に**朝鮮戦争**が起こった。

09 アメリカではなく**フランス**。旧宗主国フランスはベトナム民主共和国の独立を認めず，1949年に阮朝最後の王**バオダイ**を擁立して**ベトナム国**をたて，民主共和国と交戦を続けた（**インドシナ戦争**）。

10 正しい。**ホー＝チ＝ミン**がベトナム民主共和国の独立を宣言し，宗主国フランスと戦った。1954年，**ディエンビエンフー**で大敗したフランスは**ジュネーヴ休戦協定**を結び，インドシナから撤退した。

11 北緯38度線ではなく**北緯17度線**。休戦協定で北緯17度線を暫定的軍事境界線とし，**2年後の南北統一選挙**が予定された。しかし，アメリカがこれに調印しなかったため，**ベトナム戦争**の原因となった。

12 正しい。1954年のジュネーヴ休戦協定で2年後の南北統一選挙が予定されたが，1955年に**ベトナム共和国**が成立し，親米派の**ゴ＝ディン＝ジエム大統領**が南北統一選挙を拒否して独裁を行った。

13 インドでは，**ヒンドゥー教徒**主体のインド連邦と**イスラーム教徒**主体のパキスタンに分かれて独立したが，両教徒の対立は続いた。インドは，**ネルー首相**のもとで憲法が施行され，**インド共和国**となった。

14 □□□ 第一次世界大戦中，イギリスはアラブ人にアラブ国家の独立を，ユダヤ人にパレスチナでのユダヤ人国家建設の承認を約束し，この政策が戦後の**パレスチナ問題**の原因となった。　　　　　　　　　　　　　地方上級・平30

15 □□□ パレスチナでは，1948年，ユダヤ人がパレスチナ分割案によって**イスラエル**を建国し，それを認めない周辺のアラブ諸国と**パレスチナ戦争（第1次中東戦争）**となった。　　　　　　　　　　　　　地方上級・平29

16 □□□ ソ連は1956年，**フルシチョフ**がスターリン体制下の個人崇拝，反対派の大量処刑を批判し，資本主義国との平和共存を唱え，コミンフォルムも解散した。これをペレストロイカという。　　　　　　　　　地方上級・平28

17 □□□ 1964年に，エジプトの**ナセル大統領**などアラブ連盟の支援を受けて，**パレスチナ解放機構（PLO）**が組織された。国連機関でパレスチナ難民の人権が守られることを目的にしている。　　　　　　　　　地方上級・平27

（よく出る）**18** □□□ 1955年にインドネシアのバンドンで，アジア・アフリカ諸国による**アジア・アフリカ会議**が開かれ，1963年にアフリカ諸国の連帯を目指して**アフリカ統一機構**が結成された。　　　　　　　　国家専門職・平27

19 □□□ 1962年，**キューバへのソ連のミサイル配備**に抗議したアメリカがキューバを封鎖し，米ソ間の緊張が高まった。最終的に両国の交渉によりソ連がミサイルを撤去し，危機は回避された。　　　　　　　地方上級・平26

20 □□□ 第二次世界大戦後，アメリカとソ連の**核兵器開発競争**が激化し，キューバをめぐる武力衝突で核兵器が用いられて大きな被害が出た。これを機に，両国は核軍縮の方向に転じた。　　　　　　　　　　市役所・平30

170

14 正しい。第一次世界大戦におけるイギリスの「**三枚舌外交**」といわれる。戦後のシオニズムの高まり，イスラエルの建国宣言と**中東戦争**など，列強の対立に翻弄され，ユダヤ人とアラブ人は対立を深めた。

15 正しい。**パレスチナ戦争**（1948年〜：**第1次中東戦争**）では，イスラエルがアメリカの支持を得てアラブ側を圧倒した。イスラエルは独立を確保したが，多くのアラブ人が難民（**パレスチナ難民**）となった。

16 ペレストロイカの提唱はゴルバチョフ。フルシチョフ第一書記は，1956年のソ連共産党第20回大会で**スターリン批判**を行い，**平和共存政策**を提唱した。この国際協調路線は「**雪どけ**」と呼ばれた。

17 PLO は**パレスチナ難民**が結成した反イスラエル武装組織。ナセルの**スエズ運河国有化宣言**（1956年）をきっかけとする**スエズ戦争**（**第2次中東戦争**）やPLO の結成でアラブ民族主義が高まった。

18 正しい。米ソ両陣営に属さない**第三勢力**を形成しようという潮流がうまれ，1955年のアジア・アフリカ会議で**平和十原則**が採択され，1963年にアフリカ統一機構（OAU）が設立された。

19 正しい。ソ連支援によるキューバのミサイル基地建設がケネディ政権の外交政策と対立し，米ソ間の**核戦争**の危機（**キューバ危機**）が発生した。ソ連の**フルシチョフ**がミサイルを撤去し，危機は回避された。

20 1962年のキューバ危機は回避された。これ以降，米ソは緊張緩和に転じ，**部分的核実験禁止条約**，**核拡散防止条約**（**NPT**）に調印。さらに，**第1次戦略兵器制限交渉**（**第1次 SALT**）が始まった。

21 アメリカ合衆国では，1960年代に黒人の差別撤廃を掲げる公民権運動が起こり，公民憲法の制定がめざされたが，政府の弾圧により制定には至らなかった。

地方上級・平26

22 第二次世界大戦後，毛沢東は，急速に社会主義建設を目指す「大躍進」運動を推進したが，多くの犠牲者を出して失敗したため，国家主席の座を劉少奇に譲った。

地方上級・平24

23 ベトナムでは，宗主国フランスとの戦争が続く中で2つの政権が誕生し，冷戦の下で北ベトナムは東側陣営に，南ベトナムは西側陣営に属することになった。

地方上級・平29

24 1960から70年代の台湾は資本主義陣営の一員となって経済成長を果たした。中国とは相互に国家承認を行っていたが，1970年代に中国が台湾の統治権を主張し始めたのを機に，関係が悪化した。 地方上級・平30

25 1960から70年代の韓国では，朴正熙政権が続き，経済発展のための独裁体制がとられ，いわゆる開発独裁の下で，外国の資本や技術を導入して工業化を果たした。

地方上級・平30

26 マレーシアは，1963年にマラヤ連邦とシンガポールなどが連邦国家を結成したが，マレー系と華人の対立が激しくなり，65年にマレー系の多いシンガポールが分離・独立した。

市役所・平28

27 インドでは，ヒンドゥー教徒とムスリムの対立が高まり，インド連邦とアフガニスタンが分離して独立した。両国の間では，カシミールの帰属をめぐり戦争が勃発した。

国家専門職・平26

21 公民権法は，**キング牧師**に指導された公民権運動に理解を示した**ケネディ**政権下で準備され，1964年，**ジョンソン大統領**就任後に制定された。選挙権や公共施設での人種差別を禁止する法律。

22 正しい。「**大躍進**」実行のため，農村では**人民公社**が設立されたが，実情は生産力が停滞し，餓死者が出た。その後，**劉少奇**が国家主席となったが，毛沢東が発動した**プロレタリア文化大革命**で失脚した。

23 正しい。1960年に結成された**南ベトナム解放民族戦線**がベトナム民主共和国と連携し，親米派のジエム政権が軍のクーデタで倒れると，アメリカの軍事介入が本格化した（**ベトナム戦争**）。

24 台湾と中国が相互に国家承認を行ったことはない。中国は，両国が「**一つの中国**」で合意したと主張しているが台湾は認めていない。**国際連合**では1971年に中華人民共和国の代表権が承認された。

25 正しい。朴正熙は経済発展に力を入れ，低賃金を維持して外国企業を誘致した。その結果，韓国は急速な経済成長をとげ，**新興工業経済地域**（**NIES**）の一角を占める国となった。

26 シンガポールはマレー系ではなく中国系（華人）が多い。華人の多いシンガポールは，マレーシアの**マレー人優遇政策**に不満を持ち，**リー＝クアンユー**の指導でマレーシアから分離・独立した。

27 アフガニスタンではなくパキスタン。**カシミール地方**を支配する藩王が**ヒンドゥー教徒**，一方，住民の多くが**イスラーム教徒**であったため，領土の帰属をめぐって数度の**インド＝パキスタン戦争**が起こった。

28

☐☐☐

湾岸戦争において，クウェートに侵攻したイラクに対し，アメリカは国際連合の決議に基づき，国連軍を組織して攻撃し，短期間で勝利した。

市役所・平30改

. . . .

29 よく出る

☐☐☐

1990年，イラクのサダム＝フセイン政権が隣国クウェートに侵攻，占領した。翌年，クウェートに侵攻したイラクに対しアメリカ軍主体の多国籍軍が攻撃を加えた湾岸戦争が起こった。

市役所・平27

. . . .

30

☐☐☐

アメリカのレーガン政権下では，財政収支および貿易収支が黒字化し，福祉政策に重点を置く，レーガノミクスと呼ばれる経済政策を行った。

地方上級・平26

. . . .

31

☐☐☐

1987年，アメリカのレーガン大統領は，ソ連のゴルバチョフ書記長と米ソ首脳会談を行い，中距離核戦力(INF)全廃などに合意して，米ソ間の緊張緩和を進めた。

国家一般職・平30

. . . .

32 よく出る

☐☐☐

1980年代にソ連で誕生したゴルバチョフ政権は，内政ではペレストロイカを進め，ソ連社会の改革をめざし，外交ではアメリカとの対話を進め，両国は冷戦の終結を宣言した。

市役所・平30

. . . .

33 よく出る

☐☐☐

東西ドイツ統一は，西ドイツが東ドイツを吸収する形で行われたが，その過程で東西ドイツ軍が戦闘状態となり，市民を含む国民に大きな犠牲が出た。

地方上級・平29

. . . .

34

☐☐☐

1980年代にソ連でペレストロイカ(改革)が行われると，刺激を受けたソ連邦内の共和国では独立運動が盛んになり，1990年代初めにソ連は解体した。

地方上級・平28

28 国連軍ではなくアメリカ軍中心の**多国籍軍**。**イラン・イラク戦争**（1980年〜）でアメリカはイラクのフセイン政権を支持して軍事援助を行った。クウェート侵攻ではその武器が使用されたといわれている。

29 正しい。フセインは**イラン・イラク**戦争による経済的疲弊を**石油**の豊富なクウェートを侵略して解決しようとしたが、国際連合の決議によるアメリカ中心の**多国籍軍**の攻撃を受けて撤退した（**湾岸戦争**）。

30 レーガン政権は、財政赤字と貿易赤字の「**双子の赤字**」に悩まされた。レーガノミクスは、大幅減税・財政支出の削減などを柱としたが、貧困層より富裕層に有利な政策となり、格差拡大を助長した。

31 正しい。レーガンは「**強いアメリカ**」の復活を訴えて対ソ強硬姿勢をとったが、ゴルバチョフが登場し、**中距離核戦力**（**INF**）の全廃合意、ソ連の**アフガニスタン撤退**など、緊張緩和が進んだ。

32 正しい。ゴルバチョフ政権は**ペレストロイカ**（**改革**）と**グラスノスチ**（**情報公開**）を掲げ、アメリカとの協調、軍縮など新思考外交を推進した。1989年に**マルタ会談**を開催し、**冷戦**の終結を宣言した。

33 1989年、東ドイツの**ホネカー書記長**退陣後、**ベルリンの壁**が開放され、1990年に西ドイツが東ドイツを吸収して統一ドイツが実現した。歓喜にわく民衆が壁を壊す映像が全世界にテレビ放映された。

34 正しい。ゴルバチョフ政権下で始まった**市場経済への移行**が、東欧諸国で民主化・自由化とともに急速に進むと、これに影響を受けた**バルト3国**をはじめとする独立運動が始まった。

01 チェチェン共和国がソ連邦からの独立を宣言すると，これを阻止しようとしてソ連軍は軍事介入したが，国際世論の反撃を受けて撤退したため，チェチェンは独立を達成した。
地方上級・平24

02 旧ソ連領内にあったチェチェン共和国の独立運動に対し，その分離・独立を認めないロシア連邦が軍事的制圧を行い，チェチェン紛争が始まった。
地方上級・平29

03 香港は，アヘン戦争後の南京条約でイギリスの植民地となったが，1997年に中国に返還され，一国二制度の下で今後50年間は資本主義体制が保障された。
市役所・平26

04 1993年，イスラエルとパレスチナ解放機構（PLO）との間でパレスチナ暫定自治協定（オスロ合意）が結ばれると，パレスチナ自治区に住むパレスチナ人に一定の自治が認められた。
地方上級・平27

05 日本は，湾岸戦争後に自衛隊を中東地域に派遣したが，イラク戦争でフセイン政権が崩壊した後は，国内での反対が強く，復興支援のための自衛隊派遣を行わなかった。
市役所・平30

06 イラク戦争開始にあたり，アメリカはイラクが大量破壊兵器を保有していると主張したが，フセイン政権崩壊後，大量破壊兵器は発見されなかった。
市役所・平30

解 説

01 ソ連邦ではなく**ロシア連邦**。チェチェンの独立は達成されておらず，2009年に紛争終結宣言がなされたが，現在も未解決である。帝政ロシアのチェチェン併合に対する抵抗戦争がこの紛争の源流。

02 正しい。1991年にソ連が解体し，ロシア連邦を中心とする**独立国家共同体 (CIS)** が創設されたが，旧ソ連の周辺部では民族紛争が発生し，1994年に**チェチェン共和国**が独立を求めて武装蜂起した。

03 正しい。社会主義国である中国に返還後も，向こう50年は資本主義体制が保障される**一国二制度**が導入され，その後，ポルトガルから返還された**マカオ**にも一国二制度が導入された。

04 正しい。1993年，イスラエルの**ラビン首相**とパレスチナ解放機構の**アラファト議長**が合意した。しかし，イスラエルのラビン首相暗殺と**シャロン政権**誕生により，中東和平交渉は停止した。

05 湾岸戦争後の1991年に**ペルシア湾**に海上自衛隊の掃海部隊が派遣され，1992年に **PKO 協力法**が成立。イラク戦争後は**イラク復興支援特別措置法**が時限立法として成立し，自衛隊がイラクに派遣された。

06 正しい。**イラク戦争**はアメリカの空爆から始まった。2001年の**同時多発テロ事件**以降，アメリカはイラクの大量破壊兵器保有の可能性を危険視しており，**サダム = フセイン**率いる**バース党**を打倒した。

世界史
西洋史（現代）

スピードチェック
世界史　　戦後のアジア諸国

●東南アジア諸国

1946
インドシナ戦争　**P.168・169**

1965　ベトナム戦争
（アメリカ軍の北爆）
P.173

1965
シンガポール
分離・独立
P.172・173

1965
九・三〇事件

1955
アジア・アフリカ会議
P.170・171

ミャンマー、ラオス、タイ、バンコク、ベトナム、カンボジア、サイゴン、マレーシア、シンガポール、ディエン＝ビエンフー、ハノイ、マニラ、フィリピン、ブルネイ＝ダルサラーム、インドネシア、ジャカルタ、バンドン、東ティモール

プラスワン
【九・三〇事件】
1927年にオランダ領東インドでスカルノを党首とするインドネシア国民党が結成され，日本の降伏直後にインドネシア共和国の成立を宣言した。しかし，スカルノ政権は共産党と軍部との微妙なバランスの上で成り立っており，1965年に陸軍司令部が共産勢力を一掃した九・三〇事件を機にスハルトが実権を握り，スカルノは失脚した。

●西アジア諸国

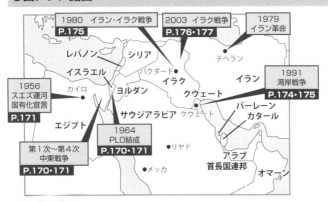

1980　イラン・イラク戦争
P.175

2003　イラク戦争
P.176・177

1979
イラン革命

1991
湾岸戦争
P.174・175

1956
スエズ運河
国有化宣言
P.171

1964
PLO結成
P.170・171

第1次～第4次
中東戦争
P.170・171

レバノン、シリア、イスラエル、カイロ、ヨルダン、バグダード、イラク、テヘラン、イラン、クウェート、エジプト、サウジアラビア、バーレーン、カタール、リヤド、メッカ、アラブ首長国連邦、オマーン

プラスワン
【イラン革命】　イラン国王パフレヴィー2世が国民の民族・宗教感情を無視して「白色革命」と呼ばれる極端な近代化政策を行ったため，1979年，これに反対するイラン革命が起こり，シーア派の指導者ホメイニを中心とするイラン・イスラーム共和国が成立した。

地 理

上・中級公務員試験
**一問一答
スピード攻略**
人文科学

地形と気候

1 世界の地形

▶プレート

☐【**狭まる境界**】…海溝，弧状列島[**日本列島**]，造山活動[**ヒマラヤ**山脈]。

☐【**広がる境界**】…海嶺[大西洋中央海嶺]，地溝[東アフリカ大地溝帯]。

☐【**ずれる境界**】…**サンアンドレアス**断層(北米)，北アナトリア断層(トルコ)。

▶大地形…地殻変動など内的営力によって形成される地形。

☐【**安定陸塊**】…**先カンブリア**時代。ケスタ，**シベリア**卓状地，**カナダ**楯状地。

☐【**古期**造山帯】…古生代にできた地形。低くてなだらか。**アパラチア**造山帯など。

☐【**新期**造山帯】…中生代以降の地形。高くて険しい。

　→☐【**環太平洋**造山帯】…**ロッキー**山脈，**アンデス**山脈，**日本**列島など。

　→☐【**アルプス＝ヒマラヤ造山帯**】…**アトラス**山脈，**カフカス**山脈など。

▶小地形…**風化**や**浸食**など外的営力によって形成される地形。

☐【**氷河**地形】…山岳氷河と大陸氷河(**南極**とグリーンランド)に分類。

☐【**海岸**地形】…離水海岸と沈水海岸に分けられる。

　→☐【**海岸段丘**】…何回か離水してできた階段状の地形。**室戸**岬など。

　→☐【**フィヨルド**】…**U字**谷に海水が侵入してできた入り江。**ノルウェー**など。

　→☐【**リアス海岸**】…**V字**谷をもつ連続した入り江。**三陸**海岸，若狭湾など。

▶浸食・堆積作用による地形

☐【**カール**】…氷河地形で山頂部に見られる浸食によるすり鉢状のくぼ地。

☐【**U字谷**】…氷河が谷底を侵食してできたU字型の谷。

☐【**沖積平野**】…河川の堆積物により形成。[**濃尾**平野，**越後**平野]。

☐【**扇状地**】…谷の出口付近に土砂が堆積して形成。河川水は，扇央(中央部)で**伏流水**，扇端(末端)で**湧水**となる。扇央は畑や果樹園，扇端は田に利用。[**甲府**盆地]。

☐【**三角州(デルタ)**】…運ばれた土砂が河口付近に堆積して形成，低湿な平地。

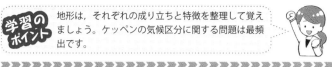

学習の
ポイント
地形は，それぞれの成り立ちと特徴を整理して覚えましょう。ケッペンの気候区分に関する問題は最頻出です。

□【河岸段丘】…河川沿いに形成された階段状の台地。

▶**カルスト地形**…厚い石灰岩層から成り，侵食で石灰岩が溶けて形成された地形。

□【ドリーネ】…上部が陥没してできたすり鉢状の凹地。拡大して**ウバーレ**となる。

▶乾燥地形

□【外来河川】…上流が湿潤な気候で，下流で砂漠地帯を通る河川。

□【ワジ】…乾燥地帯にある，普段は水が流れていない河川。

2 世界の気候・土壌

地理

地形と気候

▶風

□【偏西風】…中緯度高圧帯から高緯度に向かって吹く**西**寄りの風。

□【貿易風】…中緯度高圧帯から低緯度に向かって吹く**東**寄りの風。

□【季節風（モンスーン）】…季節によって風向きが変わる。冬は**陸**から**海**に向かって乾燥した風が吹き，夏には**海**から**陸**に向かって湿った風が吹く。

▶ケッペンの気候区分

■熱帯：熱帯雨林気候区 (Af)

特徴	高温多湿。気温の年較差が小さい。午後に**スコール**が降る
植生	常緑広葉樹の**熱帯雨林**, **セルバ**(南米), **マングローブ**
土壌	**ラトソル**, 赤色土
分布	赤道直下，アマゾン川流域など
都市	シンガポール, マナオス, キサンガニ
その他	**焼畑農業**, **プランテーション**[天然ゴム・カカオ・油やし]

■熱帯：熱帯モンスーン気候 (Am)

特徴	**モンスーンの影響で弱い乾季**
植生	落葉広葉樹, 下草の多い密林**ジャングル**(東南アジア)
土壌	**ラトソル**, 赤黄色土
分布	熱帯雨林気候区にとなりあうインドシナ半島，アマゾン川河口など
都市	ジャカルタ, マイアミ
その他	稲作の二期作, **プランテーション**[サトウキビ, バナナ, コーヒー]

181

■熱帯：サバナ気候区（Aw）

特徴	夏に雨季，冬に乾季がある
植生	丈の長い草原**サバナ**（アフリカ），カンポ（ブラジル高原）
土壌	ラトソル，レグール，テラローシャ
分布	デカン高原など
都市	コルカタ，ホーチミン
その他	**プランテーション**［綿花，コーヒー，サトウキビ］，牛やヤギの放牧

■乾燥帯：ステップ気候（BS）

特徴	乾季が長く，雨季が短い
植生	**ステップ**，プレーリー，**パンパ**
土壌	**チェルノーゼム**，プレーリー土
分布	砂漠気候の周辺
都市	ラホール，**グレートプレーンズ**（アメリカ合衆国テキサス州など），北京
その他	遊牧，移動式住居**ゲル**（モンゴル），**パオ**（中国），**サヘル**地域の砂漠化

■乾燥帯：砂漠気候（BW）

特徴	降水量が非常に少ない
植生	**オアシス**周辺のみ
土壌	砂漠土，塩性土壌
分布	南北回帰線付近，中緯度の大陸内陸部
都市	カイロ，リマ
その他	灌漑地下水路**フォガラ**（アフリカ），**カナート**（イラン），**オアシス**農業

■温帯：温暖湿潤気候（Cfa）

特徴	夏は高温多湿，冬は低温少雨，**モンスーン**，**四季**がある
植生	混合林，プレーリー，湿潤**パンパ**
土壌	褐色森林土，プレーリー土
分布	中緯度の大陸東岸，日本
都市	東京，上海，ニューヨーク，シドニー
その他	**台風**（東アジア），**ハリケーン**（アメリカ）

■温帯：西岸海洋性気候（Cfb）

特徴	**偏西風**と暖流により冬は温暖
植生	落葉広葉樹，ブナ，コナラ
土壌	褐色森林土，ポドゾル
分布	中・高緯度の大陸西岸，西ヨーロッパ
都市	ロンドン，メルボルン，バンクーバー
その他	平地では**混合農業**，高地では**酪農**

■温帯：地中海性気候（Cs）

特徴	夏は日ざしが強く高温乾燥，冬は温暖湿潤
植生	乾耐性の硬葉樹林（**オリーブ**）
土壌	石灰岩が風化した**テラロッサ**
分布	中緯度の大陸西岸，地中海沿岸から西アジア
都市	ローマ，サンフランシスコ
その他	**地中海式農業**，果樹栽培

■温帯：温暖冬季少雨気候（Cw）

特徴	**モンスーン**により夏は高温多雨，冬は温暖湿潤
植生	照葉樹林，シイ，カシ
土壌	黒土，黄色土
分布	中・高緯度，大陸東岸
都市	ホンコン，チンタオ，アラハバード
その他	稲作，**綿花**，**茶**の栽培（インド），とうもろこし，コーヒー（アフリカ・アンデス（山脈東側））

■亜寒帯（冷帯）：亜寒帯湿潤気候（Df）

特徴	冬は極寒，積雪量が多い。降水量の年較差が小さい
植生	混合林，北部は針葉樹林（**タイガ**）
土壌	**ポドゾル**
分布	シベリア，カナダなど，おもに北緯40度以北
都市	札幌，モスクワ，シカゴ
その他	北部は**林業**（製材，パルプ），南部は**混合農業**，**酪農**

■冷帯：亜寒帯冬季少雨気候（Dw）

特徴	夏は雨が多く，冬は乾燥。気温の年較差が最も**大きい**
植生	カラマツなどの**タイガ**
土壌	**ポドゾル**。北部の一部で**ツンドラ**や**永久凍土**
分布	シベリア東部，中国東北部
都市	イルクーツク
その他	農業はほとんど行われない。林業や**トナカイ**の遊牧

■寒帯：ツンドラ気候（ET）

特徴	最暖月の平均気温は**10**度未満。冬は厳寒。
植生	夏のみ地衣類，コケ類
土壌	ツンドラ土，地中は**永久凍土**
分布	北極海沿岸，チベット高原
都市	バロー，ディクリン
その他	北方民族**イヌイット**（北アメリカ），**サーミ**（北ヨーロッパ）。**アザラシ**の狩猟や**トナカイ**の遊牧

■冷帯：氷雪気候（EF）

特徴	最暖月の平均気温は**0**度未満。
植生	なし
土壌	大陸氷河（**氷床**）
分布	**南極**大陸，グリーンランド
都市	なし
その他	無居住地域**アネクメーネ**

補足します

ケッペンの気候区分は最もよく出題されるジャンルです。各気候区の特徴とさかんな産業を関連づけて整理しましょう。各気候区の代表的な都市の雰囲気をイメージすると覚えやすくなります。

01

プレートどうしが反対方向に分かれて離れていく境界は「広がる境界」と呼ばれ，主に陸上にあり，アフリカ大陸のサンアンドレアス断層に代表される。

国家一般職・平28

02

海溝とは，大陸プレートが海洋プレートの下に潜り込む境界に形成される地形をいい，例として，日本海溝がある。

地方上級・平19

03

海嶺は，海底の山脈ともよばれ，プレートとプレートが離れて広がっていくところにあり，太平洋では東太平洋海嶺がみられる。

地方上級・平14

04

大陸プレートどうしがぶつかり合うと，一方が他方にのし上がる逆断層が生じたり，地層が波状に曲がる褶曲が起きたりする。

国家一般職・平28

05

海洋プレートが大陸プレートの下に潜り込むと海底には海嶺が形成され，これが長期間かけて陸上に隆起すると，弧状列島という弓なりの島列や火山列が形成される。

国家一般職・平28

06

安定陸塊は，先カンブリア時代の造山運動のあとの長期間にわたる侵食によってできた地球上で最も古い陸地である。

国家Ⅱ種・平22改

07

地球の表面積の約70％が海洋であり，両半球を比較すると，陸地に対する海洋の割合は北半球のほうが大きい。

国家Ⅱ種・平13

解　説

01 「広がる境界」の代表例は海底の**海嶺**であり，陸上にある例としては**アフリカ大地溝帯**があげられる。サンアンドレアス断層は北アメリカ大陸のプレートの「**ずれる境界**」である。

02 海溝は**海洋**プレートが**大陸**プレートの下に潜り込む境界に形成される。大陸側には**海溝**に沿って**島弧**(弧状列島) が形成される。

03 正しい。海嶺は「**広がる境界**」の特徴の一つで，**大西洋中央**海嶺や**インド洋中央**海嶺などが代表的である。海底から噴き出した**マグマ**が冷やされて山脈が造られる。

04 正しい。**大陸**プレートが衝突し，地層が折り曲げられて形成された**ヒマラヤ**山脈や**アルプス**山脈は褶曲山脈である。

05 海洋プレートが大陸プレートの下に潜り込むと海底には**海溝**が形成される。**海嶺**は海洋プレートどうしが分かれていく地点に形成される。

06 正しい。安定陸塊では**先カンブリア**時代の地層があらわれている**楯状地**と，その地層の上に**古生代**以降の地層が水平に堆積した**卓上地**がある。侵食によって**ケスタ**などの地形がみられる。

07 陸地と海洋の割合は北半球で3対7，南半球で2対8のため，南半球のほうが大きい。

地理

世界の地形

08 フィヨルドは，河川の河口部が沈水して生じたラッパ状の入り江である。　　　　　　　　　　地方上級・平25

09 三角江は，河川によって河口付近まで運ばれた土砂が堆積してできた低平な土地である。　　地方上級・平25

10 リアス海岸は入り組んだ海岸線が特徴で，浅瀬が多くて漁港には不向きであるが，貝や海藻などの定着性の水産資源の養殖に利用されることが多い。

地方上級・平20

11 自然堤防は，河川の氾濫（はんらん）時の土砂堆積によって川に沿って形成された微高地であり，古くからの道路や集落が見られる。微高地の背後にある後背湿地は，モンスーンアジアでは多湿を好む水稲の栽培地として利用されている。　　　　　　　　国家Ⅱ種・平10

12 河口付近では流れが遅くなり，運搬力がなくなるため砂礫（されき）が堆積し，起伏のある肥沃な三角州が形成される。

地方上級・平24

13 河岸段丘とは，河川の洪水によって土砂が運搬され，河川の蛇行に沿って堆積した微高地である自然堤防とその周辺の水はけの悪い低湿地である扇状地によって形成される階段状の地形である。　　国家専門職・平14

14 河川は，山地から平地に出た所で流れが遅くなるため運搬力が減少し，運ばれてきた砂礫が扇形に堆積して形成されたのが扇状地である。　　　　　地方上級・平24

08 エスチュアリー(三角江)の説明なら正しい。フィヨルドは, **氷河**の侵食により形成された**U字谷**に海水が侵入して形成されたものであり, 細長い形状である。

09 三角江(**エスチュアリー**)は, 河口付近に土砂が堆積せず, 沿岸流など海流によって侵食された地形。ヨーロッパの**テムズ**川や**エルベ**川の河口が代表的である。問題文は**三角州**の説明なら正しい。

10 リアス海岸は山地の深い**V字谷**に海水が侵入して形成されたため, 海底は**深くて**天然の**良港**になっている。リアス海岸は十分な深さがあり, 湾内は波もおだやかなため, 養殖業がさかんである。

11 正しい。堆積平野の**氾濫原**においては河川の流路に沿って**自然堤防**が, その背後に**後背湿地**が形成される。

12 砂礫が堆積した起伏のある地形は**扇状地**である。河川の河口付近では砂泥が堆積し, 起伏が少ない平坦な**三角州**が形成される。

13 河岸段丘は河川の蛇行ではなく, **侵食作用**によって形成される**階段**状の地形である。**扇状地**は水はけのよい緩やかな傾斜の地形である。

14 正しい。扇状地は山地と平地の境界付近にあり, 大き目の砂礫が堆積してできた地形である。砂礫が大きいため**水はけ**がよく, **耕地**には適さなかった。

15 氷河によって運搬された岩くずによって造られた堆積地形を<u>モレーン</u>という。

国家一般職・平22

16 <u>ケスタ</u>とは，ドリーネやウバーレと呼ばれる凹地や鍾乳洞など，石灰岩地域が溶食されてできた地形をいい，地上水系が発達しないで地下水系が発達することが特徴である。

国家Ⅱ種・平14

17 カルストは，火山口が大きく沈降して形成され，火山灰の蓄積により地下に埋没したものが鍾乳洞である。

地方上級・平20

よく出る 18 山岳(特に山脈)は隔絶性が高いのでしばしば国境となるが，河川は長い年月を経て流路や中洲の位置が変わり国境に変更が生じるので今は利用されていない。

国家Ⅱ種・平18

15 正しい。モレーンは氷河の端に**堤防**状や**三日月**形にできる。**氷河湖**は氷河でできた凹地やモレーンによってせき止められたところに形成される。

16 ケスタではなく**カルスト地形**の説明なら正しい。ケスタは**構造**平野の緩斜面において軟層と硬層が交互に分布する場合，軟層のみが侵食されてできる**階段**状の地形である。**パリ**盆地などが代表例である。

17 カルストは**石灰岩**の多い地域の溶食地形で，鍾乳洞は地中の石灰岩が溶食されてできた洞窟のことをいう。火山口が大きく沈降して形成されたのは**カルデラ**である。

18 河川国境の例としてはアメリカ合衆国とメキシコの**リオグランデ**川などの例がある。ただし，**シャトルアラブ**川の国境をめぐって戦争に発展したイラン・イラクのように，対立の原因となりやすい。

各地形の特徴がシャッフルされて出題されるよ。地形とその特徴，造られ方もセットで覚えよう。

01 ケッペンの気候区分は，気温，湿度，降水量により世界の気候を区分したもので，世界の気候は熱帯，乾燥帯，温帯，寒帯の4気候帯に分けられる。

地方上級・平24

02 緯度20度から30度にかけては高気圧がよく発達し，乾燥気候が分布するが，大陸の東岸は季節風の影響を受けるので降水量が多い。

地方上級・平12

03 乾燥帯気候は，土壌の乾燥の度合いによって砂漠気候とステップ気候に分けられる。砂漠気候に属する都市としてナイロビが，ステップ気候に属する都市としてカイロが挙げられる。

国家一般職・平27

04 砂漠気候は降水量が極めて少なく気温の日較差が大きい。植生はほとんど見られない。灌漑の影響などを原因とする土壌の塩性化が見られる。

地方上級・平28

05 砂漠気候区は，亜熱帯高圧帯から大陸の内部にかけての地域に分布し，一般に年降水量が250mm以下で，気温の日較差が大きい。

地方上級・平19

06 ステップ気候は，降水量が季節的に変化して，雨の多い雨季と乾燥する乾季にはっきり分かれ，丈の長い草原の中に樹木がまばらに生えるステップが広がり，コーヒー，綿花やさとうきびの栽培が行われている。

地方上級・平28

07 亜熱帯高圧帯下では，砂漠が形成されているところが多い。

市役所・平21

01 ケッペンの気候区分は世界の気候を**熱帯**，**乾燥帯**，**温帯**，**冷帯(亜寒帯)**，**寒帯**の5気候帯に区分したものである。その指標は主に**植生**で，その次に**気温**や**降水量**である。

02 正しい。緯度20度付近から30度付近にかけて発達した高気圧帯を**中緯度**高圧帯及び**亜熱帯**高圧帯と呼ぶ。大陸の東岸は**暖流**と**季節風**の影響で**湿潤**となる。

03 乾燥帯気候は，**年降水量**によって気候を分けている。カイロは**砂漠**気候に，ナイロビは**温暖冬季少雨**気候に属する。アフリカでステップ気候の都市はセネガルのダカールが挙げられる。

04 正しい。**砂漠**気候は年降水量が100mm 未満となることもあり，植物の生育に適さない。過度に灌漑すると土壌の**毛細管**現象により**塩分**が地表に露出することもある。

05 正しい。**砂漠**気候は下降気流が卓越し地表からの蒸発量が少なくなる**亜熱帯高圧**帯付近，さらに大陸内部で海洋からの水蒸気が届きにくい**内陸**部に分布しやすい。

06 熱帯の**サバナ**気候の説明なら正しい。**ステップ**気候は**乾燥**気候の一種で，短い**雨季**があり**草原**が広がる。羊などの遊牧に加え，**チェルノーゼム**など肥沃な土壌が分布する地域では穀物栽培も行われる。

07 正しい。亜熱帯高圧帯下では下降気流により降水がおこりにくく気候は乾燥し，**サハラ**砂漠などの砂漠が分布する。

地理

世界の気候・土壌

08 アジアでは，熱帯雨林気候に属する都市として赤道付近のシンガポールが，サバナ気候に属する都市としてバンコクが挙げられる。

国家一般職・平27

09 温暖湿潤気候は，インド北部やオーストラリア北西部などに見られ，年中温暖で，季節風や移動性低気圧による雨が，夏を含む数か月間に集中して降る。

国家Ⅱ種・平18

10 西岸海洋性気候は，偏西風の影響を受けて一年中降水がみられ，気温の年較差が大きく，肥沃で農業に適したポドゾルが分布しており，混合農業や酪農が盛んである。

地方上級・平28

11 地中海沿岸地域のほとんどは，夏は亜熱帯高圧帯の影響で雨が多く，冬は亜寒帯低圧帯の影響で少雨である。

地方上級・平21

12 温帯の気候区には，地中海性気候区や温暖湿潤気候区があり，地中海性気候区では乾燥に強いオリーブやコルクガシが栽培されている。

地方上級・平24

13 温暖冬季少雨気候（Cw）は，アジア内陸部，北アメリカの中西部などの乾燥地域に分布しており，モンスーンの影響で夏の雨季に降雨が集中し，肥沃な栗色土やチェルノーゼムの分布が多く，短草草原が広がる。

地方上級・平10

14 温帯林は，常緑広葉樹，落葉広葉樹，針葉樹及びこれらの混合林などの林相がみられ，森林開発が早くから行われた地域であり人工林が多い。

地方上級・平14

08 正しい。**熱帯雨林**気候は熱帯収束帯のため年中高温多湿となる**赤道**付近に，**サバナ**気候は高日季に熱帯収束帯のため**雨季**，低日季に亜熱帯高圧帯のため**乾季**となり，熱帯雨林気候の**高**緯度側に分布する。

09 **温暖湿潤**気候は中緯度の大陸東岸に分布し，日本の本州以南の大半やアメリカ合衆国の**大西洋**岸などが属する。降水は特定の季節に集中しない傾向が強い。インド北部やオーストラリア北西部は**乾燥**帯である。

10 西岸海洋性気候では気温の年較差が**小さく**，また主に**褐色森林**土が分布する。**ポドゾル**は亜寒帯など寒冷な気候に分布する土壌で，肥沃ではなく農業には適していない。

11 地中海沿岸地域に分布する**地中海性**気候は，夏は亜熱帯高圧帯の影響で**少**雨，冬は亜寒帯低圧帯の影響と**偏西風**により**多**雨となる。

12 正しい。ヨーロッパ南部や北アフリカなど，地中海性気候の地域では夏の**乾燥**に強い**オリーブ**やコルクガシなどが栽培されたり，冬の降水を利用して**小麦**などが栽培されている。

13 **ステップ**気候の説明なら正しい。**温暖冬季少雨**気候は大陸東岸の**低**緯度に分布し，中国南部やインドシナ半島北部，インド北部，または**サバナ**気候の地域に接するアフリカ大陸や南アメリカ大陸の高原部に分布する。

14 正しい。温帯は**四季**が明瞭で気温の年較差が**大きい**こともあり林相は多様である。北海道以外の地域は温帯の日本も人間が計画的に伐採して植林を続けている**人工**林が多い。

15 北アメリカ東岸地域は，季節による気温の差が少ない。

地方上級・平21

---

16 南米では，冷帯湿潤気候に属する都市としてブエノスアイレスが，冷帯冬季少雨気候に属する都市としてリマが挙げられる。

国家一般職・平27

---

17 冷帯湿潤気候は，オーストラリア南部などに分布する気候で，1年を通して降雨が多く，降雪も見られる。

地方上級・平13

---

18 冷涼で夏と冬の日照時間の差が少ない寒帯気候は，年間を通じて降水のある冷帯湿潤気候と降水量が少ない冷帯冬季少雨気候に分けられる。　国家一般職・平27

---

19 ツンドラ気候は，夏でも摂氏0度を超える日がない気候であり，コケが生育できない。　　　市役所・平17

---

20 タイガは，シベリアの北緯70度付近の地域に分布する林相をいい，紫檀や黒檀などの比較的高価な特殊材が伐り出されるため，家具材料として林業が発達した。

地方上級・平14

---

21 高温で湿潤な地域では，鉄とアルミニウムの酸化物を含む赤色のラトソルと呼ばれる土壌がみられ，低湿で湿潤な地域では，石英を多く含むポドゾルと呼ばれる土壌がみられるが，これらはいずれも酸性が強く，肥沃さに欠けている。

国家専門職・平21改

15 アメリカ合衆国のニューヨークやワシントン D.C. などがある北アメリカ**東岸**地域は，気温の年較差が大きい**温暖湿潤**気候や**亜寒帯湿潤**気候に属する。

16 アルゼンチンのブエノスアイレスは**温暖湿潤**気候，ペルーのリマは**砂漠**気候である。緯度40〜60度付近に広大な大陸のない**南半球**に**冷帯**気候は分布しない。

17 **冷帯湿潤**気候はオーストラリア南部など**南半球**には分布しない。オーストラリア南部では各種の**温帯**気候が沿岸部を中心に分布し，**乾燥**気候も分布する。

18 **冷帯**の分布する高緯度は，夏と冬の日照時間の差が大きい。夏はほとんど日が沈まない**白夜**，冬はほとんど日が昇らない**極夜**が見られる地域がある。

19 **氷雪**気候の説明である。**ツンドラ**気候は最暖月平均気温が摂氏0度以上10度未満の気候で，樹木の生育には適さず**凍土**の表面が溶ける夏のみ**コケ**類が生育する。

20 紫檀や黒檀は**熱帯林**で伐採される。**タイガ**など**冷帯**の森林は**スギ**や**エゾマツ**などの用材や建材が伐採される。

21 正しい。**ラトソル**は主に熱帯，**ポドゾル**は主に亜寒帯や寒帯に分布し，**酸性**が強く肥沃ではないため農耕にあまり適さない土壌である。ラトソルの分布する**熱帯林**では，草木の灰を肥料とする**焼畑**が見られる。

22 ポドゾルは，熱帯地方における鉄分やアルミニウム分の多い赤色の土壌であり，高温多湿のため有機物の分解が進みすぎ，土壌はやせている。 地方上級・平16

23 テラロッシャは，インドのデカン高原に分布する玄武岩の風化した肥沃な黒色土であり，この土壌が分布している地域は綿花栽培に適している。 地方上級・平16

24 チェルノーゼムは，ウクライナ地方から西シベリアにかけ分布する肥沃な黒色土であり，その土壌が分布している地底は，世界有数の穀倉地帯で小麦などが栽培されている。 地方上級・平16

25 温帯気候ではプレーリー土と呼ばれる肥沃な黒色の土壌が広がり，長草草原が生育して大規模な牧畜地帯となっている。 地方上級・平19

26 赤道低圧帯から亜熱帯高圧帯へは，貿易風が恒常的に吹いている。 市役所・平21

27 中緯度高圧帯から赤道低圧帯に向かって吹く風を貿易風，高緯度低圧帯に向かって吹く風を偏西風と呼ぶ。大陸の東岸部には，季節による気圧の差により風向きが変わるモンスーンが見られる。 地方上級・平21

28 西ヨーロッパの西岸沖を流れる北大西洋海流は，メキシコ湾流から続く寒流で，ヨーロッパ西部はその影響で緯度の割に冷涼な気候である。 地方上級・平28

29 地球上には，太陽から受ける熱の多い低緯度地方と少ない高緯度地方で不均衡が生じているが，これは大気や海洋の大循環による熱の移動により解消されている。 地方上級・平21

22 ポドゾルではなく**ラトソル**の説明。ポドゾルは亜寒帯に分布する溶脱作用が進んだ**灰白色**のやせた土壌である。

23 テラロッシャは**地中海**沿岸の石灰岩が風化した土壌のことをいう。インドのデカン高原に分布する黒色土は**レグール**である。肥沃で**綿花**の栽培に適している。

24 正しい。**チェルノーゼム**は乾燥した**ステップ**気候において，降水によりあまり表土が流出しないことで腐食層が厚くなった肥沃な土壌である。

25 正しい。**プレーリー土**は北アメリカ大陸中央部の温帯草原に分布し，**小麦**や**トウモロコシ**などの栽培が盛んな穀倉地帯となっている。

26 **貿易風**は亜熱帯高圧帯から**赤道低圧**帯へ吹く恒常風で，北半球では**北東**，南半球では**南東**から吹く。

27 正しい。貿易風は北半球では**北西**風，南半球では**南東**風となる。偏西風は北半球では**南西**風，南半球では**北西**風となる。モンスーンは**季節風**と呼ばれ，季節による**気圧**の影響を受けて吹く。

28 北大西洋海流はメキシコ湾流から続く**暖**流であり，イギリスなどヨーロッパ西部は**偏西風**の影響で，北緯50〜60度と比較的高緯度の割には冬も低温になりにくい温和な気候である。

29 正しい。たとえば，低緯度で発生した**上昇**気流は高緯度側に移動し，中緯度で下降気流となり**貿易風**として低緯度側へと循環していく。

3 世界の農業

▶農業の種類

□【遊牧】…自然に生育する草や水を求めて移動する牧畜。**中央アジア**など。

□【焼畑農業】…森林などの土地を燃やし，木草の灰のみを肥料とする農業。**アマゾン**の低地や**アフリカ**などで**キャッサバ**やタロイモを栽培する。

□【混合農業】…穀物と飼料作物の輪作と牧畜を組み合わせた農業。

□【酪農】…乳牛を飼育し生乳やチーズなどを生産する。**北海**沿岸や**五大湖**沿岸。

□【園芸農業】…大都市周辺で野菜や**果樹・花卉**を集約的に栽培する農業。**北海**沿岸，**地中海**沿岸などでさかん。

□【地中海式農業】…夏に果樹栽培，冬に小麦栽培と畜産の飼育を行う農業。

□【アジア式稲作農業】…モンスーンアジア（季節風の影響を受けるアジア地域）の沖積平野などで行われる稲作。東南アジアやインドでは，土地生産性が低い。

□【オアシス農業】…乾燥した地域で，外来河川や地下水から水を引いて穀物などを栽培する農業。ナイル川流域，サハラ砂漠などで行われる。

□【プランテーション農業】…大農園で行われる企業的な農業。労働力には現地の人を安価で雇い，**商品**作物を単一耕作（**モノカルチャー**）で栽培する農業。

▶代表的な穀物

□【米】…面積当たりの収穫量が最大の穀物。**中国・インド・インドネシア**で総生産量の過半数以上を占める（2016年）。

□【小麦】…秋に種をまき初夏に収穫する**冬小麦**，春に種をまき秋に収穫する**春小麦**がある。パンやパスタの原料になる。

□【とうもろこし】…中央・南アメリカ原産。多くは飼料用となるが，**燃料用バイオエタノール**の需要からアメリカではとうもろこし畑が増加している。

□【大豆】…アメリカ・**ブラジル・アルゼンチン**で総生産量の約8割を占める（2016年）。

学習の
ポイント
農業の種類は，その土地の風土と密接な関係があります。各気候区を意識しながら，農業の種類を区別して覚えていきましょう。

▶**林業**…建築材になる用材と燃料用の薪炭材がある。

□【**タイガ**】…ロシアやカナダに広がる**カラマツ**やモミなどの単一樹種からなる針葉樹林で建築材やパルプ材に適している。

□【**熱帯林**】…熱帯に分布する森林。**ラワン**やチークなど主に広葉樹だが，農地開発のため伐採されることも。**マングローブ**林も含む。

▶**水産業**…**大陸棚**や**バンク**（**浅堆**）など浅い水域がよい漁場となる。

□【**栽培漁業**】…人工的にふ化させた稚魚を**放流**して**捕獲**する漁業。

□【**養殖業**】…人工的に管理育成する漁業。**エビ**・真珠・カキ・ホタテなど。

▶**食糧問題**

□【**土地生産性**】…**土地**あたりの生産量のこと。労働力や肥料の投下量に比例するため西ヨーロッパや東アジアで高い傾向がある。なお，**労働**生産性は**労働時間**あたりの生産量のことで，アジアやアフリカで低い傾向がある。

4 世界のエネルギー資源・鉱工業

▶**１次エネルギー**…化石燃料や水力・風力など自然界に存在。

□【**石油**】…埋蔵量の約半数が**西アジア**に集中。主な石油輸入国は**アメリカ・日本**に加え中国・**インド**などの新興国も増えてきている。

□【**オイルサンド**】…原油分を含む砂。**カナダ**やベネズエラで生産が多い。

□【**石炭**】…中国の**大同**炭田やアメリカの**アパラチア**炭田で大規模に採掘。

□【**天然ガス**】…主成分はメタンガス。**アメリカ**とロシアで生産が多い。

□【**シェールガス**】…従来のガス田ではなく，シェール層から採掘されたガス。

▶**鉱山資源**

□【**鉄鉱石**】…**鉄**の原料。**ロシア**・**オーストラリア**に埋蔵が多い。

□【**銅鉱**】…**チリ**・**ペルー**・**中国**などが主要産出国。**電気**伝導性が高く加工しやすい。

□【**ボーキサイト**】…**アルミニウム**の原鉱石。**オーストラリア**・**中国**などが主要産出国。

□【**レアメタル**】…希少金属。埋蔵量が少なかったり，純粋なものを取り出すのが難しい金属。希土類**17種類**を**レアアース**という。

地理

産業と都市

▶**再生可能エネルギー**…地熱発電や太陽光発電などもある。

□【**バイオエタノール**】…サトウキビなどの植物から生成したエタノール。燃焼させても大気中の**二酸化炭素**が増加しないため，自動車の燃料として開発が進む。

□【**風力発電**】…電力への変換効率が高く，**偏西風**を利用した西ヨーロッパで利用が進む。

▶**工業地域**…国際分業。

□【**アジア NIEs**】…**韓国・シンガポール・香港・台湾**。アジア新興工業経済地域。

□【**BRICS**】…**ブラジル・ロシア・インド・中国・南アフリカ**の頭文字。

▶**各種工業の特徴**

□【**繊維工業**】…天然繊維・化学繊維を加工する。

□【**石油化学工業**】…石油や天然ガスを原料に合成樹脂などを生産。**コンビナート**を形成する。

□【**鉄鋼業**】…製鉄・製鋼業。資源の輸入に便利な**臨海**部に立地が移動した。

□【**機械工業**】…分業と流れ作業による大量生産，組み立て型工業が多い。

▶**貿易の自由化**…保護貿易への反省。

□【**GATT**】…**関税**及び貿易に関する一般協定。1995年に WTO が吸収。

□【**WTO**】…**世界貿易機関**。世界貿易の自由化を推進。

□【**EU**】…ヨーロッパ連合。1993年の**マーストリヒト**条約が発効して発足。2013年に**クロアチア**が加盟し**28**か国となる。イギリスの離脱の動向に注目が集まる。

□【**ASEAN**】…東南アジア諸国連合。1967年設立。**カンボジア**が加盟して**10**か国に。

□【**NAFTA**】…北米自由貿易協定。1994年設立。**アメリカ合衆国・カナダ・メキシコ**間の協定。

□【**TPP**】…環太平洋戦略的経済連携協定。2006年の**シンガポール・ブルネイ・ニュージーランド・チリ**の4か国からスタート。13年に**日本**が参加し**12**か国に。

[5] 人種・民族など

▶**人口**

□【**人口密度**】…1km^{2}あたりの人口。自然環境や社会状況によって数値は変化する。

□【合計特殊出生率】…1人の女性が15～49歳までに出産する子どもの数を表した数値。先進国では2.0以下，発展途上国の多くは3.0以上であることが多い。

□【人口爆発】…人口が急増する現象。食料問題などがおこる。

□【高齢化社会】…総人口に対して，65歳以上の高齢者の割合が7％以上の社会。

□【移民】…国外に移住した人。ヨーロッパやメキシコからアメリカ合衆国，トルコからドイツなどがある。

□【タウンシップ制】…18～19世紀，**アメリカ**などで実施された土地の分割制度。

▶都市

□【メトロポリス】…政治・経済・文化の中心となる巨大都市。**東京・ニューヨーク・ロンドン**など。**メガロポリス**は，複数の都市が強く連携し合う地帯のこと。

□【首位都市（プライメートシティ）】…その国の政治・経済・文化などが集まる，人口が1位の都市。発展途上国では2位以下との差がとても大きい。**メキシコシティ**や**バンコク**など。

□【スプロール現象】…**住宅**・工場・農地などが無秩序に広がっている状態。

□【スラム】…大都市の中心などに低所得者が住み住環境が悪い地域のこと。**ニューヨーク・シカゴ・コルカタ**など。

□【インナーシティ問題】…住環境が悪化し，空洞化した都心部のこと。

□【コンパクトシティ】…市街地中心部の**空洞**化などを解消するため，市街地を小さく保ち，**徒歩**圏内が生活圏となるようなまちづくりをめざす発想とその都市。

▶生活と宗教

□【キリスト教】…イエスを救世主と信じる宗教。カトリック，東方正教，プロテスタントなどの教派がある。

□【イスラーム】…預言者ムハンマドがおこした宗教。唯一神アッラー。

□【仏教】…シャカの教えを説く宗教。身分制度を否定。大乗仏教と上座部仏教。

□【ヒンドゥー教】…インドの民族宗教。カースト制度との結びつきが強い。

地理

産業と都市

01
焼畑農業は，山林や原野を焼いて，草木灰を肥料として用いる農業であり，雑草や害虫の発生が少ないため，土地の生産性は高いが，現在では森林資源の豊富なアマゾン川流域に限って行われている。

地方上級・平15

02
混合農業は，穀物の栽培と家畜の飼育を組み合わせた農業で，三圃式農業（さんぽ）から発展した農業の形態であり，ヨーロッパで見られる。 　地方上級・平20

03
イギリスは国土のほぼすべてが温帯に属しているため，伝統的に小麦などの栽培がさかんで，酪農はあまり行われていない。同国の食料自給率は100％を超えている。 　国家一般職・平25

04
スペインは，国土の多くが温帯の地中海性気候に属しており，地中海沿岸の地域では，オリーブ，ぶどう，オレンジなどの栽培が盛んである。 　国家一般職・平25

05
オアシス農業は，サバナ地帯でゴムやコーヒーなどを栽培する農業で，泉・外来河川の水や地下水路で引いた水を利用する。 　地方上級・平20

06
アジア式稲作農業は水田で集約的に行われる農業で，インドや中国で行われており，特に稲作は土地生産性が高い。 　市役所・平21

07
ベトナムでは，南部のチャオプラヤ川の河口付近で広大なデルタが形成され，その流域は世界有数の農業地帯となっている。 　国家一般職・令1

01 焼畑農業は肥沃でない土地で草木灰を肥料としているため土地生産性は低い。またアマゾン川流域のみならずアフリカや東南アジアの**熱帯雨林地帯**で広く行われている。

02 正しい。**混合農業**は商業的農業の代表例で，ドイツやフランスなどヨーロッパのみならず北アメリカ大陸やオーストラリアなどでも見られる。

03 イギリスは温帯の**西岸海洋性**気候に属しており，牧草がよく育つため国土の半分近くが牧草地であり**酪農**も盛んである。**混合農業**を行い，食料自給率は**65**%ほどである。

地理

世界の農業

04 正しい。スペインの**地中海性**気候の地域では，夏の乾燥に強い**オリーブ**などの樹木作物が栽培されている。実からとった油は食用などに使われる。

05 **オアシス**農業では地下水路などで引いた水で小麦，綿花，ナツメヤシなどが栽培される。**サバナ**地帯での**ゴム**や**コーヒー**などの栽培はプランテーション農業である。

06 インドでは**灌漑**施設や機械化の遅れにより，稲作の土地生産性は低いが，**緑の革命**により乾燥した地帯でも水田がつくられるようになった。

07 チャオプラヤ川はベトナムではなく**タイ**を流れる河川である。ベトナム南部には**メコン**川のデルタが広がり，稲作が行われている。

08 北アフリカの砂漠気候区（BW）に属する地域には，サハラ砂漠やゴビ砂漠があり，アラブ系の遊牧民が家畜に依存した生活を送っているほか，カナートと呼ばれる地下用水路を設置してオアシス農業が行われている。

国家Ⅱ種・平15改

09 アフリカでは，植民地時代にプランテーション農業が発達し，輸出用の商品作物が単一耕作されるようになった。

国家専門職・平23

10 ラテンアメリカでは，大土地所有制による大農園があり，ブラジルではファゼンダ，アルゼンチンではエスタンシアと呼ばれている。

地方上級・平23

11 企業的穀物農業は，大型農業機械を使用して大規模に生産を行う農業であるが，土地生産性及び労働生産性は低く，南アメリカに特有の形態である。

地方上級・平20

12 カナダでは，国土の南部で牧畜や小麦の生産が盛んであり，米国のプレーリーから続く平原は，世界有数の小麦生産地帯となっている。

国家一般職・令1

13 とうもろこしはイネ科で熱帯アメリカ原産である。日本では主に飼料や加工用として用いられるが，中央アメリカでは主食として用いられる。

市役所・平14

14 北西太平洋漁場は，バンクや大陸棚があり，また，黒潮と親潮の境目ではプランクトンが豊富で，世界最大の漁場となっている。

地方上級・平22

08 ゴビ砂漠はアフリカ大陸ではなく**ユーラシア**大陸の内陸部，中国と**モンゴル**の国境付近である。北アフリカの地下水路は**フォガラ**であり，カナートは**イラン**の地下水路である。

09 正しい。アフリカの大半はヨーロッパ諸国に**植民地**支配され，本国では生産の困難な**カカオ**，**コーヒー**などの熱帯性の商品作物が**プランテーション**で栽培された。

10 正しい。大土地所有制の大農園では農園労働者が従事し，仕事がなくなると都市へ就業機会を求めて人口が流出していく。ラテンアメリカ諸国の大土地所有制が行われる大農園を**アシエンダ**という。

11 企業的穀物農業は土地生産性が低いが，機械化を進め少人数で大規模な農地を耕作するため労働生産性は**高い**。なお南アメリカのみならず北アメリカや，**ロシア**などの旧ソ連諸国でも盛んである。

12 正しい。アメリカ合衆国のノースダコタ州から**カナダ**南部のマニトバ州，サスカチュワン州，アルバータ州にかけて春小麦地帯が広がっている。

13 正しい。中央アメリカのメキシコなどでは，とうもろこしの粉をひいて生地（トルティーヤ）をつくりタコスにして食用とする。

14 正しい。北西太平洋漁場は**日本**近海にあり，沿岸諸国の人口が多いこともあって世界最大の漁場となっている。北部ではサケ・マス，南部ではイワシ・サバなどが多い。

④ 世界のエネルギー資源・鉱工業

01
鉄鋼業では，18世紀に製鉄法が確立して以来，英国の
ミッドランド地方などのような炭田地域に製鉄所が
建設された。
国家一般職・平26

02
自動車工業は国際化の進展が著しい工業部門の一つ
であり，欧米や日本の自動車会社は1970年代から外
国での生産拠点作りに取り組んでいる。
国家一般職・平26改

03
集積回路やパソコンの生産に代表される**エレクトロ
ニクス工業**は，高度な加工技術が必要であることか
ら，米国のシリコンバレーのように先進国の一地域に
集中している。
国家一般職・平26

04
原油は偏在性の高い資源で，世界の埋蔵量の約5割は
中東地域であり，ついでアメリカ合衆国が約2割を占
めており，サウジアラビアに次ぐ石油の輸出国となっ
ている。
国家一般職・平23

05
天然ガスは，消費国のうち欧州では主にパイプライン
で気体のまま利用されているのに対し，日本では**液化
天然ガス**(LNG)のかたちで輸入されている。
国家Ⅱ種・平23

06
バイオエタノールは，さとうきびやとうもろこしなど
を原料として生成したエタノールで，アメリカ合衆国
やブラジルなどでは，自動車の燃料として使用されて
いる。
地方上級・令1

07
石炭は，中国で最も多く産出され，粗鋼の生産に利用
されている。
市役所・平22

解 説

01 正しい。18世紀後半に**産業革命**がおこった当初は，原料の**鉄鉱石**より燃料の**石炭**の消費のほうが大きく，炭田地域に**製鉄所**が立地した。

02 正しい。日本の自動車会社はアメリカ合衆国や東南アジアなどに生産拠点をおき，部品や製品の組立などの**国際分業**も進んでいる。

03 集積回路やパソコンは**中国**での生産が中心となっている。シリコンバレーは半導体の生産よりも，**ソフトウェア**や**アプリケーション**などの開発に特化するようになった。

04 原油の最大の輸出国は**サウジアラビア**であるが，その次は**ロシア**である。アメリカ合衆国は長く石油の最大の輸入国であったが，**シェールオイル**の開発で2015年以降は輸出するようになった。

05 正しい。天然ガスは地下から発生する炭化水素ガスで，主要産出国は**ロシア**と**アメリカ**である。石油や石炭に比べて**二酸化炭素**排出量が少なく，**環境負荷**が比較的小さい。

06 正しい。石油や石炭など**化石燃料**は二酸化炭素を排出して**地球温暖化**に影響を与えると考えられるようになり，二酸化炭素を出さない**バイオエタノール**の利用が世界的に進められた。

07 正しい。中国は世界の**石炭**産出量の半分以上を占めている。石炭は**コークス**に加工され，製鉄所での燃料として利用される。ほかには動力機関，火力発電所の燃料として利用される。

地 理

世界のエネルギー資源・鉱工業

08 原子力は石油価格高騰をきっかけとして利用が急増したエネルギー資源であり，先進諸国だけでなく途上国でも利用は増加している。 地方上級・平12

09 風力発電は，年間を通じて安定した風を必要とするため，偏西風が吹くデンマークやアメリカ合衆国のカリフォルニア州では普及していない。 地方上級・令1

10 レアアースは，地球上の存在量がまれであるか，技術的な理由で抽出困難な金属の総称であるが，レアアースの一部の元素がレアメタルと呼ばれ，レアメタルの80％以上が中国で産出（2016年）されている。 地方上級・令1

11 チリは，鉄鉱石が輸出額の大半を占めている。 国家専門職・平30

12 米国では，20世紀まで豊富な石炭・鉄鉱石などの資源と水運を利用した工業が発達した南部が同国の工業の中心であった。 国家専門職・平30

13 メキシコは輸出額のうち石油が約5割を占め，機械類などの工業製品が約2割を占めている。同国の最大の貿易相手国は米国であるが，1980年代以降，対米輸出額の割合は年々減少傾向にある。 国家専門職・平30

08 核分裂を利用する原子力は、高度な技術と**核燃料**の処理などの費用がかかるため、途上国での普及は進んでいない。

09 デンマークやカリフォルニア州のような一年を通して**偏西風**が強い地域では、**風力**発電が適している。**季節風**が強い地域では、季節によって風向きが変わるため風力発電には適していない。

10 レアアースとレアメタルの説明が逆である。レアアースは希土類とも呼ばれる。レアメタルは17種の希少金属の総称であり、アフリカ南部や中国、ロシアに分布している。

11 チリは世界最大の**銅**の産出国で、**銅鉱石**が最大の輸出品である。チリの**アタカマ**砂漠にある**チュキカマタ**銅山は世界最大級の露天掘り銅山である。

12 アメリカで鉱山資源と水運により工業が発達したのは北東部の**五大湖**沿岸である。現在は、北緯37度以南の**サンベルト**に工業の中心が移り、五大湖周辺はサンベルトに対して**スノーベルト**と呼ばれる。

13 メキシコはアメリカ・カナダと**北米自由貿易協定**（**NAFTA**）を締結し、安い労働力を求めるアメリカの製造業の拠点を多数受け入れたため、輸出品も石油を機械類などが上回る。割合も減少は見られない。

01 人間が日常的に居住している地域を**アネクメーネ**，それ以外の地域を**エクメーネ**という。

国家一般職・平30

02 **首位都市（プライメートシティ）**では，国の政治・経済・文化などの機能が集中し，その国で人口が第1位となっている。首位都市のジャカルタでは，自動車の排気ガスによる大気汚染や，スラムの形成などの都市問題が深刻化している。

国家一般職・平30

03 **メガロポリス**とは，広大な都市圏を形成し，周辺の都市や地域に大きな影響力を持つ大都市をいい，**メトロポリス**とは，多くの大都市が鉄道や情報などで密接に結ばれ，帯状に連なる都市群地域をいう。

地方上級・平30

04 欧米の大都市の中には，旧市街地から高所得者層や若者が郊外に流出し，高齢者や低所得者層が取り残され，**コミュニティの崩壊や治安の悪化**などが社会問題となっている。

地方上級・平30

05 トルコ，イラク，イランなどにまたがる山岳地帯では，独自の文化と言語を持つ**バスク人**が暮らしている。

国家専門職・令1

06 **インド**では，ヒンドゥー語が公用語であるが，イギリス植民地時代から用いられていた英語も準公用語として認められているほかに，地方公用語も17ほど認められている。

市役所・平20

01 エクメーネが人間が日常的に居住している地域，ア
ネクメーネがそれ以外の地域である。南極大陸はア
ネクメーネの例である。

02 正しい。首位都市では一極集中が進み，人口第2位
以下の都市を大きく引き離している。ジャカルタ以
外にもバンコク，マニラなどがあげられる。

03 メトロポリスとメガロポリスの説明が逆である。メ
ガロポリスはアメリカ合衆国のワシントンD.C. 付
近があげられる。メトロポリスは東京，ロンドンな
ど世界的な大都市があげられる。

04 正しい。ロンドンなどでは郊外のニュータウンの造
成によりインナーシティ問題が深刻化し，都心再開
発による活性化が図られた。

05 バスク人ではなくクルド人である。バスク人はスペ
インとフランスの国境付近に暮らしている少数民
族である。彼らは伝統的な衣装や音楽などを守って
いる。

06 正しい。人口13億人以上のインドでは多様な言語が
存在し，首都デリーや北部で主に話されているヒン
ドゥー(ヒンディー)語以外にも英語や地方ごとの
主要言語が憲法で認められている。

地理

人種・民族など

07

イギリス領の**北アイルランド**では，長年アイルランドへの帰属を求めるプロテスタント派の少数派とイギリス残留を主張する多数派が激しく争ってきたが，1998年4月に和平合意が成立した。　市役所・平10

08

旧ユーゴスラビアの**コソボ**では，セルビア人とアルバニア人が衝突し，多くの犠牲者を出した。
国家専門職・令1

09

南アフリカ共和国では，少数派の**フツ族**と多数派の**ツチ族**は言語や文化をほとんど共有していたものの，両者の間で生じた主導権争いにより，反政府側と政府側の内戦が勃発した。　国家専門職・令1

10

人口の国際的移動とは，政治的理由による難民や発展途上国から先進国への労働移動などの一時的移動をいい，ヨーロッパ人のアメリカ大陸への移住などの永久的移動は含まない。　地方上級・平11

11

全産業人口における**第三次産業人口**の割合は，日本，イギリス，アメリカでは，現在50％を超えており，日本においてその割合を超えたのは1970年代である。
地方上級・平11

12

ジブラルタル海峡は，大西洋と地中海を結ぶ海峡で，北岸はスペイン，南岸はモロッコである。
市役所・平26

13

正距方位図法では，任意の2点間の距離と方位が正しく表され，航空図として利用されることが多い。
市役所・平11

07 北アイルランドでは**カトリック**教徒がアイルランドへの帰属を主張していた。イギリスは主に**イギリス国教会**(プロテスタント派)で，アイルランドは**カトリック**が多い。

08 正しい。**アルバニア**系住民の多いコソボは，1990年代に**ユーゴスラビア**が解体する中で独立を宣言したが**セルビア**がこれを認めず，武力衝突に発展した。

09 南アフリカ共和国ではなく**ルワンダ**の説明なら正しい。南アフリカ共和国では先住民をヨーロッパ系移民が迫害する人種隔離政策の**アパルトヘイト**が実施されていた。

10 人口の国際的移動には一時的移動だけでなく，移民などの**永久**的移動も含まれる。なお，ヨーロッパからアメリカ大陸へ渡航した移民たちは19世紀末から1954年までに1200万人におよんだ。

11 正しい。日本などサービス経済が発達した先進国は第三次産業人口の割合が第一次産業，第二次産業よりも高い。2010年代，日本の第三次産業人口の割合は70% を超えた。

12 正しい。ジブラルタル海峡のヨーロッパ側の北岸には**イギリス**の領土があり，アフリカ側の南岸にはスペインの軍港**セウタ**がある。

13 正距方位図法では，中心点と任意の1点との**距離**と**方位**が正しい。中心点と任意の１点を結んだ直線が大圏航路となる。

人口は WHO2018年版 (2016年時点)

6 アジア・アフリカ

▶**中国**（人口14億1141万人）

□【**改革・開放政策**】…1970年代から対外**経済**開放政策を推進。1980年代に**シェンチェン**などに経済特区を設置，1990年代に社会主義市場経済を導入し経済成長を遂げ，21世紀には「世界の工場」となる。

□農牧業…**チンリン**山脈と**ホワイ**川を結ぶ線を境に，以北の**黄河**流域は畑作，以南の**長江**流域は稲作地帯。温暖な南部の地域では**米**の二期作や**茶**の栽培。内陸部の乾燥地帯では羊や馬などの**遊牧**，**オアシス**農業など。

□鉱工業…**石炭**の産出量は世界第1位 (2015年)。石油の産地は東北地方の**ターチン**油田などだが，近年は輸入量が増加。対外経済開放政策により，**シャンハイ**などの沿岸部に国外から工場を誘致し経済発展を遂げた。

□【**西部大開発**】…西部の内陸部と東部の沿岸部の経済格差が拡大したため，2000年に発表された。例としては2006年に開通したチンハイ省とチベット自治区を結ぶ**チンツァン**鉄道，内陸部の天然ガスを沿岸部に**パイプライン**で輸送する**西気東輸**などがある。

□【**少数民族**】…中国の人口の約91％を占める**漢**民族以外にも，**55**の少数民族が認められている。最も人口が多いのは南部の**チョワン**族である。西部のシンチヤン・ウイグル自治区の**ウイグル**族はイスラーム，チベット自治区の**チベット**族はチベット仏教を信仰し，独立を図る暴動や騒乱も発生。

□【**一人っ子政策**】…世界最大の**14**億人の人口を抱える中国では，人口増加を抑えるために1979年から産児制限を始めた。だが急速に**少子高齢**化が進んだため廃止され，2016年からは2人までと制限が緩められた。

▶**韓国**（人口5079万人）

□文化・生活…**儒教**の影響が強い。表音文字の**ハングル**。冬の寒さをしのぐ床暖房の**オンドル**や，**キムチ**などの香辛料の多い料理。

□産業…1970年代からの「**漢江の奇跡**」と呼ばれる経済成長で工業化が進む。**プサン**，ウルサン，ポハンなど南東の臨海部で**重工業**が発達。

▶**東南アジア**

□【**ベトナム**】…人口9456万人。**ベトナム**戦争後，1976年に南北統一，1986

年以降**ドイモイ**政策で産業が発展。**メコン**川下流域で稲作，輸出用コーヒーの栽培。

□【タイ】…人口6886万人。主な宗教は**上座部**仏教。**チャオプラヤ**川流域の稲作。首都**バンコク**付近には外国企業が進出し工業化が進む。

□【ミャンマー】…人口5288万人。主な宗教は仏教。**エーヤワディー**川下流域での稲作。2010年以降の民主化で外国からの投資が進む。

□【マレーシア】…人口3118万人。かつては**天然ゴム**の産地だったが工業化が進む。中国系も多い多民族国家でマレー人を優遇する**ブミプトラ**政策。

□【シンガポール】…人口562万人。**中継**貿易で栄え，工業や金融業も発達した都市国家。**中国**系住民が最も多く，英語，中国語，マレー語，タミル語が公用語。

□【インドネシア】…人口2億6111万人。主な宗教は**イスラーム**。ヤシ類やコーヒーなどの**商品作物**の栽培。石炭や金属資源の資源が豊富。

□【ブルネイ】…人口42万人。**カリマンタン**島北部の小国。石油や天然ガスを輸出。

□【フィリピン】…人口1億332万人。主な宗教は**カトリック**。太平洋に面した島国で**台風**の被害にあいやすい。**バナナ**やヤシ類などの栽培。

▶**インド・南アジア**

□インドの文化…人口13億2417万人。主な宗教は**ヒンドゥー**教。聖なる**ガンジス**川での沐浴。イギリス領だったため**ヒンディー**語以外にも**英語**が公用語。地方ごとに言語が大きく異なる。**カースト**制により社会階層が分けられ，差別が根強い。

□インドの農業…湿潤な地域では**稲作**，乾燥した地域では**小麦**などの畑作。**デカン**高原などでの**綿花**の栽培。

□インドの鉱工業…豊富な石炭や鉄鉱石を背景に鉄鋼業が発達。英語が話せる人材が多いことから**バンガロール**などでハイテク産業が発達。

□南アジアの国々…**ガンジス**川のデルタ地帯の**バングラデシュ**は稲作や**ジュート**の栽培。イスラーム教国の**パキスタン**は**インダス**川流域での灌漑農業。島国で仏教国の**スリランカ**は茶の栽培。ヒマラヤ山脈の南側には**ネパール**，**ブータン**の内陸国，インド洋にはサンゴ礁の島国**モルディブ**がある。

地理

世界の諸地域

▶**中央・西アジア**

□中央アジア…1991年，ソ連解体とともに独立した5カ国は**イスラーム**が
主な宗教。**カザフスタン**はロシア系住民も多いが，**ウズベキスタン**，**キ
ルギス**，**トルクメニスタン**ともにトルコ系民族が多い。タジキスタンは
ペルシア系。**アラル**海は旧ソ連の自然改造計画による灌漑などで縮小。

□アラビア半島…**サウジアラビア**は世界有数の産油国で，イスラームの聖
地**メッカ**がある。世界の石油埋蔵量の約半分がある**ペルシア**湾岸には**ア
ラブ首長国連邦**などの産油国，カタールなどの天然ガス産出国がある。

□【**パレスチナ問題**】…第二次世界大戦後，ユダヤ人国家**イスラエル**が建国
され，4度の中東戦争，アラブ系のパレスチナ人との紛争が続く。イス
ラーム，キリスト教，ユダヤ教の聖地**エルサレム**をめぐる対立。

□【**クルド人**】…イラン，トルコ，イラク，シリアの国境山岳地帯に分布す
る民族。独自の国家をもてず独立運動が見られる。

□その他の西アジア諸国…ペルシア系民族の多い**イラン**はイスラーム教
シーア派で，周辺のアラブ国家と対立。**トルコ**はヨーロッパに近くEU
諸国と関係を強める。**イラク**，**シリア**は内戦やテロにより混乱が続く。

▶**アフリカ**

□北アフリカ…**エジプト**は**ナイル**川の下流に位置し灌漑農業が発達。フラ
ンス領だった**アルジェリア**は産油国でOPECに加盟，**モロッコ**は鉱産
資源が豊富。**イスラーム**が主な宗教。地下水路**フォガラ**が発達。

□中南アフリカ…**サハラ**砂漠以南のアフリカはヨーロッパ諸国の植民地が
多く，独立後も一次産品の輸出に頼る**モノカルチャー**経済。

□西アフリカ…**ギニア**湾に面した**ガーナ**，**コートジボワール**は**カカオ**の生
産地。**ナイジェリア**はアフリカ最大の人口で，OPECに加盟するなど
最大の産油国。

□東アフリカ…**アフリカ大地溝帯**付近の高原にコーヒーの原産地**エチオピ
ア**，サバナ気候が見られる**ケニア**と**タンザニア**，**ツチ**族とフツ族の対立
が激しかった**ルワンダ**などの国々がある。

□【**南アフリカ共和国**】…人口5601万人。石炭，鉄鉱石や各種金属資源が豊
富で工業が発達。1991年まで**アパルトヘイト**政策により，ヨーロッパ系
住民によりアフリカ系住民などが差別されていた。

7 ヨーロッパ

□ヨーロッパの民族・宗教…主な民族は北部の**ゲルマン**系，南部の**ラテン**
系，東部の**スラブ**系。キリスト教の主な宗派は**プロテスタント**，**カトリッ**

216

ク，**正教会（東方正教）**。

□ヨーロッパの自然…**北大西洋海流**と**偏西風**の影響で北西部は冬季でも気温が下がりにくい**西岸海洋性**気候。南部は夏季に**亜熱帯高圧帯**の影響で乾燥する**地中海性**気候。南部に**アルプス**山脈，**ピレネー**山脈などの新期造山帯，北部は安定陸塊や古期造山帯が分布する。

□**【イギリス】**…人口6578万人。**北アイルランド**，**スコットランド**では分離独立の動きがあった。2016年，国民投票で**ＥＵ**からの離脱交渉の開始を決定。首都**ロンドン**は世界都市。

□**【フランス】**…人口6472万人。ＥＵ最大の農業国で**小麦**などを輸出。**原子力発電**の割合が非常に高い。トゥールーズでの**航空機**の組み立て。首都**パリ**や南部の地中海沿岸などでは観光業も発達。

□**【ベルギー】**…人口1135万人。**オランダ**語，**フランス**語，ドイツ語の３つの公用語。首都**ブリュッセル**にはＥＵの本部。

□**【オランダ】**…人口1698万人。北海に面した低地が国土の大半を占め，干拓地**ポルダー**が広がる。**チューリップ**や野菜類を栽培する園芸農業，酪農が発達。

□**【ドイツ】**…人口8191万人。北部はやせた土壌のため**ジャガイモ**が栽培され，中部以南は小麦などを栽培する**混合**農業。**ライン**川流域にはＥＵ最大の工業地帯である**ルール**地方。ＥＵ最大の**自動車**生産国。

□**【スイス】**…人口840万人。**アルプス**山脈が通り国土の多くが山岳地帯。**永世中立国**のためＥＵには未加盟。金融業，精密機械工業などが発達。

□**【イタリア】**…人口5943万人。北部の**パダノ＝ヴェネタ**平野では小麦，南部では**地中海式**農業により**オリーブ**やブドウの栽培。経済の南北格差が大きい。首都**ローマ**やフィレンツェ，ヴェネツィアなどで観光業が発達。

□**【スペイン】**…人口4634万人。イベリア半島の多くを占める。地中海沿いで観光業が発達。**バスク**地方，**カタルーニャ**地方などの民族問題。

□北ヨーロッパ諸国…**スカンディナヴィア**山脈の西側の**ノルウェー**は**北海油田**があり産油国。東側の**スウェーデン**は鉄鉱石が豊富で自動車工業が発達。**フィンランド**は森林資源が豊富。**デンマーク**は**酪農**など農畜産業が発達。**アイスランド**は大西洋中央海嶺が陸地化した。

□**【旧ユーゴスラビア】**…**スラブ**系民族を中心とする多民族国家であったが，東西冷戦終結後の1990年代より解体。**ボスニア・ヘルツェゴヴィナ**では民族紛争が発生。アルバニア系の多い**コソボ**はセルビアから独立。

□**【バルト３国】**…バルト海に面した**エストニア**，**ラトビア**，**リトアニア**の３国は1991年に旧ソ連から独立。2004年ＮＡＴＯ，ＥＵに加盟。

□【ロシア】…人口1億4396万人。世界最大の面積の国家。**ウラル**山脈でヨーロッパロシアとシベリア，極東に分けられる。1991年のソ連解体後は経済が低迷するも，**石油**や**天然ガス**の輸出で経済成長。ヨーロッパロシアでは隣国の**ウクライナ**まで肥沃な土壌**チェルノーゼム**が広がり小麦などが栽培される。南部のカフカス山脈付近の**チェチェン共和国**は独立を宣言し紛争に発展。**シベリア**は針葉樹林**タイガ**が広がり，首都**モスクワ**とはシベリア鉄道で結ばれる。

8 南北アメリカ・オセアニア

▶アングロアメリカ

□アメリカ合衆国の自然…大西洋岸には古期造山帯の**アパラチア**山脈，メキシコ湾に注ぐ**ミシシッピ**川流域の中央平原，**プレーリー**と**グレートプレーンズ**の平原地帯。西部には**ロッキー**山脈などの環太平洋造山帯。大西洋岸は**温暖湿潤**気候や**亜寒帯湿潤**気候，太平洋岸は夏季に少雨の**地中海性**気候。太平洋の火山島の**ハワイ諸島**。北アメリカ大陸北西端の寒冷な**アラスカ**など。

□アメリカ合衆国の住民…人口3億2218万人。イギリスなどヨーロッパからの**移民**が主流だが，アフリカから**奴隷**として連行された住民や，メキシコなどスペイン語圏からの**ヒスパニック**の移民も多い。

□アメリカ合衆国の農牧業…中央平原やプレーリーでは**小麦**，**とうもろこし**など穀物の大規模栽培で世界中に輸出。**グレートプレーンズ**など内陸の乾燥地帯では**肉牛**などの大規模な牧畜や小麦，とうもろこしの産地。カリフォルニア州など太平洋岸では野菜や果実を栽培する**地中海式**農業。

□【サンベルト】…油田の多い**メキシコ**湾岸や**カリフォルニア**州など，アメリカ合衆国の北緯37度以南の地域で，第二次世界大戦後に石油産業，航空機産業，**シリコンヴァレー**でハイテク産業が発達。自動車産業が発達した**デトロイト**や**シカゴ**などの五大湖沿岸や**ニューヨーク**付近などの**スノーベルト**に対する表現。なお，鉄鋼業などが衰退したミシガン州やオハイオ州の工業地帯を**ラストベルト**という。

□【カナダ】…北アメリカ大陸の北側を占め国土面積は世界第2位。**亜寒帯**気候の地域が多くを占める。東部の**ケベック**州は**フランス**系住民が多い。原油，ウラン，鉄鉱石などのエネルギー資源や森林資源が豊富で，南部では小麦などの穀物の大規模栽培の農牧業が発達。

□【メキシコ】…人口1億2754万人。国土の多くは環太平洋造山帯の**メキシコ高原**。人口は1億2000万人以上でスペイン語圏では最大。**とうもろこ**

□しの産地。銀，原油などの資源が豊富。隣接するアメリカ合衆国からの工場が進出している。

□中央アメリカ…グアテマラ，コスタリカ，パナマなどの国々。太平洋とカリブ海を結ぶ**パナマ運河**は2016年に拡張工事が完成。

▶ラテンアメリカ・南アメリカ

□**【ブラジル】**…人口2億765万人。南アメリカ大陸最大，世界第5位の国土面積。北部は熱帯雨林に覆われた**アマゾン川**流域。南部のブラジル高原に**コーヒー**の栽培に適した肥沃な土壌**テラローシャ**が分布。大農園**ファゼンダ**でサトウキビなどを栽培。**ボーキサイト**，**鉄鉱石**などの鉱産資源が豊富で，リオデジャネイロ，サンパウロなどで工業が発達。公用語は**ポルトガル**語，民族は多様で**日系人**が多い。

□**【アルゼンチン】**…人口4384万人。首都ブエノスアイレス付近に広がる温帯草原**パンパ**では農牧業が発達。**アンデス**山脈でチリと接する。公用語は**スペイン**語。

□**【ペルー】**…人口3177万人。**アンデス**山脈が国土の中央を通り，高原では古代に**インカ**帝国を築く。海岸沿いは**ペルー海流**の影響で砂漠気候。

□**【ボリビア】**…人口1088万人。国土の西側はアンデス山脈の高原地帯で，**ラパス**は標高約4000mにある高山都市。

□**【チリ】**…人口1791万人。**アンデス**山脈の南側に位置する細長い国土。世界第1位の**銅**の産出国。南部では氷河地形の**フィヨルド**が発達。

▶オセアニア

□オーストラリアの自然・文化…地形は全体的に平坦でオーストラリア大陸の平均標高は340mしかない。東部に古期造山帯の**グレートディヴァイディング**山脈がある。乾燥気候が国土の多くを占める。公用語は英語。**多文化**主義をとり先住民**アボリジニ**の文化を尊重するようになった。

□オーストラリアの産業…**石炭**，**鉄鉱石**などの鉱産資源が豊富で日本などに輸出。**グレートアーテジアン**盆地では被圧地下水を利用した**牧羊**など畜産も発達。南部では**小麦**など穀物が栽培される。

□**【ニュージーランド】**…人口466万人。環太平洋造山帯の島国。北島と南島に分かれ，**偏西風**の影響で西岸海洋性気候となる。牧羊が発達。先住民**マオリ**が多い。

□太平洋諸国…ニュージーランド，ツバル，サモアなどの**ポリネシア**，フィジー，パプアニューギニアなどの**メラネシア**，アメリカ合衆国の自治領のグアム，**ミクロネシア**など，火山島やサンゴ礁の島々が多い。

01 黄河は，四川省南部を水源とし，黄土高原から華北平原を流れ，渤海に注ぐ中国最長の河川である。

国家Ⅱ種・平19

02 華中の長江流域や華南の平地や盆地では，米作りが盛んで，二期作も行われている。 地方上級・平10

03 中国の経済成長は著しく，経済成長率は2010年代に入っても毎年10％台を維持し続けており，GDPもアメリカを抜いて世界一となっている。 地方上級・平27

04 中国は，1970年代後半からの対外経済開放政策により外国の資本や技術を導入し，急激な経済成長を実現した。

地方上級・平27

05 中国は，1979年に，夫婦一組に対し子供を一人に制限する「一人っ子政策」を導入したが，現在は夫婦双方とも一人っ子の場合にのみ二人目の子供の出産を認めている。 地方上級・平30改

06 中国は，沿岸地域と内陸部の地域格差を是正するため，西部大開発を進めており，2006年には青海省とチベット自治区を結ぶ青蔵鉄道が開通している。

地方上級・平30

07 中国は，東北地方の「ターチン」油田の開発以降，東・東南アジア有数の原油輸出国となった。

地方上級・平15

01　中国最長の河川は黄河(ホワンホー)ではなく**長江**(チャンチャン)である。なお,黄河の水源は**青海**省にある。

02　正しい。**長江**と**黄河**の中間にある**ホワイ**川(淮河)と**チンリン**山脈(秦嶺山脈)を結ぶ線が米作地帯と畑作地帯の境界線となっている。

03　中国の**経済成長**率は2010年代になると10% を切るようになった。2018年,中国の GDP は**アメリカ**に次いで2位であった。

04　正しい。1970年代後半に「四つの現代化」を掲げ対外経済開放政策へと転換し,1990年代前半からの社会主義市場経済導入により経済成長が加速した。

05　一人っ子政策は**高齢社会**や若年労働力不足などの問題を生じたため,2016年に正式に**廃止**され,現在はすべての夫婦に二人目の子供の出産が認められている。

06　正しい。西部大開発の例としては,内陸部の**天然ガス**や**原油**などのエネルギーを沿岸部に輸送する「**西気東輸**」などがある。

07　中国は**ターチン**(大慶)など各地で油田が開発された。**経済成長**により需要が増えたため,2018年には**アメリカ**を抜いて世界最大の原油輸入国となった。

08 2009年，シンチヤン・ウイグル自治区では，ウイグル族と漢民族の間で騒乱が起こった。 地方上級・平21

09 韓国では首都周辺の京仁工業地帯などのほか日本海側臨海部に重化学工業地帯が形成されている。
地方上級・平9

よく出る 10 シンガポールでは，植民地支配の下で天然ゴムなどのプランテーションが数多く開かれてきたが，近年，合成ゴムの普及で天然ゴムの価格が低迷したため，油ヤシへの転換が進んでいる。 国家一般職・令1

11 華人の割合が高い国はシンガポールとベトナムである。
市役所・平27

12 マレーシアは，全人口の3分の1を中国人が占めているので，マレー語と中国語の両方が公用語として認められている。 市役所・平20

13 フィリピンはかつてスペインの植民地であったことから，カトリック教徒が多い。 地方上級・平14

14 フィリピン周辺の海域では，「エルニーニョ現象」が時々発生し，異常気象の原因になっている。
地方上級・平22

08 正しい。シンチヤン・ウイグル自治区は**中国**の北西に位置し，ウイグル族は**ムスリム**(イスラーム教徒)が多く，他地域から移住してきた**漢民族**との間で対立が生じた。

09 韓国の首都**ソウル**と仁川などの**京仁**工業地帯は日本海側ではなく，**黄海**沿岸部である。韓国の日本海側臨海部には**浦項**，**蔚山**，**釜山**などの工業都市がある。

10 **マレーシア**の説明なら正しい。天然ゴムの生産量は，近年ではタイやインドネシアが多い。**シンガポール**は貿易，金融業，工業が盛んな都市国家で，プランテーション農園はあまり見られない。

11 シンガポールは人口の4分の3が**中国**系の華人だが，ベトナムは中国の隣国であっても華人の割合は高くない。シンガポールは1965年にマレー系が大半の**マレーシア**から分離独立した。

12 マレーシアは原住民のマレー人を優遇する**ブミプトラ**政策をとっているため，公用語は**マレー**語のみである。なお，マレーシアは**イスラーム**を国教としている。

13 正しい。**スペイン**の植民地だったフィリピンは，1898年の米西戦争後に**アメリカ**の植民地となり，1946年に**アメリカ**から独立した。

14 海水温が**上昇**する**エルニーニョ**現象は，太平洋でもフィリピンではなく南アメリカ大陸の**ペルー**沖で発生し，異常気象の一因となっている。

15 インドネシアはオランダから独立した国家で，国民の大半がマレー系住民で，インドネシア語が公用語であり，世界最大のイスラーム教徒を抱えている。

地方上級・平14

16 ミャンマーは，南シナ海に面した細長い国土を有しており，国土の大半はサバナ気候である。

国家専門職・平25

17 交易の拡大とともにアラブ商人がもたらしたイスラームは，ミャンマーやマレーシアなどの国で広く信仰されている。

国家一般職・平29

18 ブルネイは，1984年にフィリピンから独立した王国であるが，国内で産出されている原油・天然ガスの輸出で得た外貨をもとに国づくりが進められている。

国家専門職・平6

19 インドでは，モンスーンの影響を受けるため，全域で，年間を通じ降水量が多く稲作が安定的に行われている。

地方上級・平18

20 インドではヒンドゥー教徒が最も多く，パキスタンとバングラデシュではムスリム（イスラーム教徒）が最も多い。

地方上級・平28

21 インドでは，カースト制度が法律で禁じられた後でも社会的な影響が残っている。

地方上級・平20

15 正しい。インドネシアは**多民族**国家だが，公用語はマレー語を基にしてつくられた**インドネシア語**のみである。**イスラーム**教徒が約9割を占め，世界最大のイスラーム教徒を抱える。

16 ミャンマーは**インドシナ**半島の西部に位置し，**ベンガル**湾や**インド**洋に面している。**南シナ海**に面した国はベトナム，カンボジア，マレーシア，フィリピンなどである。

17 ミャンマーでは**仏教**が主に信仰されている。東南アジアではマレーシア以外に**インドネシア**，ブルネイなどでイスラームが主に信仰されている。

18 周囲を**マレーシア**に囲まれた**カリマンタン**島北部のブルネイは，1888年から**イギリス**の植民地となり，1984年に**イギリス**から独立した。

19 インドは**モンスーン**の影響を受けるため，東側の**湿潤**地域では稲作が行われるが，西側の**乾燥**地域では畑作が行われる。

20 正しい。インド，パキスタン，バングラデシュは同じ**イギリス**領インドであったが，宗教の違いによりそれぞれ別の国として独立した。特にインドと**パキスタン**は二度の戦争など対立を続けている。

21 正しい。インドで伝統的な身分秩序となってきた**カースト**制度は憲法で禁止されているが，現代でも人々の職業や生活に強い影響を与え，差別などが根強いとされている。

22 インドでは，現在，ＩＴ産業が発達し，インドの都市のうち，バンガロールは，インドのシリコンバレーとよばれている。

地方上級・平18

23 スリランカ民主社会主義共和国はインド半島の南東沖に位置し，気候は高温多湿な熱帯モンスーン気候である。

国家Ⅱ種・平12

24 バングラデシュは，国土の大部分がガンジス川とインダス川の両大河川が形成した肥沃なデルタ地帯となっている。

国家専門職・平25

25 ネパールは，ヒマラヤ山脈の南に位置する立憲君主制の王国である。

国家専門職・平25

26 ブータンは，インドと中国に挟まれている立憲君主制の王国である。

国家専門職・平25

27 中央アジアに位置するトルクメニスタン，ウズベキスタン，キルギスでは，トルコ系住民がロシア系住民の数を上回っており，主要宗教はイスラームである。

市役所・平11

28 パレスチナでは，第二次世界大戦後に同地に建国したイスラエルとパレスチナ人との間で抗争が続いてきた。

地方上級・平18

22 正しい。インドは英語を話す人材が豊富なことや時差などを利用してアメリカの**シリコンバレー**などからの受注が増え，IT産業が発達した。**バンガロール**はその中心でインドの南部に位置する。

23 正しい。スリランカはインドに近い島国で，赤道の少し北に位置し，インド洋やユーラシア大陸からの**季節風**の影響を受けやすい**熱帯モンスーン**気候であり，**茶**の栽培が知られている。

24 バングラデシュは**ガンジス**川と**ブラマプトラ**川の両大河川が合流した**デルタ**地帯にあり，国土の大半は低地である。インダス川は主に**パキスタン**を流れる。

25 ネパールでは不安定な情勢が続き，2008年に王制が廃止されて，連邦民主共和政に移行した。2015年に新憲法が公布された。ネパールはヒマラヤ山脈の南にあり，首都は**カトマンズ**である。

26 正しい。ブータンは**ヒマラヤ**山脈の南側に位置する**チベット**系住民の多い王国で，**国民総幸福**の充実を政策に掲げている。ブータンの主な産業は**農業**と牧畜である。

27 正しい。中央アジアのトルクメニスタン，ウズベキスタン，キルギスは1991年に**ソビエト連邦**から独立した。ロシア系住民も一定数いるが**トルコ**系民族が多数派である。

28 正しい。パレスチナには**シオニズム**運動により世界各地からユダヤ人が移住し，1948年に**イスラエル**を建国した。だがこの地に住んでいた**パレスチナ人**は抵抗し，1993年に**暫定自治**が始まったが対立は続いている。

29

サウジアラビアは世界最大の産油国であり，その油田は紅海沿岸に集中している。

地方上級・平18

30

ナイル川は，アフリカ大陸の赤道付近を水源とする外来河川であり，北流して紅海に注ぎ，河口近くのアレクサンドリア付近には円弧状の三角州が形成されている。

国家Ⅱ種・平21

31

アフリカ大陸には，フォガラと呼ばれる地下水路を利用して，灌漑を行っているところがある。

地方上級・平21

よく
出る **32**

アフリカ大陸で石油輸出国機構（OPEC）に加盟している国は，エジプト及びアルジェリアの2カ国である。

地方上級・平21

33

サハラ以南のアフリカは，19世紀末までに南アフリカ共和国を除くほぼ全域がヨーロッパ諸国の植民地となった。

国家一般職・平29

34

アフリカ諸国は独立後の現在も，自給的作物よりも外貨獲得のための商品作物の栽培が重視される傾向があり，ギニア湾岸でのカカオの栽培，ケニアでの茶の栽培など，特定の一次産品を輸出する経済構造がみられる。

国家専門職・平23

35

ケニアは，国内を赤道がとおり，標高，緯度の違いにより，熱帯気候や乾燥気候がみられる。

国家Ⅱ種・平21

29 サウジアラビアの油田は西の紅海ではなく，北東の**ペルシア**湾沿岸に集中している。ペルシア湾沿いには**イラン，イラク，クウェート，アラブ首長国連邦**などの産油国がある。

30 ナイル川は紅海ではなく**地中海**に注ぐ。世界**最長**の河川で，川の長さは約6700kmにもおよぶ。

31 正しい。フォガラは**サハラ砂漠**周辺などアフリカ北部での地下水路の名称である。フォガラの構造はイランの**カナート**と同じ。

32 エジプトは石油輸出国機構に加盟していない。2019年現在，アフリカ大陸では**アルジェリア，リビア**，アンゴラ，赤道ギニア，ガボン，ナイジェリア，コンゴ共和国の7カ国が加盟している。

33 サハラ以南のアフリカは，19世紀末ではなく20世紀初頭までに南アフリカ共和国やリベリアを除いて植民地化された。

34 正しい。特定の一次産品を輸出する経済構造を**モノカルチャー**経済という。ギニア湾岸では**コートジボワール，ガーナ**などでカカオの生産量が多い。

35 正しい。赤道下に位置するケニアは，国土の多くを高原が占め，熱帯気候のうち**サバナ**気候が主に分布する。北部には乾燥帯も分布する。

36 ナイジェリアは，ギニア湾岸に位置し，アフリカ第1位の産油国である。 国家専門職・平20

37 南アフリカ共和国は，アフリカ大陸の南端に位置する国であり，天然資源が豊富である。 国家専門職・平20

38 マダガスカル民主共和国はアフリカ大陸の東南に位置し，温暖湿潤気候でモンスーンの影響を受け，年中降水量に恵まれている。 国家Ⅱ種・平12

39 コートジボワールは，インド洋に面し，コーヒー豆とカカオ豆の生産は世界有数であるが，モノカルチャー経済の弊害により経済は安定せず，2001年に世界銀行から重債務貧困国の認定を受けた。 国家専門職・平20改

36 正しい。ナイジェリアは**ギニア**湾の東側に面し，アフリカ第1位の産油国で，輸出品は**石油**関連が大半を占める。人口も約2億人（2019年）とアフリカ第1位である。

37 正しい。南アフリカ共和国では**ドラケンスバーグ**山脈付近で鉄鉱石，石炭，**ダイヤモンド**，金など各種の鉱産資源が豊富で，機械工業も発達している。

38 マダガスカルは**アフリカ**大陸東南に位置する島国だが，気候は南東**貿易風**の影響で東岸は**湿潤**，西岸は**乾燥**するため年中降水量に恵まれている地域ばかりではない。

39 コートジボワールは西アフリカの**ギニア**湾に面した国である。カカオ豆の生産は世界1位，コーヒー豆も生産上位である。コートジボワールも**重債務貧困**国の33か国に認定された。

> アジア・アフリカは，南北アメリカ・オセアニア地域に次いで2番目に出題が目立つよ。各国の特徴をおさえよう！

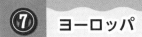

⑦　ヨーロッパ

01
スカンディナビア山脈は，氷河の侵食を受けてできた新期造山帯である。
国家専門職・平22

02
ドナウ川は，ドイツのシュバルツバルトを水源とし，逗留（とうりゅう）してポーランド，ルーマニアなど東ヨーロッパ諸国を経て地中海に注ぐ国際河川である。
国家Ⅱ種・平19

03
ヨーロッパでは，言語は主に，イタリア語など南ヨーロッパで用いられるラテン語派，ドイツ語など北西ヨーロッパで用いられるゲルマン語派，ポーランド語など東ヨーロッパで用いられるスラブ語派に分けられる。
国家一般職・平29改

04
北フランス，北イタリアなどでは小麦などの穀物の単一栽培が行われ，オランダでは野菜や花卉（かき）を栽培する園芸農業，デンマークなど冷涼な地域では酪農が発達している。
国家一般職・平25

05
ドイツは，国土の約半分が農地となっているが，気候が冷涼なために小麦や大麦などの穀物栽培には適さず，てんさいやジャガイモを栽培する畑作が中心となっており，EU全体の農業生産額に占める同国の割合は低い。
国家一般職・平25

06
フランスでは，エネルギー資源に乏しく，エネルギー自給率を改善するため原子力発電が積極的に導入され，総発電電力量の約70%を供給している。
国家Ⅱ種・平5

01 スウェーデンとノルウェーの国境になっているスカンディナビア山脈は**古期**造山帯で，**氷河**の侵食により西側には多数の**フィヨルド**が形成された。

02 ドナウ川はドイツからポーランドではなく**オーストリア**へと流れ，ハンガリーやルーマニアなどを経て，地中海ではなく**黒海**に注いでいる。

03 正しい。ラテン語派，ゲルマン語派，スラブ語派の多くの言語はローマ文字で表記するも，ロシア語やセルビア語などスラブ語派の一部は**キリル**文字で表記する。

04 正しい。**フランス**はEU最大の小麦生産国であり，北イタリアは**パダノ＝ヴェネタ**平野で大規模な小麦などの穀物栽培が行われている。園芸農業は**北海**や**地中海**沿岸，北アメリカの**大西洋**沿岸で発達している。

05 ドイツの北部は大麦や小麦の栽培に適さないが，中部や南部では**混合農業**が発達し大規模な穀物栽培が行われている。国土もEU諸国では広く，**フランス**に次いでEU第2位の小麦の生産国である（2016年）。

06 正しい。フランスは原油や石炭などのエネルギー資源の産地が少なく，地盤が安定していることもあり**原子力**発電所を積極的に導入し，毎年の総発電量の70%以上をまかなうようになった。

07

スイスは，ピレネー山脈が国土の南部に位置し，ピレネー山脈には，マッターホルン山及びモンブラン山がある。　　　　　　　　　　　　　　　　地方上級・平17

08

スイスは，永世中立国であり，現在，国際連合には加盟していないが，EU には加盟している。
　　　　　　　　　　　　　　　　　　　　地方上級・平17

09

スウェーデンは自動車工業などの機械工業が，デンマークは酪農が盛んである。　　　　地方上級・平26

10

ベルギー王国は，オランダ語，フランス語，ドイツ語の三つの言語を公用語としている。　国家専門職・平21

11

ノルウェーは，北海油田から産油しており，輸出品の第1位は原油である。　　　　　　　　市役所・平15

12

バルト三国はもともとロシア系住民が少なく，独立後いち早くロシアとの関係を切って NATO と EU に加盟した。　　　　　　　　　　　　　　　市役所・平11

13

ロシア連邦南部のカフカス地方では，イスラーム教徒のチェチェン人が分離独立運動を展開し，1990年代以降はモスクワなどでテロ活動を繰り返した。
　　　　　　　　　　　　　　　　　　　　地方上級・平18

07 ピレネー山脈ではなく**アルプス**山脈である。ピレネー山脈は**スペイン**と**フランス**の国境であり，その間に小国の**アンドラ**がある。

08 スイスは2002年に国際連合へ加盟したが，過去の国民投票で否決されたこともあり，EUへは加盟していない。

09 正しい。スウェーデンは北部で産出する**鉄鉱石**などの資源を生かした機械工業，デンマークは低平な地形を生かした**酪農**などの農牧業が盛んである。

10 正しい。ベルギーの北部では**オランダ**語に近いフラマン語，南部では**フランス**語に近いワロン語，そして東部では**ドイツ**語が主な言語となっている。

11 正しい。ノルウェーは天然ガスの輸出も多い。北海油田はノルウェー以外にも**イギリス**などに原油を提供している。

12 正しい。第二次世界大戦中に**ソ連**に併合された**エストニア**，**ラトビア**，**リトアニア**のバルト三国は，1991年に独立するとソ連解体後のロシアから距離をおき，2004年にNATOとEUに加盟した。

13 正しい。**カフカス**地方のチェチェン共和国は1991年の**ソ連**解体前後から独立運動が盛んになり紛争に発展したが，ロシア連邦軍が独立勢力を鎮圧し独立は実現していない。

よく出る 01 北中米では，西岸海洋性気候に属する都市としてワシントン D.C. が，温暖湿潤気候に属する都市としてメキシコシティが挙げられる。　　　　　　　　　　国家一般職・平27

02 ミシシッピ川は，アメリカ合衆国の中央部を南西方向に流れる川であり，カリフォルニア半島の東側から太平洋へ流れている。　　　　　　　　　　　　地方上級・平22

03 アメリカのグアム島とハワイ諸島では，距離が近いが日付変更線を挟んでいるため，時差はおよそ1日になる。　　　　　　　　　　　　　　　　　地方上級・平11

04 アメリカ合衆国のグレートプレーンズでは，乾燥気候であるため大規模農場での綿花の栽培が盛んであり，同国は世界の綿花生産の約5割を占めている。

国家専門職・平13

05 アメリカ合衆国は，カリフォルニアと五大湖沿岸に国内最大級の油田を持つが，それらの施設は精製施設の老朽化により生産が減少してきている。

地方上級・平18

06 アメリカ合衆国ではニューディール政策の一環としてテネシー河流域開発公社が設立され，多数の多目的ダムを建設して流域の工業・農業開発を進める総合的な地域開発事業が行われた。　　　　　市役所・平6

解 説

01 アメリカ合衆国の東部に位置するワシントン D.C.は**温暖湿潤**気候，メキシコ高原に位置するメキシコシティは**高山**気候である。

---

02 ミシシッピ川は**メキシコ**湾へと流れていて，流域は世界有数の農業地帯である。カリフォルニア半島の東側からカリフォルニア湾へは**コロラド**川が流れている。

---

03 正しい。グアム島は東経150度，ハワイ諸島は西経150度を標準時とし，間に**日付変更**線を挟んでいるため，時差は20時間と1日に近い。

---

04 **グレートプレーンズ**では**小麦**，**とうもろこし**の大規模栽培が盛んであり，綿花はジョージア州などに広がる**コットンベルト**で栽培される。綿花の生産量はアメリカ合衆国よりも中国やインドのほうが多い（2017年）。

---

05 **五大湖**沿岸に大規模な油田は存在しない。アメリカ合衆国の主な油田は**カリフォルニア**，**メキシコ**湾岸，**アラスカ**などに分布している。

---

06 正しい。テネシー川は**アパラチア**山脈から流れる**ミシシッピ**川の支流である。政府はダム建設のような大規模な**公共事業**を行うことで，**世界恐慌**で発生した多数の**失業者**に仕事をあたえようとした。

07 サンベルトとよばれる一帯は，北緯37度線の南にあり，サンベルトの工業都市の例としてデトロイトがある。

地方上級・平22

08 かつてメキシコ湾岸で発達した自動車工業は衰退したが，代わって五大湖沿岸のシリコンヴァレーなどでは，IC産業が盛んになった。

市役所・平27

09 北アメリカ大陸にあり世界第5位の面積を占めるカナダは，ハドソン湾沿岸の北部から五大湖周辺の南部までの広大な地域が冷帯湿潤気候（Df）に属している。

国家Ⅱ種・平15

10 カナダでは，鉱産資源や森林資源に恵まれ，ウランやニッケル鉱の産出が多く，パルプ・紙類などの生産が盛んである。

国家専門職・平30

11 カナダでは，フランス系住民とイギリス系住民が共存しており，フランス系と英語が公用語となっている。

国家専門職・令1

12 メキシコでは，メキシコ高原に肥沃な土壌であるテラローシャが広がっており，そこではファゼンダと呼ばれる大農園でカカオやナツメヤシが栽培されている。

国家一般職・令1

13 メキシコは，ラテンアメリカの中では最北に位置し，スペイン語圏としては世界最大の人口を擁する国である。

国家専門職・平20

07 デトロイトはアメリカ合衆国の**五大湖**沿岸に位置し，北緯37度より北にある。**サンベルト**の工業都市の例としては**アトランタ**，**ヒューストン**，**ダラス**，**ロサンゼルス**などがある。

08 アメリカの**メキシコ**湾岸では石油，航空機などの工業が発達した。自動車工業は五大湖沿岸の**デトロイト**などで発達したが衰退した。**シリコンヴァレー**は太平洋岸の**カリフォルニア**州にある。

09 カナダは**ロシア**に次いで世界第2位の面積であり，第5位の面積の国は**ブラジル**である。カナダは**冷帯湿潤**気候に加え，**北極圏**付近では**ツンドラ**気候も分布する。

10 正しい。カナダの豊富な木材や石炭などは日本にも輸出されている。**ロッキー**山脈の麓には炭田や油田が広がっている。

11 正しい。**ケベック**州でフランス系住民が多いため，カナダでは**フランス**語と**英**語が公用語となっている。

12 テラローシャが広がっているのはメキシコ高原ではなく**ブラジル**高原である。ブラジルの大農園である**ファゼンダ**ではコーヒーやサトウキビなどが栽培される。

13 正しい。**メキシコ**の人口は1億2000万人以上と，スペイン語圏では最大である。ラテンアメリカは**ブラジル**を除く大部分がスペイン語圏である。

14 パナマ運河は，カリブ海と太平洋を結ぶ運河である。
市役所・平26

15 ラテンアメリカで生活する人々は，インディヘナ，スペイン・ポルトガル系白人，両者の混血メスチソのほか，黒人，ドイツや日本からの移民と，それらの子孫である。
国家専門職・平20

16 ラテンアメリカでは，16世紀にスペインとポルトガルを中心とするヨーロッパの人々が進出し，現在でも多くの国でスペイン語やポルトガル語が公用語とされている。
国家一般職・平29

17 カリブ海は，アメリカ大陸によって北と西を，フロリダ半島とキューバ島によって東と南を囲まれた海域で，ムルロアなどの環礁が多数存在する。
国家Ⅱ種・平13

18 アンデス山脈は南北に非常に長い山脈だが，その山脈西側の沿岸地域のほとんどは，ペルー海流と偏西風の影響で高温多湿な気候となっている。
国家専門職・平22

19 アマゾン川は，アンデス山脈を水源とし，南アメリカ大陸南部を東流して大西洋に注ぐ，世界最大の流域面積を有する河川である。
国家Ⅱ種・平19

20 ブラジルでは，南東部のイタビラ鉄山に加え，北部のカラジャス鉄山が開発され，世界的な鉄鉱石産出国となっている。
地方上級・平28

14 正しい。**パナマ**運河は太平洋から**カリブ**海を経由して**大西洋**へと抜ける船舶が多数通過し，2016年に輸送力増強のため拡幅工事が完成した。

15 正しい。**インディヘナ**（インディオ）は中央アメリカやラテンアメリカの**先住民**のことをさす。日本からの移民は特に**ブラジル**に多い。

16 正しい。スペイン，ポルトガルなどヨーロッパの**ラテン**語派の民族が主に移住し，**スペイン**語，**ポルトガル**語が公用語の国が多いことから**ラテンアメリカ**と呼ばれる。

17 カリブ海ではなく**メキシコ**湾である。カリブ海は北と東を**キューバ**島などの**西インド**諸島，南と西を**アメリカ**大陸に囲まれている。ムルロア環礁は**フランス**領ポリネシアに属する**太平洋**のサンゴ礁で，**核実験**場であった。

18 アンデス山脈の西側は**寒流**の**ペルー**海流の影響で，赤道以南のペルーやチリ北部の沿岸部は**乾燥**している。だが**偏西風**の卓越するアンデス山脈の**南部**では，西側が**湿潤**で東側が**乾燥**している。

19 アマゾン川は**ブラジル**など南アメリカ大陸**北部**を流れている。流域面積は世界最大で，河川の長さは**ナイル**川に次いで2位である。

20 正しい。ブラジル高原の安定陸塊では**鉄鉱石**が大量に埋蔵され，ブラジルは**オーストラリア**と並ぶ世界的な鉄鉱石の産出国である。

21 ブラジルは，ロシア，カナダに次ぎ世界で3番目の面積を持つ国であり，輸出額のうち，肉類，砂糖，コーヒー豆を合わせた輸出額が約5割を占めている。

国家専門職・平30

22 ボリビアの首都ラパスは，ギアナ高地に位置し，高山気候が現れる代表的な都市である。　地方上級・平23

23 アルゼンチンに広がる大草原はセルバと呼ばれ，小麦，とうもろこし，アルファルファの栽培が盛んで，牛や羊が飼育されている。　地方上級・平23

24 アルゼンチンは，19世紀初めにポルトガルから独立した国で，国民の大部分がポルトガルやイタリアなどラテン系の人々である。　国家専門職・平20

25 オーストラリア大陸は，平均高度が340mと全大陸中で最も低い。　地方上級・平24

26 ボーキサイトの生産量が世界一の国はオーストラリアであり，同国では，恵まれた鉱産資源をもとに工業が南東部の海岸地帯を中心に行われている。

国家Ⅱ種・平11

27 ニュージーランド周辺では，ハリケーンがよく発生し，大きな災害を起こしている。　地方上級・平22

21 ブラジルの国土面積は世界第**5**位である。かつては農産物の**モノカルチャー**経済であったが，工業化が進み**機械**類などの工業製品の輸出が増えた。それでも肉類，砂糖などは依然として重要な輸出品である。

22 ボリビアの首都ラパスは，**アンデス**山脈中の高原に位置する。ギアナ高地は**ブラジル**，**ベネズエラ**など南アメリカ大陸の北部に位置する。

23 アルゼンチンの**パラナ**川と**ラプラタ**川河口に広がる大草原は**パンパ**である。**セルバ**はブラジルなどアマゾン川流域の**熱帯の密林**である。

24 アルゼンチンは**スペイン**から独立したため，スペイン系の住民が多数を占める。ポルトガルから独立したラテンアメリカの国としては**ブラジル**がある。

25 正しい。オーストラリア大陸はその多くが**安定陸塊**で，新期造山帯の急峻な高度のある山脈もないため平均高度が低い。

26 正しい。ボーキサイトの生産量は**オーストラリア**が世界第1位で，第2位は**中国**である（2016年）。オーストラリアの工業は**シドニー**など**南東**部で主に発達している。

27 ハリケーンは**カリブ海**や**太平洋**などで発生し，**南北アメリカ**大陸とその周辺に大きな風雨をもたらす**熱帯低気圧**である。南緯40度付近に位置するニュージーランドでは影響はあまり見られない。

日本の地理

9 日本の自然

▶日本の自然

□プレートの境界…日本列島は**北アメリカ**プレートと**ユーラシア**プレート（大陸プレート），**太平洋**プレートと**フィリピン海**プレートと４つのプレートの境界にあり，地震や火山など地殻活動が活発で地形が急峻である。

北アメリカプレート

ユーラシアプレート

日本海溝

フォッサマグナ

太平洋プレート

南海トラフ

フィリピン海プレート

□【**フォッサマグナ**】…本州中央部を通る大地溝帯。日本列島の地形を東北日本と西南日本に二分する。西端は**糸魚川―静岡構造線**。

□日本の海岸…山地が背後に迫る地域では谷が沈降した複雑な**リアス海岸**（**三陸**海岸や**志摩**半島など）や，海岸沿いの急崖上が平坦になっている**海岸段丘**などが発達する。

□日本の河川・平野…日本の山地は急峻で降水量も多いため河川の水量は豊富で，上流には侵食作用による**V字谷**，下流には堆積作用による**沖積平野**が形成される。

□日本の気候…**季節風**（モンスーン）の影響が強く冬は北西，夏は南東から吹く。初夏には**小笠原気団**と**オホーツク海気団**による前線の停滞で**梅雨**が発生し，また熱帯低気圧の台風も上陸するため特に太平洋側は降水量が多い。だが**瀬戸内海**沿岸や本州の内陸部は山地に囲まれ季節風の影響が小さく降水量が少ない。また**ジェット気流**により西から東へと天気が変化する。

▶日本の貿易

□資源の輸入先…資源に恵まれないため原油は**サウジアラビア**や**アラブ首長国連邦**などの中東諸国，石炭は**オーストラリア**，鉄鉱石は**オーストラリア**や**ブラジル**，木材は**カナダ**や**アメリカ合衆国**などから輸入している。

□食料品の輸入先…アメリカ合衆国やオーストラリア，ブラジルなどからは**小麦**や**トウモロコシ**，**肉類**を，中国からは**野菜**や**魚介類**などを輸入。

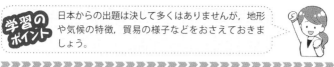

日本からの出題は決して多くはありませんが，地形や気候の特徴，貿易の様子などをおさえておきましょう。

□貿易相手国…輸出，輸入ともに**中国**が最大の相手国。アメリカ合衆国，韓国，台湾，ホンコンなどとの貿易額も多い。

10 日本の産業

▶第一次産業

□農畜産業…米の生産を中心にしてきたが野菜や畜産品の生産が増えてきた。カロリーベースの食料自給率は約40％と低く，小麦，肉類などの輸入に頼るようになった。なお65歳以上の高齢者が３分の２以上を占め，農業就業者は減少している。そのため政府は**農地集積バンク**を設立して農地をまとまった形で貸し，農業の活性化をはかった。近年は経済が成長した中国や東南アジアなどに米などを輸出するようになった。

□水産業…四方を海に囲まれた日本は各地で水産業が発達。特に太平洋の寒流の**親潮（千島海流）**と暖流の**黒潮（日本海流）**がぶつかる潮目は好漁場。大消費地に近い千葉県の**銚子**が特に水揚げ高の多い漁港。だが漁獲量は減少しているため，**養殖業**や**栽培漁業**などの育てる漁業も盛んに。

▶工業と都市

□工業…1960年代の高度経済成長期以降，**太平洋ベルト**で工業が発展。**石油**など資源の多くを輸入に頼るため，輸送に便利な臨海部に重化学工業の生産施設が集中する。

→□【**京浜**工業地帯】…東京・横浜など。鉄鋼業や機械業が盛ん。

→□【**中京**工業地帯】…名古屋・豊田など。自動車工業を中心に機械業が盛ん。四日市の石油化学コンビナート。

→□【**阪神**工業地帯】…大阪・神戸など。金属工業や化学工業が盛ん。中小企業が多い。

□都市…東京，大阪，名古屋の**三大都市圏**やその周辺の都市に人口が集中。公害や地価高騰により都心部では人口が空洞化した**ドーナツ化**現象，郊外では無秩序に開発が進む**スプロール**現象が発生。だが再開発により都心部へ人口が回帰するようになった。

01 本州の中央部には南北に横断するフォッサマグナが あり，その西側の糸魚川－静岡構造線と呼ばれる大断 層帯によって，日本は東北日本と西南日本に分けられ ている。　　　　　　　　　　　　　　　　**市役所・平6**

02 日本列島は，複数のプレートの境界に位置し，当該境 界を形成するプレートとしてインド・オーストラリア プレートがある。　　　　　　　　　　　　**地方上級・平19**

03 日本の上空にはジェット気流があり，低気圧・高気圧 を西から東へ流し，天気を規則的に変化させる原因と なっている。　　　　　　　　　　　　　　**国家専門職・平12**

04 日本の気候は，季節風(モンスーン)の影響を受けてお り，初夏には揚子江気団とシベリア気団との間に生じ る前線の停滞によって全国的に梅雨を生じる。
　　　　　　　　　　　　　　　　　　　　　市役所・平6

05 瀬戸内海は小さな島が点在する内海で，日本で最も降 水量が多い地域である。　　　　　　　　　**地方上級・平26**

06 わが国の海岸線は変化に富んでおり，海面の相対的な 上昇によって生じたリアス海岸や，波浪や沿岸流など の作用によって形成された海岸段丘が各地に分布す る。　　　　　　　　　　　　　　　　　　**国家専門職・平9**

よく出る 07 日本の河川は急流が多く水量が豊富なので，日本の平 野のほとんどは，河川の堆積作用で形成された沖積平 野であり，日本の谷は，河川が山地を力強く削って形 成したV字谷が多い。　　　　　　　　　　　**市役所・平29**

01 正しい。**フォッサマグナ**付近はプレートの境界に当たり，西南日本の陸地は主に**ユーラシア**プレート，東北日本の陸地は主に**北アメリカ**プレートに属している。

02 日本列島は**北アメリカ**プレート，**ユーラシア**プレート，**太平洋**プレート，**フィリピン海**プレートと4つのプレートの境界に位置している。

03 正しい。ジェット気流とは**偏西風**のなかでも特に風速が大きい風のこと。日本付近は最も強風が吹きやすい場所で冬季に強まり，気圧帯に影響を与える。

04 梅雨は**小笠原**気団と**オホーツク海**気団の間に生じる前線の停滞で発生する。**揚子江**気団は春に中国大陸から春雨をもたらし，**シベリア**気団は冬にユーラシア大陸から日本列島へ**北西**の季節風を吹かせる。

05 瀬戸内海は北の**中国**山地，南の**四国**山地などに**季節風**がさえぎられるため降水量は少ない。日本で最も降水量が多いのは，夏の季節風が**紀伊**山地に吹きつける尾鷲など**紀伊半島**南東部沿岸である

06 正しい。リアス海岸の例としては**三陸**海岸や**志摩**半島，海岸段丘の例としては四国の**室戸**岬などがある。

07 正しい。日本は**新期**造山帯に属し山地が急峻で，降水量が**多い**ため河川は急流となり山地を深く削ったV字谷が多い。

地理

日本の自然

よく出る 01

日本では，高度経済成長期に都市人口が急激に増え，郊外では住宅地が無秩序に広がる<u>ドーナツ化現象</u>が起こり，都心部では地価高騰や環境悪化で定住人口が減る<u>スプロール現象</u>が見られた。　地方上級・平30改

02

1960年代の<u>高度経済成長期</u>には太平洋ベルト地帯が形成され，また全国総合開発計画が策定され，全国各地に地域開発の拠点として，新産業都市と工業整備特別地域が指定された。　地方上級・平15改

03

日本は<u>石油</u>の約90%を輸入している。　市役所・平5

04

日本は<u>食料品の輸入</u>のほとんどをアメリカ合衆国，EUに依存している。　市役所・平20

よく出る 05

総合食料自給率には熱量で換算する供給熱量（カロリー）ベースと金額で換算する生産額ベースとがあり，日本では供給熱量（カロリー）ベースのほうが生産額ベースよりも高い。　市役所・平28改

よく出る 06

農産物輸出が促進され，日本の農産物輸出は増加傾向にある。相手国は中国，台湾などで，東南アジアにも輸出されている。　地方上級・平29

07

日本の農業就業人口は，40歳未満の新規農業人口が大幅に増加したことから，増加に転じている。　地方上級・平29

01 ドーナツ化現象とスプロール現象の説明が逆である。**スプロール**とは秩序なく広がるという意味で，都市郊外の地価の安い場所に宅地や工場，農地が虫食い状態に広がる現象をいう。

02 正しい。関東地方から九州北部へと伸びる**太平洋ベルト**には臨海工業地域が重点的に整備され，1962年には新産業都市が全国15か所，工業整備特別地域が太平洋ベルトの6か所に指定された。

03 日本は毎年石油の99%以上を輸入している。主な輸入相手国は**サウジアラビア**や**アラブ首長国連邦**などである。

04 小麦，大豆，とうもろこしなどは**アメリカ合衆国**への依存度が高いが，野菜，魚介類などは**中国**やアジア諸国からの輸入が多い。

05 2018年，日本の総合食料自給率のうち**カロリー**ベースは37%と先進諸国では特に低かったが，生産額ベースは66%と大きな差があった。

06 正しい。日本の高級米や牛肉などが，経済成長を遂げ国民所得が増加した**中国**や**東南アジア**へ輸出されるようになった。

07 農業就業人口は2010年代においても**減少**を続け，2016年には200万人を割っている。65歳以上が3分の2以上を占めている（2018年）。

地理

日本の産業

08
☐☐☐

政府は，分離・錯綜した農地の集約化や耕作放棄地の改称を推進するために農地集積バンクを設立し，農業経営基盤の強化を目指している。　　　　　**市役所・平28**

09
☐☐☐

水産資源保護のため，捕るだけの漁業から作り育てる漁業への切り替えがはかられるようになった。

国家専門職・平9

10
☐☐☐

四方を海で囲まれた島国であるため，全国各地に大小さまざまな漁港が発達しているが，その中で最大の水揚げ高を誇るのは，大消費地東京を背後に控えた銚子である。　　　　　　　　　　　　**国家Ⅱ種・平7**

11
☐☐☐

第二次世界大戦後今日に至るまで，わが国は水産物の需要に支えられて，カタクチイワシの豊漁でペルーが漁獲量を伸ばした1960年代の一時期を除き，漁獲量は世界一である。　　　　　**国家専門職・平9改**

よく出る 12
☐☐☐

日本はかつて，北米や北欧から木材を輸入していたが，近年は，そのほとんどを東南アジアから輸入している。

地方上級・平21

08 正しい。**農地集積バンク**は農林水産省が2014年に
設立した法人である。農家人口の減少や**過疎**化など
により，農地が分散，錯綜したり，耕作放棄地が増
加したりしている。

09 正しい。人間が魚介類を育てて出荷する養殖業以外
にも，稚魚を育てて放流する栽培漁業も行われるよ
うになった。

10 正しい。2011年以降は，**利根**川の河口に位置し，太
平洋に面した千葉県の**銚子**が日本最大の水揚げ高
を記録している漁港である。

11 日本は水産物の消費が依然として多いが，**200海里**
水域の設定などにより漁獲量は**減少**し続けてきた。
日本は1980年代まで漁獲量は世界一であったが，
1990年代の途中からは**中国**にその座を譲っている。

12 日本は東南アジア以外にもカナダ，ロシア，アメリ
カ合衆国，オーストラリアなどからも大量の木材を
輸入している。

地 理

日本の産業

日本は東南アジア以外にもカナダ，ロシア，アメリ

地方上級や東京都では，主要国の発電電力量に関する問題の選
択肢に日本が含まれた出題が見られるよ。

コソヴォ問題	旧ユーゴスラヴィアのコソヴォ自治州で**セルビア**系住民とアルバニア系住民が衝突。NATOの軍事介入,国連やEUの調停により停戦。2008年議会が「コソヴォ共和国」の独立を宣言した。
北アイルランド紛争 (1969)	アイルランド独立の際,イギリスに残った北部6州の**カトリック**系アイルランド人がアイルランドとの統合を求める。テロ活動が続いていたが1998年,和平案に同意。
バスク民族主義運動	スペイン北部のバスク地方に住む**バスク**人が本国からの弾圧を受け,分離独立運動を起こす。武装集団によるテロが続いたが,1979年にバスク自治州となり,武装組織は2006年に停戦を宣言。
ルワンダ内戦(1990)	フツ人とツチ人の主導権争いから,政府側と反政府側のルワンダ愛国戦線の内戦に発展。フツ族による**ツチ**族の大量虐殺が起こる。
キプロス問題	**トルコ**系実効支配地域となっている北部が,北キプロスとして独立を宣言。現在は南部との再統一交渉が進められているが,合意には至らず。
パレスチナ問題 (1948)	ユダヤ人がパレスチナの地にユダヤ人国家**イスラエル**を建国。追放されたパレスチナ人およびイスラーム教徒(アラブ系住民)との対立が続く。
カシミール問題	1947年のインドと**パキスタン**の分離独立の際,カシミール藩王国領ではヒンドゥー教徒の藩王がインド帰属を決定し,イスラーム教徒が多くを占める住民たちが反発。領有をめぐって両国は対立,どちらも核保有宣言。
ウクライナのクリミア 危機(2014)	クリミア半島の帰属をめぐり,親西欧派の西部と親ロシア派の東部が対立。親西欧派が「クリミア自治共和国」の独立を宣言し,**ロシア**はこれを編入したが,国際的な承認を得られていない。
ケベック州独立問題	イギリス系国民が多数派のカナダにおいて,**フランス**系住民が約8割を占めるケベック州ではカナダからの分離・独立を求める動きがたびたび起きて,国民投票も行われているが否決されている。

思 想

上・中級公務員試験
**一問一答
スピード攻略**
人文科学

古代の思想

🔟 西洋の古代思想

▶**自然哲学**…紀元前6〜前4世紀頃。

□【タレス】…自然哲学の祖。「万物の根源は**水**」と説く。

□【ピュタゴラス】…魂の浄化のための音楽や「**数**」に注目。

□【ヘラクレイトス】…世界が常に流動することを説く。「**万物は流転する**」。

□【エンペドクレス】…多元主義。万物の根源は「**土・水・火・空気**」。

□【デモクリトス】…唯物論的考え。分割不可な「**原子（アトム）**」に注目。

▶**ソフィスト**…紀元前5世紀頃に活躍した弁論術（レトリケー）を教える職業教師。

□【プロタゴラス】…相対主義。「人間は**万物の尺度**である」。

▶**ソクラテスの思想**（紀元前470〜前399年）

□【魂（プシュケー）】…自分の魂が善くあるように配慮することを主張。

□【無知の知】…「汝自身を知れ」。自身の無知を自覚することを説く。

□【問答法】…助産術（産婆術）。問答を繰り返し、真の知への到達を助ける。

□主張…「大切なのは、ただ単に生きることではなく、**善く**生きること」。

▶**プラトンの思想**（紀元前427〜前347年）理想主義的。

□著作…『ソクラテスの弁明』・『国家』など。

□【イデア界】…理性で認識。完全で永遠不変な真の実在。

□【エロース】…イデアを求めようとする情熱のこと。魂の憧れ。

□【アナムネーシス（想起）】…現象界を見て、イデア界を思い起こすこと。

□【魂の三部分】…**理性・気概・欲望**。理性で気概と欲望の制御が必要。

□【四元徳】…知恵・勇気・節制。この3つが調和して**正義**が実現。

□【哲人政治】…善のイデアを有した哲学者が統治する理想国家の在り方。

□【アカデメイア】…政治家を育成するためにプラトンが創設した学校。

▶**アリストテレスの思想**（紀元前384〜前322年）師プラトンの思想を批判。現実主義的。

□著作…『**形而上学**』・『**ニコマコス倫理学**』など。

□【形相（エイドス）】…事物の本質。形相が質料を元に形を現す。**現実態**。

□【質料（ヒュレー）】…素材。形相を実現し、現実の個物になる。**可能態**。

□【観想（テオリア）】…真理を純粋に考察すること。

学習の
ポイント
古代思想の中でも，古代ギリシア・仏教・儒教思想は頻出分野です。思想家とその主張について，丸暗記ではなく，理解をして定着させるように心がけましょう。

□【知性的】徳と【倫理的】徳…幸福を実現するための徳。

□【友愛（フィリア）】…善き人の幸福を求める愛。

□【部分的正義】…**配分的正義**と**調整的正義**。

□【リュケイオン】…アリストテレスが創設した学園。マケドニアのアレクサンドロス大王の支援を受けた。

▶**ヘレニズム思想**…個人主義，世界市民という意識。紀元前4世紀後半。

□【ゼノン】…ストア派を創始して禁欲主義を唱えた。

□【エピクロス】…エピクロス派を創始。精神的な快楽主義。

▶**ユダヤ教とキリスト教**

	ユダヤ教	キリスト教
神の性格	**裁きの神，ヤハウェ**	**愛の神**
代表者	預言者**モーセ**	神の子**イエス**
神と人のつながり	**律法の遵守**	**信仰と愛**
律法の捉え方	**律法主義**	律法の内面化
救いのあり方	律法を守ること	**アガペーと隣人愛**
救いの対象	**選民思想**	全人類
宗教の性格	民族宗教	世界宗教

▶**キリスト教の重要人物**…初期は一番弟子ペテロやパウロによる布教。

□【**アウグスティヌス**】…4〜5世紀の教父。キリスト教の教義を確立した。著書は『**告白**』，『**神の国**』。

□【**トマス＝アクィナス**】…13世紀の学者。**スコラ哲学**を大成した。『**神学大全**』。

▶**イスラーム**

□イスラームの成立…7世紀に預言者**ムハンマド**が開く。唯一絶対の神**アッラー**の教えが記されている『**クルアーン（コーラン）**』を聖典とする。徹底した偶像崇拝の禁止。聖地はメッカで，カーバ神殿や岩のドームを礼拝する。**ラマダーン**（断食月）がある。

□【**スンナ派**】…ムハンマドの教えに従う人たち。イスラーム教徒の多数派。

□【**シーア派**】…ムハンマドの血統を継ぐ指導者に従う人たち。少数派だが，イランでは国教。

思想

古代の思想

▶仏教

□仏教の成立…紀元前５世紀頃，**インド**北部のブッダガヤの**菩提樹**の下で，**シャカ**(ブッダ)が悟り，その教えを説いた宗教。インドの**身分**制度を否定。苦しみにあふれた現世からの**解脱**をめざし，極端にはしらない**中道**をとることの大切さを述べた。

□【**大乗仏教**】…中国や朝鮮，**日本**に伝わった仏教。**菩薩**信仰。学者の**竜樹**(ナーガールジュナ)が理論化。

□【**上座部仏教**】…**スリランカ**やミャンマーに伝わった仏教。出家して厳しい修行を行う。

□【**チベット仏教(ラマ教)**】…チベットの民間信仰と仏教が融合した宗教。

▶ヒンドゥー教

□ヒンドゥー教の成立…**インド**の民間宗教で，５世紀までに成立。**カースト**制と結びついて，インド社会に大きな影響を与えている。

→□【**バラモン教**】…ヒンドゥー教の中核となる宗教で『**ヴェーダ**』を聖典とする多神教。

→□【**シーク教**】…16世紀に成立。ヒンドゥー教と**イスラーム**が融合した宗教。**カースト**制を否定。

□【**カースト制**】…**バラモン**・クシャトリヤ・ヴァイシャ・シュードラの４区分。1949年に憲法で身分差別は禁止された。

2 東洋の古代思想

▶**諸子百家**…中国の**春秋**時代(紀元前770年)末期から**秦**の中国統一(紀元前221年)までの約550年間の間に活躍した思想家や学者のこと。

▶儒家

□【**孔子**】…紀元前５世紀頃の思想家で**儒家**の祖。人が自然と人を愛する心をすべての人におし広めたものを**仁**といい，**仁**にもとづく**徳治**主義を説いた。『**論語**』は，孔子と弟子の言行録で，孔子の死後に編纂された。

□【**孟子**】…紀元前３世紀頃の思想家。人間の本質を善とする**性善**説を唱えた。**四徳**(仁・義・礼・智)を重んじた。四徳を備えた君主による仁義にもとづく政治(**王道**政治)を説き，徳を失った君主は天命によって追放される(**易姓革命**)とした。

□【**荀子**】…紀元前３世紀頃の思想家。人間の本質を悪とする**性悪**説を唱えた。礼を重視する**礼治**主義。

▶老荘思想

□【老子】…紀元前5世紀頃の思想家。**道家**の祖。儒家の道徳は人為的であると否定した。水のように恵みをもたらし(上善如水)，争わず(柔弱謙下)，自然に従って生きる**無為自然**を説いた。宇宙の根源は「**道**」。

□【荘子】…紀元前4世紀頃の思想家。儒家の思想を否定し，老子の思想を受けついで発展させた。

▶その他の諸子百家

□【法家】…**法**にもとづく信賞必罰を用いた統治を主張した。**商鞅**は秦王に仕えて改革を行い，秦を強国化して中国統一に貢献した。法家思想は**韓非**が大成。

□【墨家】…墨子は，無差別で平等な愛(**兼愛**)を説き，孔子の「仁」は肉親への愛を重んじるものとして差別的であるとした。侵略行為を否定(**非攻**)した。

□【兵家】…**孫子**が合理的な兵法を著した。武田信玄の旗印「風林火山」は『孫子』の言葉からきている。

□【農家】…すべての人が農業をする平等な社会を説いた。

□【縦横家】…外交戦術を説いた。強国の秦に対して，秦以外の国が同盟する合従策を説く**蘇秦**と個別に同盟する連衡策を説く**張儀**が対立した。

□【陰陽家】…代表は鄒衍。陰と陽，五行に注目した。**陰陽五行説**。

▶その後の儒教…朱子学や陽明学へと発展。

□【朱熹】…12世紀頃，**宋**の時代の儒学者。新しい儒教(朱子学)を創始。**理気二元論**を説き，日本の**江戸**幕府も官学とした。朱子学の学問方法(**格物致知**)，人間の本性も理(**性即理**)など。

□【王陽明】…15世紀頃，**明**の時代の儒学者。実践的な儒学(**陽明学**)を創始。理はすべて自分の心の中にある(**心即理**)，知ることと行うことは同じ(**知行合一**)など。

令和元年度の国家一般職で，中国の思想家に関する出題がありました。これまでを含めると，老子，孟子，荀子が比較的多くの選択肢に登場しています。

01

ピタゴラスを創始者とする<u>ストア派</u>は，自然全体は欲望の支配する世界であり，人間はその一部として自然によって欲望の情念（パトス）が与えられていると考えた。

国家一般職・平30

02

<u>プロタゴラス</u>は，自然の秩序の根拠を自然そのもののうちに求め，「水」を万物の根源（アルケー）と考えて，「水」によって宇宙の成り立ちとその諸現象を説明しようとした。

国家専門職・平22

03

<u>ソクラテス</u>は，肉体・財産・地位など自分の付属物で，真の自分は魂（プシュケー）であると主張し，人間が善や正を知れば，徳（アレテー）が実現すると説いた。

国家一般職・平30

04

<u>プラトン</u>は，物事の本質となる普遍的なものを知ることが徳であると考え，その普遍的なものを<u>イデア</u>と呼びそれは理性ではなく，感覚によって捉えられると主張した。

国家一般職・平30

05

<u>アリストテレス</u>は，優れた理性で捉えられる事物が実在であり，本質は個々の事物から独立して存在すると主張し，その本質を認識した者による<u>哲人政治</u>を理想とした。

国家一般職・平30

06

<u>仏教の世界観</u>は直線的世界観と呼ばれているが，これは世界が終末に向かって一直線に進んでいると考えるものであり，対極として永遠に続く円環的な世界観が存在する。

地方上級・平10

01　ストア派の先駆者は，**ゼノン**。「自然にしたがって生きる」を信条に，**禁欲主義**を説いた。**ピタゴラス**は，前6世紀の哲学者であり，万物の根源を「**数**」とみなした。「ピタゴラスの定理」でも有名。

02　「水」を万物の根源と考えたのは，プロタゴラスではなく**タレス**。プロタゴラスは「**人間は万物の尺度**」であると説き，普遍的で絶対的な真理は存在しないとした。

03　正しい。ソクラテスは晩年に「ただ生きるということではなく，善く生きるということ」を述べ，人間の本質としての**魂**を善くすることについて説明した。また，**問答法**を用い，「**無知の知**」の自覚を促した。

04　プラトンの**イデア論**では，**理性**によって物事の本質を捉えることができると主張した。彼は，知性によって捉えられる完全で理想的な**イデア界**の存在を設定し，そのイデアを追慕する姿勢を**エロース**といった。

05　アリストテレスは，感覚で捉えられる個々の事物こそが**実在**であり，本質は個々の事物に**内在**すると主張した。なお，哲人政治は**プラトン**による思想で，善のイデアを認識する哲学者による国家建設を説いた。

06　仏教の世界観は**輪廻**に代表される円環的世界観である。仏教では「**諸行無常**」「**諸法無我**」という，すべてのものが常に変化するという法則を説いた。なお，直線的世界観は，主に**キリスト教**の世界観である。

01

儒教の開祖である**孔子**は，人を愛する心である仁の徳が，態度や行動となって表れたものを礼と呼び，礼によって社会の秩序を維持する**礼治主義**を理想とした。

国家一般職・令1

02

墨子は道徳によって民衆を治めることを理想とする儒教を批判し，法律や刑罰によって民衆を厳しく取り締まる**法治主義**を主張した。 国家一般職・令1

03

墨子は，利他心の欠如が社会の混乱の原因であるとし，自他を区別しない**兼愛**のもとに人々が互いに利益をもたらし合う博愛平等の社会を目指し，非戦論を説いた。 国家一般職・平19

 04

老子は，人間の考え出した道徳を必要としない，自然のままの世界を理想とし，人間の理想的なあり方は作為を労しないで一切を自然のなりゆきにまかせることとした。 国家一般職・平19

 05

孟子は**性善説**の立場で，生まれつき人に備わっている仁・義・礼・智の四徳を説いた。また，力で民衆を支配する覇道を否定し，仁義の徳による**王道政治**を主張した。 国家一般職・令1

 06

荘子は，水のようにどんな状況にも柔軟に対応し，常に控えめで人と争わない柔弱謙下の態度を保つことが，社会の平和につながると主張した。

国家一般職・令1

01 孔子が主張したのは，**徳治主義**である。この思想は，為政者自らが道徳修養を積んで徳を身につけ，それを周囲に及ぼして人民を道徳的に感化・統治するという思想であり，**法治主義**を批判した。

02 法治主義を主張したのは**韓非**に代表される**法家**の思想家である。墨子は，儒教が重んじる家族などの親愛の情を，偏った別愛と批判し，すべての人が分け隔てなく愛しあえる普遍的な**兼愛**を説いた。

03 正しい。戦国時代の思想家である墨子は，差別のない**兼愛**と，民衆を苦しめ富を浪費する戦争を否定する**非攻論**を説いた。これは戦国時代の中にあって大国の攻撃から小国を守るための思想でもあった。

04 正しい。春秋時代末期の思想家である**老子**は，荘子とともに，人間が作り上げた人為的な道を否定し，自然と一体となる生き方を説いた（**老荘思想**）。この思想は，中国の他思想と合流し**道教**へとつながった。

05 正しい。孟子は**儒家**の思想を受け継ぎ，人は誰でも生まれつき善へと向かう素質を備えていると考える**性善説**を説いた。また王道政治に基づき，横暴な王を打倒する**易姓革命**の思想を説いた。

06 柔弱謙下の態度を説いたのは**老子**である。彼は**無為自然**をうたい，小規模な自給自足の農村を理想とした（**小国寡民**）。荘子は，人為的な価値差別的な世界から離れた自然界での生活を説いた（**万物斉同**）。

思想

東洋の古代思想

07 荀子は，人間の生まれ持った善い性質を善いものへと変えていくために，教育・礼儀・習慣などの人為的な努力が必要であるとし，そのような努力を大丈夫と呼んだ。
国家一般職・平27

08 荀子は，人間は本来私利をむさぼり，他人を憎む性質をもつものであるから，自然のままにしておくと欲を追い求め，たがいに争うことになると考えた。
国家一般職・平19

09 韓非子は，刑罰を伴い強制力を伴う法律による統治が社会の安定になると主張し，家族の道徳が即社会に妥当するとは限らず，国家の法律は道徳の上に立つと説いた。
国家一般職・平19

10 朱子は，人に元来備わった善悪判断力である良知を働かせれば，誰でも善い生き方ができるとし，道徳学習が日々の実践と一体となっているという知行合一を主張した。
国家一般職・令1

11 朱子は，天地万物に内在する宇宙の原理(理)と万物の元素である運動物質(気)によって世界の構造を捉え，理と一体化した理想の人格のことを君子と呼んだ。
国家一般職・平27

12 王陽明は，人間の心が即理であるとし，心の奥底に生まれながらに備わる良知のままに生きることを目指し，知と実践の一致を説く考えである知行合一の立場をとった。
国家一般職・平27

07 荀子の思想は**性悪説**を出発点とするので誤り。人間の本性は本来悪であるとし，それを矯正する手段としての教育や礼儀などの必要性を説いた。また「大丈夫」は**孟子**が理想視した人間像である。

08 正しい。**性悪説**の内容である。このような人間の本性を，社会生活を規制する**礼**を用いて収めようとしたのが，**礼治主義**である。**法**は刑罰による強制力を伴うが，**礼**は教育による人間本性の矯正である。

09 正しい。戦国時代末期の思想家である韓非子（韓非）は，法を重視する**法治主義**の立場に立った。孔子は，法治主義だと人民がうまく刑罰を逃れて恥知らずになるだけであると主張し，**徳治主義**を主張した。

10 宋の時代の学者である朱子（朱熹）は，すべてのものは理と気から成るとする**理気二元論**を説いた。致良知と**知行合一**を説いたのは，明の時代の思想家で，陽明学を興した**王陽明**である。

11 正しい。朱子の考えでは，理気二元論の他に，理を学んで明らかにすること（**窮理**）と，感情や欲望などの気の要素を慎むこと（**居敬・持敬**）が道徳の基本になるという**居敬窮理**を説いた。

12 正しい。陽明学は実践をうたう。すべての人の内面に働く心の道徳的な判断能力（**良知良能**）を重んじ，良知による善い生き方の実践（**致良知**）と日常生活における道徳実践（**知行合一**）を説いた。

3　西洋の思想（近代・現代）

《ルネサンス・宗教改革・モラリストの思想家》

▶**ルネサンス**…ギリシア・ローマの古典文化にならった人文主義。

	人名	著作・作品・内容など
文学	**ダンテ**	『**神曲**』…トスカナ語で記される
美術	**レオナルド＝ダ＝ヴィンチ**	「**モナ・リザ**」「**最後の晩餐**」
彫刻	**ミケランジェロ**	「**ダヴィデ像**」「**最後の審判**」
	ラファエロ	「**聖母子像**」
思想	**ピコ＝デラ＝ミランドラ**	『**人間の尊厳について**』…自由意志
	エラスムス	『**愚神礼賛**』…カトリック教会批判
政治	**マキャヴェリ**	『**君主論**』…権謀術数

▶**宗教改革**…16世紀に始まった人と神の関係についての再考。

人名	**ルター**	**カルヴァン**
著作	『**キリスト者の自由**』	『**キリスト教綱要**』
思想	①**信仰義認説**：「**信仰**」のみ	①**予定説**：救われるかどうかは神により予め定まっている
	②**万人司祭説**：聖職者権威否定	
	③**聖書中心主義**：聖書の独語訳	②**職業召命観**…職業励行は神の栄光の実現。**蓄財**容認
	④**職業召命観**：職業＝使命	

▶**モラリスト**…ありのままの人間を見つめ，人間の生き方を模索。

人名	**モンテーニュ**（1533〜92年）	**パスカル**（1623〜62年）
著作	『**エセー（随想録）**』	『**パンセ**』
思想	①「**ク・セ・ジュ**」＝「私は何を知るか？」：真理への謙虚さ	①**中間者**：人は偉大と悲惨の間
	②謙虚で内省的な心を説く	②「**人間は考える葦である**」＝「人間の尊厳は思惟にある」

《経験論と合理論》

▶**ベーコン**（著書：『**ノヴム・オルガヌム**』）とイギリス経験論

□【**帰納法**】…観察や実験で集めた経験的事実から，一般的な法則を求める。

□【**知は力なり**】…知識は目的ではなく，生活向上のための手段と捉える。

□【**四つのイドラ**】…イドラ＝「**偏見**」。「**種族**」「**洞窟**」「**市場**」「**劇場**」。

ドイツ観念論・実存主義は抽象度が高いですが，よく問われる分野でもあります。特にヘーゲルはよく選択肢に登場するので注意しましょう。

>>

▶デカルト（著書：『方法叙説』）と大陸合理論

□【**演繹法**】…絶対確実な原理から出発し，推論から個々の事実を導き出す。

□【**方法的懐疑**】…疑っている「私」は真理。「**われ思う，ゆえにわれあり**」。

□【**物心二元論**】…精神を**思惟**，物質を**延長**という別々の実体として捉える。

《社会契約説》

▶社会契約説の前提

□【**自然法**】…人間の**本性**（**自然**）に基づく普遍的な法。社会契約説の支柱。

□【**自然権**】…自然法に基づき，すべての人間が生まれながら保持した権利。

▶社会契約説…「自由で平等な個人が契約を結び社会を形成する」と考える。

人名	ホッブズ	ロック	ルソー
著書	『リヴァイアサン』	『市民政府二論』	『社会契約論』
本性	自己保存・利己的	理性	自己愛・思いやり
自然状態	「万人の万人に対する戦い」	不安定な自由・平等・平和な状態	私有の観念→不平等「自然に帰れ」
社会契約	自然権を個人または合議体に譲渡	合議体に自然権→人民は革命権保有	全人民が同意する一般意思に従う
国家	絶対王政	立憲君主制	直接民主制

▶フランス啓蒙思想…理性を重視。とくにフランスの旧制度を批判する。

□【**モンテスキュー**】…『**法の精神**』。三権分立（司法・立法・行政）主張。

□【**ヴォルテール**】…『**哲学書簡**』。イギリスのロックなどの思想を紹介。

□【**ディドロとダランベール**】…『**百科全書**』。百科全書派の中心人物。

《ドイツ観念論》

▶カント（著書：『純粋理性批判』『実践理性批判』『判断力批判』）思想

□【**コペルニクス的転回**】…「**認識**が対象に従うのでなく**対象**が認識に従う」

□【**批判哲学**】…人間の認識の仕方を解明しようと，理性と経験の両方をあわせて人間の認識が及ぶ範囲を明らかにしようとした。

□【**人格主義**】…道徳の主体としての人間の尊厳を重視する姿勢。

▶ヘーゲル（著書：『法の哲学』『精神現象学』）思想

□【**弁証法**】…すべての事物や事象を支える存在と運動の原理。**正→反→合**。

□【**止揚（アウフヘーベン）**】…弁証法において矛盾が総合に向かうこと。

思想

西洋の思想（近代・現代）

□【絶対精神】…自由を本質とする理性的な精神。世界の本質と考える。

□【世界精神】…絶対精神が世界史の中で形をとってあらわれたもの。

□【人倫】…弁証法的に，家族→市民社会→国家。国家は人倫の最高形態。

《功利主義とプラグマティズム》

▶功利主義…善悪の基準を幸福を生み出すのに役立つかの功利性に求める。

□【アダム＝スミス】…功利主義の先駆者。著書は『諸国民の富』。

□【自由放任主義】…個の利益追求は**神の見えざる手**により幸福を導き出す。

□【共感】…スミスは，道徳の基準を「**公平な観察者**」の共感とした。

▶ベンサム（著書：『**道徳および立法の諸原理序説**』）**の思想**…功利主義確立。

□【量的功利主義】…すべての快楽は同質であり，**快楽計算**が可能とした。

□【「**最大多数の最大幸福**」】…人間は快楽を求め，苦痛を避ける存在。

□【外的制裁】…「**物理的制裁**」「**法律的制裁**」「**道徳的制裁**」「**宗教的**制裁」。

▶ **J. S. ミル**（著書：『**功利主義**』『**自由論**』）**の思想**…功利主義を修正。

□【質的功利主義】…肉体的快楽よりも精神的快楽を優位とみなす。→「満足
　した豚であるよりも，不満足な人間である方がよい」。

□【利他主義】…私益よりも**公益**を重視し，イエスの**黄金律**を理想とした。→
　「**おのれ**の欲するところを**人**に施し，**おのれ**のごとく**隣人**を愛せよ」。

□【良心】…ミルにとっての内的制裁。ベンサムの外的制裁とは異なる。

□【他者危害の原則】…他者に迷惑をかけない限り，個人の自由を尊重。

▶ **プラグマティズム**…生活に役立つかどうかで真理を判断する考え方。

□【パース】…概念の意味は行動を通して明らかになるとした，創始者。

□【ジェームズ】…真理は実生活において有用かどうかで決定される。

□【デューイ】…知性は人間の行動に役立つ道具である（＝**道具主義**）。

《実存主義》

▶**キルケゴール**（著書：『**死にいたる病**』）**の思想**

□【主体的真理】…自分にとって真理であるような真理を求める考え。

□【実存の三段階】…「**美的実存**」→「**倫理的実存**」→「**宗教的**実存」。

▶**ニーチェ**（著書：『**ツァラトゥストラはこう語った**』）**の思想**

□【「**神は死んだ**」】…キリスト教は強者への**ルサンチマン**（**怨恨**）と批判する。

□【ニヒリズム】…生存の意義や目的を喪失した虚無主義のこと。

□【運命愛】…無意味に繰り返す生を受け入れること。**永劫回帰**。

□【超人】…力への意思を持った人間。**運命愛**を積極的に受け止める人間。

▶**ヤスパース**（著書：『**理性と実存**』）**の思想**

□【限界状況】…死・苦悩・争いなど人間の力で乗り越えられない状況。

□【超越者（包括者）】…世界のすべての現象を包み込む永遠の絶対者。

□【**実存的交わり**】…互いにすべてをさらけ出し信頼しつつ妥協しないこと。

▶ハイデッガー(著書:『**存在と時間**』)の思想

□【**現存在(ダーザイン)**】…存在の意味を問う存在としての人間のこと。

□【**ダス・マン**】…存在忘却と故郷の喪失に陥っている状態。

□【**「死への存在」**】…人間は自己の死を自覚するとき,本来的自己を獲得。

▶サルトル(著書:『**存在と無**』)の思想

□【**「実存は本質に先立つ」**】…人間は自らを未来に投げかける**投企的**存在。

□【**「人間は自由の刑に処せられている」**】…人間は一切の行為に責任を負う。

□【**アンガージュマン**】…社会参加し,全人類に責任を負う。

《社会主義》

▶**空想的社会主義**…人道主義的な立場から資本主義を批判。

□【**オーウェン**】…**環境性格形成論**, **ニューハーモニー村**建設試行(失敗)。

▶**科学的社会主義**…空想的社会主義批判。革命による社会主義到来を予言。

□【**マルクス**】…『**資本論**』。「**労働の疎外**」と**唯物史観**を提唱。

《現代思想》

▶フランクフルト学派…ナチズムの研究から,現代社会への批判理論構築。

□【**ホルクハイマーとアドルノ**】…科学や技術の道具である道具的理性批判。

□【**ハーバーマス**】…コミュニケーション的合理性提唱。対話的理性を主張。

□【**フロム**】…フロイトの精神分析を社会心理に応用した。

▶構造主義…諸現象を,それを構成する構造(システム)の解明から理解する。

□【**レヴィ=ストロース**】…近代西洋の理性中心を批判。「**野生の思考**」。

□【**フーコー**】…権力と結びついた知や「**理性**」が「**狂気**」を生むとする。

□【**レヴィナス**】…「**顔**」として迫る他者と関わることで自己が成り立つ。

▶その他の現代思想

□【**フロイト**】…精神分析学を創始。無意識が人間の行動に影響を与える。

□【**ロールズ**】…アメリカの哲学者。公正としての正義を唱える。『正義論』。

□【**セン**】…経済学者。福祉は健康や潜在能力も考慮するべきと唱えた。

□【**アレント**】…ユダヤ人の政治哲学者で,ヨーロッパの全体主義を分析した。

01 ベーコンは，「知は力なり」と唱え，どこまでも経験に基づいて考察することが必要であると考え，真理を探究する学問的方法として演繹法を提唱した。

地方上級・平29

02 ホッブズは，自然状態は平等な各人が自己保存の本能に従って自然権を追求する闘争状態とし，人は理性に基づく自然法に従って社会契約を結ぶ必要があると主張した。

国家一般職・平20

 03 ロックは，自然状態は自由で平等な理想的状態だが，不平等を除去するために，自らの権利を人民の意思としての一般意思に基づく共和国に移譲する必要があるとした。

国家一般職・平20

 04 ルソーは，自然状態は平和な状態だが，戦争状態に移行する危険性から，社会契約による政治社会形成の必要性を説いた。また，不適切な権力への抵抗権を訴えた。

国家一般職・平20

05 デカルトは，無限個数あるモナド（単子）の集合したものが実体であるとし，モナドは非空間的な延長のない精神的なものであるとした。

地方上級・平8

06 モンテーニュはフランスのモラリストであり「私は何を知っているか」をモットーにし，彼の著作『エセー（随想録）』は懐疑主義の態度を貫いている。

地方上級・平18

01　経験論の先駆者であるベーコンが確立したのは，帰納法である。帰納法は，個々の経験的事実からそれらに共通する一般的法則を求める方法であり，演繹法とは対をなしている。

02　正しい。イギリスの哲学者ホッブズは，主著『リヴァイアサン』の中で，自然状態は闘争状態であると定義し，「万人の万人に対する戦い」と表現し，国家に権力を移譲することの正当性を説いた。

03　ルソーによる社会契約説である。フランスの啓蒙思想家であるルソーは，公共の利益となる普遍的な一般意志の下に社会契約を結ぶことによって，市民的な自由が享受できるとした。

04　ロックによる社会契約説である。イギリス経験論の哲学者ロックは，政府に移譲された権力を政府が濫用した場合において，抵抗権（革命権）があることを説き，アメリカ独立革命に影響を与えた。

05　モナド（単子）について述べたのはライプニッツである。ライプニッツは『単子論』を著し，宇宙を表象する働きを持つ単子について述べた。デカルトは『方法序説』であらゆるものを疑う方法的懐疑を提示した。

06　正しい。モンテーニュは人間の傲慢さが戦争を引き起こすと考え，『エセー（随想録）』の中では，「私は何を知るか？」と自問し，懐疑主義の態度を打ち出し，人の謙虚さ・寛容さに重きを置いた。

思想

西洋の思想（近代・現代）

07

パスカルは『パンセ』を著し，人間は考える葦であり，われわれの尊厳のすべては，考えることの中にあると述べ，信仰をすて理性を重視することを説いた。

地方上級・平18

08

カントはイギリス経験論と大陸合理論を総合する批判哲学を樹立した。また，道徳の内容以前にその形式を問題にし，その根本原理を定言命法にまとめた。

国家一般職・平21

09

カントは理性によって自律的に生きる人間を人格とよび，すべての人間は人格として等しく尊厳をもつとした。

地方上級・平20

10

シェリングは，世界を絶対者(絶対的精神)の自己展開の過程として捉え，弁証法を提唱した。そして，客観的な法と主観的な道徳を統一したものとして人倫を説いた。

国家一般職・平21

よく出る 11

ヘーゲルは，社会における法と，個人における道徳を統合したものを人倫と呼んだ。人倫は，家族，市民社会，国家という3段階の形を経て発展すると考えた。

国家専門職・平30

12

ヘーゲルは，人間は誰でも自由と平等を志向する共通の意志をもっており，これを体現するものが一般意志であると考えた。人々は一般意志に従って自らの自由と権利を国家に委ねるとした。

国家専門職・平28

13

ベンサムは，善悪の基準を行為の功利性におき，最も多くの人々に最も大きな幸福をもたらす行為が最善の行為であると考え，「最大多数の最大幸福」の実現を説いた。

国家一般職・平25

07 パスカルは『パンセ』の中で，人間を「中間者」として考察し，人間は**考える精神**を持つところに偉大さがあるとした。また，自らを犠牲にした**イエス**にならい，愛の秩序に生きることに心の安らぎを求めた。

08 正しい。カントは，感覚による**経験**という素材に，**理性**による思考が論理的な枠組みをあてはめることによって対象が構成されると考えて，**イギリス経験論**と**大陸合理論**を総合した。

09 正しい。カントは**自律**にこそ人間の真の自由があると説き，その主体を人格とした。また自らの個人的な行動のルール（**格率**）がすべての人に当てはまる普遍的なルール（**法則**）になることを説いた。

10 弁証法を提唱したのは**ヘーゲル**である。ヘーゲルは，歴史や国家を人類精神のあらわれとして考察する**ドイツ観念論**を完成させ，ものごとの生成と発展の論理である**弁証法**を提唱した。

11 正しい。ヘーゲルは，自然な愛情で結ばれた**家族**と，独立した人間が集まる**市民社会**の両方を弁証法的に総合（**止揚**）したものが国家であるとした。

12 社会契約によって**一般意志**を形成することを述べたのは**ルソー**である。ヘーゲルは，個人が国家を形成するのではないとして社会契約説を批判した。

13 正しい。イギリスの法律学者である**ベンサム**は，人間は**快楽**を求め苦痛を避ける傾向があり，人間の行為のうち快楽をもたらし幸福を増すものが善であり，功利性を持つと考えた。

14 ベンサムは物理的・政治的・道徳的・宗教的制裁という４つの制裁をあげ，とくに政治的制裁を活用して，公共の利益の増進と利他主義の実現を図ろうとした。

地方上級・平14

15 ミルは，快楽に質的な差を認め，高級な精神的快楽を重んじた。「満足した愚者であるよりも不満足なソクラテスであるほうがよい」という言葉がそれを表す。

国家一般職・平8

16 キルケゴールは，美的実存・倫理的実存・宗教的実存の３段階を説き，人間が大衆の一員として神の前にたったとき，真の実在に目覚めると主張した。

地方上級・平15

17 ニーチェは「神は死んだ」という言葉によって，人間性喪失の状況が拡大していく19世紀末において，人々は信仰心すら忘れてしまったことを批判している。

国家一般職・平6

18 ヤスパースは，個性を損失した現代人が，実存に目覚めるためには，自らの力では乗り越えられない限界状況から目をそらし，超越者に気づくべきだとした。

地方上級・平15

19 ハイデッガーは，人間は人格という抽象的な存在であり，死を避けることはできないが，死を自覚しないことによって，本来的自己存在が回復されるとした。

地方上級・平15

20 サルトルは，実存としての人間は何ものとも決められないままこの世に存在し，のちに自らを自由につくりあげていく存在として，「実在は本質に先立つ」と表現した。

国家一般職・平24

14 ベンサムは，人間を道徳的にするため**外部的制裁**が必要と主張しており，公共の利益や利他主義という観点で個人を快楽や苦痛で操作しようとする発想を抱えてはいない。

15 正しい。ミルは**ベンサム**の功利主義を受け継ぎ，快楽の**質**の高さを重んじた。ミルは他人を思いやり，社会に貢献することで得られる幸福感が質の高い精神的快楽であると考え，人の良心を主張した。

16 **実存主義**の先駆者とされるキルケゴールは，「**質的弁証法**」において３段階の実存を主張しているが，真の実在は人間が単独者として神の前に立つ**宗教的**実存の段階にあるとした。

17 ニーチェは，主著の『**ツァラトゥストラはこう語った**』において，キリスト教的市民道徳に浸りきった当時の西欧世界の現状を批判し「**神は死んだ**」と述べており，信仰心の忘却を批判してはいない。

18 ドイツの哲学者であるヤスパースは，人間が限界状況と誠実に向かい合うことで，自らの有限性を自覚した上で**超越者**に向かっていくことを主張している。

19 ドイツの哲学者であるハイデッガーは，「**現存在**」と名付けた人間の存在を分析し，**死**から目をそらさずに絶えず**死**の自覚を持って生きることが真の実存への道であると主張した。

20 正しい。サルトルは**実存主義**の哲学者である。人間は自分のあり方を自由に選び，自分を作っていく存在であることを「**実存は本質に先立つ**」と表現した。

21 □□□ サルトルは，人間は宗教を含む一切から束縛を受けない自由な存在であり，自己を厳しく律する必要性から，政治や社会活動に参加することには慎重であるべきとした。
国家一般職・平9

22 □□□ サルトルは，人間は自分の生き方を選ぶことはできず，社会によって自己のあり方を定義される。このことを「人間は自由の刑に処せられている」と表現した。
地方上級・平15

23 □□□ フーコーは，知性を行動によって環境との関係を調整しながら生きる人間の，環境への適応を可能にする道具と捉える道具主義を説き，プラグマティズムを大成した。
国家一般職・平25

24 □□□ フーコーは，狂気・病気・刑罰・性など，西洋文化の深層を分析することによって，西洋近代社会の成立過程における知の構造や権力関係について，批判的に探究した。
国家一般職・平17

25 □□□ フロイトは，人間の基本的欲求が5つの階層をなしていると説き，低い次元の欲求がある程度満たされて初めて，より高次な欲求が現れるとした。
国家一般職・平13

26 □□□ フロイトは，人間の心が自我と超自我とイドの三層構造になっているとした。中でもイドは性欲情動（リビドー）に富み，本能のまま自由に行動するとした。
国家一般職・平13

27 □□□ ロールズは，社会全体の効用の最大化を目指す功利主義を主張し，無知のベールがかけられた原初状態においては献身の行為を追求すべきだという正義の原理を説いた。
国家一般職・平29

21 サルトルは人間を，自分自身に対して責任があるだけでなく，**全人類**に対しても責任があるという立場をとった。「**アンガージュマン**」という社会参加を重視した言葉は，その表れである。

22 「人間は社会によって自己のあり方を定義される」は**ルソー**などの主張である。サルトルは，人間が自らのあり方を選ぶことによって自分が何であるかを選ぶことができると主張している。

23 フランスの哲学者フーコーは，ヨーロッパ近代の**人間中心**主義や**合理**主義を批判し，近代社会における**知性**が権力に支配されていることを暴き出した。**道具主義**はデューイの思想である。

24 正しい。フーコーは，諸学に共通している，特定の時代に固有のものの考え方を掘り出す「**知の考古学**」を主張した**実存**主義の思想家である。主著の『狂気の歴史』や『監獄の誕生』は有名。

25 フロイトではなく，アメリカの心理学者**マズロー**は，人間の欲求が呼吸や食欲などの**生理的**欲求から，集団による承認の**社会的**欲求などがあるとし，その頂点に**自己実現**の欲求を位置づけた。

26 正しい。フロイトは，人間のパーソナリティーを**イド・自我・超自我**という3つの部分の力動的な相互関係で捉え，超自我は**エディプス・コンプレックス**の発達とその抑圧との葛藤で生じるとした。

27 アメリカの政治学者ロールズは，**功利主義**を批判しており，自由競争がもたらす不平等を是正する公正としての**正義**を説き，すべての人に平等に機会が与えられる公正な**機会均等**の原理を提唱した。

日本の思想

4 日本の思想

《平安仏教と鎌倉仏教》

▶**平安仏教**…世俗からの離脱。山岳仏教や貴族仏教などともいわれる。

□【**最澄**】…**天台宗**を開く。生命あるものすべて仏とする**一乗思想**。

□【**空海**】…**真言宗**を開く。**三密**の行→**即身成仏**→**大日如来**との一体化へ。

□【**末法思想・浄土思想**】…**阿弥陀仏信仰**を重視。**源信**や**空也**など。

▶**鎌倉仏教**…一行(一つの修行)と易行(誰でも実践可能)が特徴

創始者	宗派	総本山	思想	著作・その他
法然	浄土宗	知恩院	専修念仏	他力易行, 南無阿弥陀仏
親鸞	浄土真宗	西本願寺・東本願寺	悪人正機	絶対他力
一遍	時宗	遊行寺	踊念仏	
栄西	臨済宗	なし	座禅	鹿苑寺の庭園や水墨画に影響
道元	曹洞宗	永平寺・總持寺	只管打坐	
日蓮	日蓮宗	久遠寺	法華経を重視	『立正安国論』, 南無阿弥陀仏

《江戸時代の思想》

▶**朱子学**…江戸時代の幕藩体制を支える精神的支柱として採用される。

□【**林羅山**】…幕府に仕え, 幕藩体制の理論を提供。幕府の公式学問になる。

▶**陽明学**…江戸時代には朱子学以外に, 行動を重視する陽明学も尊ばれた。

□【**中江藤樹**】…日本陽明学の祖。心の内面と実践を重視。「**近江聖人**」。孝を重視し, **時・処・位**に応じた**愛敬**を主張。

▶**古学**…儒教の根本精神に立ち返るため, 原典の実証的研究を主張する。

□【**山鹿素行**】…孔子・孟子らを重視。道徳的指導者としての武士(=**士道**)。

□【**伊藤仁斎**】…実証的に原典を精読する**古義学**を確立。「**仁愛**」「**誠**」など。

□【**荻生徂徠**】…当時の言語に基づく**古文辞学**。「**先王の道**」「**経世済民**」。

▶**国学**…日本固有の思想と生き方を展開。古文辞学の影響を受ける。

□【**賀茂真淵**】…**古道**(古代精神)と『**万葉集**』研究。「**高く直き心**」重視。

□【**本居宣長**】…『源氏物語』に日本文芸の本質(もののあはれ)を見いだす。

▶**神道**…日本固有の宗教で仏教や儒教の影響を受けながら体系化。多神教。

□【**山崎闇斎**】…神道と儒教をあわせた垂加神道を創始した。

□【**平田篤胤**】…**復古神道**を提唱。幕末の尊王攘夷運動に影響を与える。

学習の
ポイント
江戸時代以降の思想は、西洋の脅威に直面した日本がどのような道筋をたどるべきかの思索としての一面もあります。歴史分野の理解と関連させて理解しましょう。

▶**庶民の思想**…江戸時代には国学以外にも，農民や町人の思想などが展開。

□【石田梅岩】…独自の**心学**を提唱。町人倫理として**正直**と**倹約**を重視。

□【二宮尊徳】…農業は**天道**・**人道**から成り，実践に**分度**・**推譲**を主張。

□【安藤昌益】…すべての人が農業に従事する**万人直耕**の**自然世**を理想視。

▶**蘭学（洋学）・幕末の思想**

□【杉田玄白】…**前野良沢**と西洋医学研究書『解体新書』を著す。

□【佐久間象山】…伝統的精神に西洋技術導入主張。「**東洋道徳・西洋芸術**」。

□【吉田松陰】…**松下村塾**で教え「**一君万民論**」を唱える。**尊王攘夷運動**へ。

《日本近現代の思想》

▶**西洋思想の受容と啓蒙思想**

□【森有礼】…**男女対等の倫理**の確立。**一夫多妻制**を批判。**明六社**結成主張。

□【福沢諭吉】…封建的身分秩序批判。人間は生まれながらに平等の権利を持つことを主張。とくに**実学**を重視（独立自尊の精神）。著『**文明論之概略**』『**学問のすすめ**』。

□【中江兆民】…**自由民権運動**の理論的指導者。「**東洋のルソー**」とも。

□【内村鑑三】…聖書に向き合う**無教会主義**。「**二つのJ（イエス・日本）**」。

□【徳富蘇峰】…下からの近代化を説く平民主義から国家主義へと転向。

□【北村透谷】…「**実世界**」（現実社会や人間）と「**想世界**」（精神世界）。

□【森鷗外】…**諦念**（社会に順応しつつ，自己の使命を引き受ける心境）。

□【夏目漱石】…**内発的開化**を強調⇔明治初期の日本の**外発的開化**を批判。

□【西田幾多郎】…著書『**善の研究**』。主客未分の直接的な**純粋経験**を提唱。

□【和辻哲郎】…人間を**間柄的存在**として規定。『**風土**』『**古寺巡礼**』。

□【柳田国男】…**民俗学**を創始。その精神は村落の**常民**に伝わるとした。

思想

日本の思想

補足
します
日本の思想家に関する問題では，よく福沢諭吉が選択肢に登場します。迷わないよう，チェックしておきましょう。

01

浄土真宗の開祖といわれている法然は，他力浄土門こそが末法の世に人々を極楽浄土に導く仏教であると考えた。さらに悪人正機説と絶対他力を説いた。

国家一般職・平15

02

日蓮は，法華経こそが唯一の経典であるということは否定したが，末法の世に生きている自分たちが，「南無妙法蓮華経」の題目を唱え続けることの重要性を説いた。

国家一般職・平15

03

一遍は，真言宗の立場から念仏を唱え実現される身心脱落に加え，「南無阿弥陀仏」と唱えながら踊る「踊り念仏」によって人々は悟りを開いて仏になると説いた。

国家一般職・平15

04

林羅山は，藤原惺窩の弟子で，中国の朱子学を積極的に取り入れ，幕藩体制を支える学問とし，儒教の基礎を固めた。その中で理が表現されたものを礼であると説いた。

国家一般職・平18

05

中江藤樹は，古学を提唱し，『論語』『孟子』などについて後世の学者の解釈から離れ原典に即して理解すべきとした。

国家一般職・平18

06

荻生徂徠は，古文辞学を提唱し，礼楽刑政という中国古代の先王の道を国家統治の理想とし，知行合一説を唱え，日本の陽明学の祖となった。　**国家一般職・平18**

解　説

01 法然は**浄土宗**の開祖であり，**専修念仏**を広め，庶民にわかりやすい信仰を誕生させた。浄土真宗を開いたのは**親鸞**であり，**絶対他力**とその考えを徹底させた**悪人正機**説を訴えた。

02 日蓮は，**法華経**こそが真の仏教であると確信し，その著書である『**立正安国論**』において，天変地異が続くのは，浄土教などの邪法がはびこるせいだと主張し，他宗派の信仰を糾弾した。

03 真言宗の立場で**身心脱落**を主張したのは平安時代の**空海**である。**一遍**の「**踊り念仏**」は，浄土教の仏教教理と熊野神社の信仰形態が結びついて生まれたものである。

04 正しい。林羅山の思想の中核には，**愛民仁政**の思想・**理気説**・**天命思想**がある。また武士の世の中にあって，自己を慎み理に従う主体的な心を保持する**存心持敬**が，武士にふさわしい態度とされた。

05 『論語』や『孟子』の原典の真意を研究することを追求したのは**伊藤仁斎**である。中江藤樹は，すべての人が愛し合う**愛敬**の思想と，人としての善い行いの実践である**知行合一**を説いた。

06 知行合一を説き，陽明学に深く共鳴したのは**中江藤樹**である。荻生徂徠は，個人の道徳から政治を独立させ，安心して生活する**安天下の道**を説き，その道の目的を**経世済民**にあるとした。

思想

日本の思想

07 本居宣長は国学の大成者であり，文芸の本質は「もののあはれ」を知ることにあるとし，『古事記』の研究の中に「古の道」を見いだし，「真心」を理想とした。

国家一般職・平14

08 石田梅岩は，儒教に仏教や神道などを融合させた心学を創始し，自分の本性を知り本性に基づいて生活すべきであるとした。また，正直と倹約を重んじた。

国家一般職・平14

09 西周は，ヘーゲル的な科学観など西洋哲学に，善などの東洋や日本の伝統思想を加味して，自己を純粋経験と呼ばれる「真の自己」と一致させることを説いた。

国家一般職・平20

よく出る 10 福沢諭吉は，『文明論之概略』で，古今東西の文明発達の事例を挙げ，日本の独立を確保するためには，西洋近代文明を摂取し，日本の近代化を図るべきだと主張した。

国家一般職・平23

11 植木枝盛は『日本道徳論』を著し，文明開化以来，西洋思想の急激な流入に対して慎重論を唱えるとともに，日本独自の伝統である忠と孝を徳目の中心とした。

国家一般職・平20

12 内村鑑三は，ルソーの『社会契約論』を翻訳し，『民約訳解』として出版した。そこに示された主権在民の原理や抵抗権の思想は，自由民権運動に影響を与えた。

国家一般職・平28

13 内村鑑三は正しい日本人と日本の在り方を追い求め，社会正義を重んじ，利害打算を超越して真理のために戦うという武士道精神に根差す日本的キリスト教を目指した。

国家一般職・平23

07 正しい。本居宣長が主張する「**もののあはれ**」は『**源氏物語**』の研究から導かれた。彼の『古事記』研究は,**賀茂真淵**門下に入ってから始まっており,その影響も大きかった。

08 正しい。石田梅岩の心学は,「心をつくし性を知り,性を知れば天を知る」という孟子の言葉を根本にしていると言われる。また,自身の職業に満足して生きるべきとした**知足安分**を説いた。

09 **西田幾多郎**の主張である。西周は,主客未分の経験である純粋経験が「**真の自己**」であると考えた。西はオランダに留学し,カント哲学の影響を受け,西洋文化や思想を紹介する明六社に参加した。

10 正しい。福沢諭吉は,日本が独立した国家となるためには,一人ひとりが自然科学や社会科学などの実学を学び,独立することが大切であると考え,晩年には**脱亜論**を唱えた。

11 『日本道徳論』を示したのは**西村茂樹**である。植木枝盛は,明治の**自由民権思想家**であり,**フランス流**の急進的な民主主義を主張し,主権在民の原則や,政府の圧政に対する抵抗権を説いた。

12 ルソーの『社会契約論』を翻訳し,自由民権運動に影響を与えたのは**中江兆民**である。彼は支配者に与えられた恩賜的民権を人民が勝ち取る恢復的民権に育てるべきとし「**東洋のルソー**」と呼ばれた。

13 正しい。内村鑑三は,日本の代表的キリスト者として,国とイエスをともに愛す「**2つのJ**」を説いた。またキリスト教の立場から**絶対的平和主義**をとり,非戦論を主張している。

14

森鷗外は個人である自己の主張と当時の日本の在り方の両者の現状を容認し，自らの心境を，「大きな自然」に自己を溶け込ませていく過程にある安定になぞらえた。

国家一般職・平20

15

夏目漱石は，「日本の現代の開化は外発的である」と述べ，私個人を捨て自己の文学を確立しようとし，晩年には則天去私の境地に到達したといわれている。

国家一般職・平28

16

西田幾多郎は『倫理学』で，主観（認識主体）と客観（認識対象）との二元的対立から始まる西洋近代哲学を批判し，主観と客観が分かれていない純粋経験を提示した。

国家一般職・平28

17

柳田国男は，村落共同体に生活を営む，ごく普通の人びとである常民に光を当てようと，民俗学を創始した。そして，古典文献を読み解き，人生の知恵を探ろうとした。

国家一般職・平21

18

吉野作造は，民本主義を主張し，主権者は主権を運用するに際し，国民の意向を尊重し，国民の利益と幸福を目的としなければならないとした。

国家一般職・平28

19

和辻哲郎は，西洋近代の個人主義的人間観を批判し，人間は他者との間柄的存在で誕生して，生まれたときから多様な人間関係の中で自己を意識して行動するとした。

国家一般職・平21

20

吉本隆明は『堕落論』を発表し，人は本来の孤独に戻り，あるがままの心で自己の裸の姿をひるむことなく正視することから築いていくほかないと説いた。

国家一般職・平18

14 和辻哲郎の主張である。森鷗外は，自己の社会的責務と自我の内面的欲求との葛藤に苦しみつつも，自己の使命や責務を冷静に引き受ける態度を「諦念」と呼び，そこに人間の生きるべき道を求めた。

15 正しい。夏目漱石は日本の近代化を西洋からの圧力によるものと批判し，自己の主体性の確立をめざす**個人主義**を唱えた。しかし，晩年には私を去って天に任せる**則天去私**の境地に達した。

16 西田幾多郎の主著は『**善の研究**』である。彼は，西洋近代哲学とは異なる東洋の論理として，主観と客観が分かれていない**純粋経験**こそ真の実在であると述べた。『倫理学』は**和辻哲郎**の著作である。

17 日本民俗学を創始した柳田国男は，文献に頼らずに，実際に現地を訪れ，地方に伝わる**伝承・習俗・方言**を集めて伝統文化を研究することに努めた。主著は『**遠野物語**』・『先祖の話』などである。

18 正しい。大正デモクラシー期の政治家吉野作造は，明治憲法下での天皇主権を前提としつつ，主権を運用する上では民衆の意向を尊重し，その利益と福利を目的とする**民本主義**を説いた。

19 正しい。倫理学者である和辻哲郎は，人間の在り方を個人に求める西洋思想の批判から始まり，**個人**と**社会**の弁証法的統一の中に人間が成り立っているとして，人の生きる道筋としての倫理を求めた。

20 『堕落論』は**坂口安吾**の主著である。吉本隆明は『**共同幻想論**』において，意識が織りなす世界を幻想と呼び，個人の意識を指す自己幻想から，国家や社会を指す共同幻想までについて論じた。

受賞年	受賞者	国	代表的な作品など
1901	シュリ・プリュドム	フランス	詩集『詩賦集』詩「壊れた花瓶」
1909	セルマ・ラーゲルレーヴ	スウェーデン	『ニルスのふしぎな旅』『イエスタ・ベルリング物語』女性初の受賞者
1913	タゴール	インド	『ギーターンジャリ』アジア人初の受賞者
1915	ロマン・ロラン	フランス	『ジャン・クリストフ』『戦いを超えて』
1921	アナトール・フランス	フランス	『シルヴェストル・ボナールの罪』
1925	バーナード・ショー	イギリス	戯曲『ピグマリオン』『男やもめたちの家』
1929	トーマス・マン	ドイツ	『ヴェニスに死す』『魔の山』
1937	マルタン・デュ・ガール	フランス	『ジャン・バロワ』『ティボー家の人々』
1938	パール・バック	アメリカ	『東の風, 西の風』『大地』
1946	ヘルマン・ヘッセ	スイス	『車輪の下』『デミアン』
1947	アンドレ・ジード	フランス	『田園交響楽』『狭き門』
1948	エリオット	イギリス	長詩『荒地』詩劇『寺院の殺人』
1949	フォークナー	アメリカ	『響きと怒り』『八月の光』
1953	チャーチル	イギリス	『世界の危機』『第二次世界大戦回顧録』
1954	ヘミングウェー	アメリカ	『武器よさらば』『誰がために鐘は鳴る』
1957	カミュ	フランス	『異邦人』『ペスト』
1958 (辞退)	パステルナーク	旧ソ連	『ドクトル・ジバゴ』ソ連の圧力により辞退を余儀なくされた
1962	スタインベック	アメリカ	『怒りの葡萄』『エデンの東』
1964 (辞退)	サルトル	フランス	『嘔吐』自分の意志でノーベル賞を辞退した
1965	ショーロホフ	旧ソ連	『静かなるドン』『開かれた処女地』
1968	川端康成	日本	『伊豆の踊子』『雪国』
1970	ソルジェニーツィン	旧ソ連	『イワン・デニーソヴィッチの一日』『収容所群島』
1982	ガルシア・マルケス	コロンビア	『百年の孤独』『コレラの時代の愛』
1994	大江健三郎	日本	『個人的な体験』『万延元年のフットボール』
1999	ギュンター・グラス	ドイツ	『ブリキの太鼓』
2016	ボブ・ディラン	アメリカ	「風に吹かれて」「時代は変わる」シンガーソングライターとして初の受賞者
2017	カズオ・イシグロ	イギリス	『日の名残り』『わたしを離さないで』
2018	オルガ・トカルチュク	ポーランド	『逃亡派』
2019	ペーター・ハントケ	オーストリア	『雀蜂』映画「ベルリン・天使の詩」

文学・芸術

上・中級公務員試験
**一問一答
スピード攻略**

人文科学

日本の文学・芸術

1 日本の文学

《古典文学》

▶三大歌集

□【万葉集】…**大伴家持**らが編纂。現存する日本最古の歌集。ますらをぶり。

□【古今和歌集】…**醍醐天皇**の命令で**紀貫之**らが編纂。たをやめぶり。

□【新古今和歌集】…**後鳥羽上皇**の命令で**藤原定家**らが編纂。技巧的で幽玄。

▶日記文学

□【土佐日記】…**紀貫之**。平安中期成立した，日本初の日記文学。「女手」と呼ばれた**平仮名**を使い，京都へ帰る道中を女性として綴る。

□【蜻蛉日記】…**藤原道綱母**。日本初の女流日記。結婚生活の苦悩を描く。

□【和泉式部日記】…**和泉式部**。敦道親王との恋愛を歌とともに記録。

□【更級日記】…**菅原孝標女**。源氏物語に憧れた少女時代から老年期の回想。

▶物語文学

□【竹取物語】…日本初の作り物語。**かぐや姫**の物語を仮名文で書く。

□【伊勢物語】…歌物語。**在原業平**と思われる人物の恋愛を描く。

□【源氏物語】…**紫式部**。貴族の恋愛と生活を写実的に描写。**もののあはれ**。

《近現代文学》

▶浪漫主義…感情を重んじ，個性の尊重と解放を訴えた。

□【森鷗外】…**ドイツ**留学を基に『舞姫』『うたかたの記』を発表。

□【島崎藤村】…**北村透谷**に影響を受ける。詩集『**若菜集**』。

▶自然主義…日本では作家自身の体験や感情をあるがままに描く。

□【島崎藤村】…浪漫主義詩人として出発後，小説家に。『**破戒**』『**夜明け前**』。

□【田山花袋】…弟子への愛欲を告白した『**蒲団**』は日本の私小説の出発点。

▶高踏派・余裕派…自然主義に対し，広い視野と余裕をもち現実を見つめる。

□【夏目漱石】…**イギリス**に留学。理想主義的な個人主義を唱えた。『三四郎』『それから』『こころ』。低徊趣味から無我の境地である**則天去私**へ。

□【森鷗外】…反自然主義を貫き浪漫主義から歴史小説へ移行。『**阿部一族**』。

▶白樺派…自然主義に対し，人道主義・個人主義・新理想主義を追求した。

□【武者小路実篤】…1910年雑誌『白樺』創刊。理想郷を実現するために**新しき村**を創設。作家トルストイに影響を受ける。『お目出たき人』『友情』。

□【志賀直哉】…リアリズムに徹し，簡潔な文章が特徴。『白樺』に参加。短編作品が多く，『暗夜行路』が唯一の長編。『城の崎にて』『和解』。

▶**耽美派**…自然主義に対し，美を最高の価値と考えた。永井荷風など。

□【谷崎潤一郎】…第二次『新思潮』を創刊。『細雪』『春琴抄』。

▶**新思潮派**…現実を理知的な視点で描く。菊池寛，久米正雄，山本有三など。

□【芥川龍之介】…『今昔物語集』や『宇治拾遺物語』などの古典作品を基に『芋粥』『鼻』執筆。「唯ぼんやりした不安」という言葉を遺書に残す。

▶**新感覚派**…文章技法の革新を目指す。横光利一など。

□【川端康成】…日本人初の**ノーベル文学賞**受賞。『**伊豆の踊り子**』『**雪国**』。

▶**現代の作家**

□【大江健三郎】…1994年**ノーベル文学賞**受賞。『飼育』『ヒロシマ・ノート』。

□【カズオ・イシグロ】…日系英国人作家で，2017年**ノーベル文学賞**受賞。『遠い山なみの光』『日の名残り』。

② 日本の芸術

▶**浮世絵**…江戸時代，遊女や役者を描いた浮世絵が庶民の間で人気を博す。

□【鈴木晴信】…**錦絵**の創始者。『風俗四季歌仙』『弾琴美人』。

□【喜多川歌麿】…**大首絵**で人気。『婦人人相十品』（ポッピンを吹く女）。

▶**明治以降の芸術**…岡倉天心とフェノロサが東京美術学校を設立。

日本画	洋画	彫刻
狩野芳崖『悲母観音』，横山大観『生々流転』，橋本雅邦『龍虎図』	高橋由一『鮭』，黒田清輝『湖畔』，青木繁『海の幸』，梅原龍三郎『浅間山』，岸田劉生『麗子像』	高村光雲『老猿』，荻原守衛『女』，朝倉文夫『墓守』

▶**伝統芸能**

□【能】…猿楽から発展し，**観阿弥・世阿弥**によって大成した幽玄な歌舞劇。

□【狂言】…能と合わせて演じられる，風刺的な喜劇。

□【人形浄瑠璃】…**三味線**の伴奏がある人形劇。**竹本義太夫**が義太夫節を大成。**近松門左衛門**『国性（姓）爺合戦』（時代物），『曽根崎心中』（世話物）。

□【歌舞伎】…「かぶき踊り」が起源。重要な場面では「**見得**を切る」。上方歌舞伎の**坂田藤十郎**，江戸歌舞伎の**市川団十郎**が人気。

01
☐☐☐
『新古今和歌集』は，幽玄，あるいはそれをさらにふかめた有心と呼ばれた歌を特徴とする。

市役所・平25改

02
☐☐☐
「今は昔，竹取の翁といふ者ありけり…」の書き出しで始まる作品と，物語文学上同じジャンルに分類されるものは『宇治拾遺物語』である。 地方上級・平6改

03
☐☐☐
森鷗外の作品には，オランダ留学を記念する『舞姫』『うたかたの記』などがある。名訳とされるアンデルセンの『即興詩人』も有名で，彼の初期の作品は耽美派の風潮をよく示している。 地方上級・平10改

04
☐☐☐
日本の自然主義文学を西欧のそれと比べると，社会性と科学性に欠けることが多く，自己および自己周辺の告白的身辺小説が主流を占めた。 地方上級・平9

05
☐☐☐
永井荷風は，耽美派の作家の一人であり，彼の作品には，『刺青』や『春琴抄』がある。 地方上級・平23

06
☐☐☐
武者小路実篤は，耽美派の作家の一人であり，彼の代表的な作品には，『その妹』や『和解』がある。

地方上級・令1

01 正しい。鎌倉時代に成立した『新古今和歌集』は，後鳥羽上皇の命令で藤原定家らが編纂した勅撰和歌集で，技巧的な表現をこらした，幽玄で幻想的な美を表現した歌が特徴である。

02 「今は昔…」の書き出しで始まる作品は『竹取物語』で，作り物語に分類される。仏教や世間の不思議な話などが収められた『宇治拾遺物語』は鎌倉時代初期の説話文学で，作り物語ではない。

03 オランダではなくドイツに留学。また，初期の作風は耽美派ではなく浪漫主義。のちに流派には属さず（高踏派・余裕派），小説『青年』『雁』，歴史小説『高瀬舟』『山椒大夫』などを残した。

04 正しい。社会に目を向け，科学を重要視した西欧の自然主義は日本にはなじまず，自己の内面を告白する方向に向かった。代表的な作品に島崎藤村『破戒』，田山花袋『蒲団』など。

05 『刺青』や『春琴抄』を書いたのは永井荷風ではなく，谷崎潤一郎である。永井荷風は，谷崎と同じ耽美派であり，『墨東奇譚』『ふらんす物語』などを発表した。

06 耽美派ではなく，白樺派。また『和解』は同じ白樺派の志賀直哉の作品である。武者小路は『お目出たき人』『幸福者』『或る男』を発表。また，理想社会の実現を目指して「新しき村」を創設した。

07 志賀直哉は，強い倫理観と自我とで強烈な個性を生き，永井荷風や谷崎潤一郎とともに白樺派の中心人物となった。『城の崎にて』『小僧の神様』『暗夜行路』などの作品がある。

地方上級・平10

08 谷崎潤一郎は，耽美派の作家の一人であり，彼の代表的な作品には，『刺青』や『痴人の愛』がある。

地方上級・令1

09 菊池寛ら耽美派の作家は，官能美・感覚美に満ちた作品を『文学界』に発表した。

地方上級・平19改

10 芥川龍之介は，白樺派の作家の一人であり，彼の代表的な作品には，『山月記』や『李陵』がある。

地方上級・令1

11 川端康成は，新感覚派の作家の一人であり，彼の代表的な作品には，『日輪』や『旅愁』がある。

地方上級・令1

12 ノーベル賞は，アルフレッド・ノーベルの遺言によって20世紀初頭に創設され，そのうち文学賞は第二次世界大戦後に新たに加わった賞である。日本人では谷崎潤一郎と三島由紀夫が受賞している。

国家専門職・平23改

07 永井荷風や谷崎潤一郎は白樺派ではなく**耽美派**である。**白樺派**は自然主義や耽美派に対抗して，人生を明るく肯定的にとらえようとした。代表的な作家として，**武者小路実篤**，**有島武郎**など。

08 正しい。美を最高の価値とする**耽美派**に属していたが，しだいに日本の古典や伝統に興味がうつり，小説『細雪』『春琴抄』や，日本古来の美意識を論じた評論『陰翳礼讃』を発表した。

09 菊池寛は耽美派ではなく**新思潮派（新現実主義）**であり，『文学界』には発表していない。記者を勤めながら『恩讐の彼方に』を発表。『文芸春秋』の創刊や，**芥川賞・直木賞**の設立にも尽力した。

10 芥川龍之介は白樺派ではなく，**新思潮派（新現実主義）**と呼ばれ，理知的な視点で人々の心理を描いた。代表作『鼻』『羅生門』『地獄変』など。『山月記』や『李陵』は**中島敦**の作品。

11 『日輪』や『旅愁』は川端康成ではなく，同じ新感覚派の**横光利一**の作品である。川端康成の代表作には『伊豆の踊り子』『雪国』『千羽鶴』などがあり，日本人初の**ノーベル文学賞**を受賞した。

12 **ノーベル文学賞**は第二次世界大戦後ではなく，発足時の1901年からある。また，日本人受賞者は谷崎潤一郎と三島由紀夫ではなく，**川端康成**と**大江健三郎**の2人である。

文学・芸術

日本の文学

01

能は，主役のシテと相手役のワキが中心となり，謡を担当する地謡と音楽を担当する囃子方によって進行する。その美的規範は幽玄で，神や幽霊が多く登場する。　地方上級・平28

02

狂言は，対話を中心としたせりふ劇である。題材は中世の庶民の生活からとられることが多く，人間の習性や本質が滑稽に描かれる。　地方上級・平28

03

歌舞伎では，長唄が伴奏音楽として重要な役割を果たす。演技では，物語が重要な展開をするときや登場人物の気持ちが高まる場面で，いったん動きを止めて「見得を切る」演技が行われることがある。地方上級・平28

04

酒井田柿右衛門は，肥前有田の陶工で，上絵付けの技法による赤絵の技法を完成させた。作品に『色絵花鳥文深鉢』がある。　地方上級・平24

05

喜多川歌麿は，錦絵と呼ばれる多色刷りの浮世絵版画を創作し，情緒に富む美人画『ささやき』を描き，庶民に広く親しまれた。　地方上級・平15

06

黒田清輝はコランに師事し，絵画の道を歩むこととなり，その画風は，当時の日本の批評界から「新派」と呼ばれ，代表作に『湖畔』がある。　地方上級・平10

07

青木繁はデューラー風の神秘感のある細密描写による内なる美を追求し，代表作として『麗子微笑』など多くの麗子像を描き独自の画境を開いた。

地方上級・平10

解　説

01　正しい。狂言と同じ**猿楽**から発展し，室町時代，**足利義満**の保護をうけた観世座の**観阿弥・世阿弥**父子が大成した。**謡**と**囃子**によって進められ，**シテ**と**ワキ**は仮面をつけて舞う。

02　正しい。狂言は能とあわせて上演される，風刺性の強い**喜劇**である。能と同じ**猿楽**から発展したもので，鷺流（観世），大蔵流（金春），和泉流がある。

03　正しい。17世紀初めに京都で**出雲阿国**が始めた「**かぶき踊り**」が発展し，女歌舞伎・若衆歌舞伎を経て，17世紀半ばからは成人男子のみで演じられる野郎歌舞伎になった。

04　正しい。**赤絵**とは，赤をメインに彩色した陶磁器の一種。**酒井田柿右衛門**が江戸時代初期，赤絵磁器の焼成に初めて成功した。

05　錦絵を創作し，『ささやき』を残したのは喜多川歌麿ではなく**鈴木春信**である。**喜多川歌麿**は，『婦女人相十品』（『ポッピンを吹く女』）などの**美人大首絵**を得意とした。

06　正しい。フランス印象派のコランに師事。外光を用いた画風は「**外光派**」「**新派**」と呼ばれ明治中期以降の洋画を大きく変えた。美術団体**白馬会**を創立。

07　青木繁ではなく，**岸田劉生**の説明である。**青木繁**は，美しい色彩と神話をモチーフにした画風で明治浪漫主義美術を代表する画家であり，代表作に『海の幸』『わだつみのいろこの宮』などがある。

文学・芸術

日本の芸術

293

3 世界の文学・芸術

《世界の文学》

▶ <u>**イギリス文学**</u>…ロマン主義に対抗して，19世紀には写実主義が発展した。

□【**シェイクスピア**】…16世紀，エリザベス１世の時代，グローブ座の劇作家として活躍。四大悲劇『**ハムレット**』『**オセロー**』『**マクベス**』『**リア王**』。

▶ <u>**アメリカ文学**</u>…第二次世界大戦後はユダヤ系などから有力作家が登場。

□【**スタインベック**】…アメリカ西部の自然や人間を描く。『**怒りの葡萄**』。

▶ <u>**フランス文学**</u>…ロマン主義を経て19世紀自然主義が開花した。

□【**ヴィクトル・ユゴー**】…ロマン主義の作家。『**レ・ミゼラブル**』。

□【**スタンダール**】…近代リアリズム小説の先駆者。『**パルムの僧院**』。

▶ <u>**ロシア文学**</u>…政府の検閲を受けながらも世界的な名作が多く生まれる。

□【**ドストエフスキー**】…人間の内面を追求。『**カラマーゾフの兄弟**』。

□【**ゴーリキイ**】…プロレタリア文学の父と呼ばれる。『**どん底**』。

《西洋美術》

▶ <u>**ルネサンス**</u>…イタリアから発展。写実性と均整の取れた美の調和。

□【**レオナルド=ダ=ヴィンチ**】…イタリアの「万能の天才」。『**岩窟の聖母**』。

□【**ボッティチェリ**】…イタリアの画家。『**春**』『**ヴィーナスの誕生**』。

▶ <u>**バロック美術**</u>…1600年代イタリアから各地に広がる。躍動感のある表現。

□【**ルーベンス**】…フランドルの宮廷画家。『**パリスの審判**』。

□【**レンブラント**】…光を効果的に取り込む。エッチングも有名。『**夜警**』。

▶ <u>**印象主義**</u>…1870年代に誕生。短い筆のタッチで光を描写する**色彩分割**。

□【**マネ**】…印象主義の先駆者。『**草上の昼食**』『オランピア』。

□【**モネ**】…光を重視。『**印象・日の出**』『ルーアン大聖堂』『**睡蓮**』。

□【**ルノワール**】…官能的な女性を描く。『**ムーラン・ド・ラ・ギャレット**』『桟敷席』。

□【**ドガ**】…人間や動物の動きをリアルに表現。『**楽屋の踊り子たち**』。

▶ <u>**20世紀初めの美術**</u>…ポスト**印象**主義など，独自の活動を行う画家が登場。

□【**セザンヌ**】…20世紀美術の父。『**サント・ヴィクトワール山**』。

□【**ゴーギャン**】…ヨーロッパ文明を嫌い**タヒチ**へ移住。『**かぐわしき大地**』。

□【**ゴッホ**】…日本の**浮世絵**版画にも影響を受ける。『**ひまわり**』『糸杉』。

学習の ポイント 世界の芸術は，世界史と組み合わせて覚えると対処しやすいです。また，ミュージカルや映画祭など，話題性の高い分野もニュースなどでチェックしましょう。

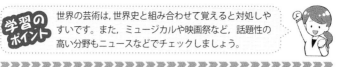

□【マティス】…対象を単純化し，大胆に色を置く**フォーヴィズム**の代表的な画家。『緑の筋のあるマティス夫人の肖像』『ダンスⅡ』『音楽』。

□【ピカソ】…スペインで活躍。対象を解体し抽象的に表現する**キュビズム**をはじめ様々な様式を用いた。『**ゲルニカ**』『アヴィニョンの娘たち』。

《西洋音楽》

▶**バロック**…16世紀末～18世紀にイタリアで発展。

□【ヴィヴァルディ】…イタリアの作曲家・バイオリン奏者。『四季』。

□【ヘンデル】…**イギリス**で活躍。組曲『**水上の音楽**』『メサイア』。

□【バッハ】…ヘンデルと同時代にドイツで活躍。宗教音楽を数多く作曲した。『**ブランデンブルク協奏曲**』『マタイ受難曲』『G線上のアリア』。

▶**古典主義**…18世紀後半～19世紀にオーストリアを中心に発展。**ソナタ**形式が確立し，交響曲や協奏曲などが生まれた。

□【ハイドン】…「交響曲の父」と呼ばれる。『天地創造』，交響曲『軍隊』。

□【モーツァルト】…オペラ『フィガロの結婚』，交響曲『ジュピター』。

□【ベートーベン】…ドイツの作曲家。**9つの交響曲**を残す。交響曲第三番『**英雄**』，交響曲第五番『**運命**』，ピアノソナタ『**悲愴**』『月光』『熱情』。

▶**ロマン主義**…19世紀に発展。市民革命の影響を受け，感情的で色彩豊か。

□【シューベルト】…ドイツ・リート(歌曲)を大成。交響曲第8番『**未完成**』。

□【メンデルスゾーン】…バッハを再評価。交響曲『イタリア』。

□【ショパン】…ピアノの詩人。ポーランドの民族音楽ポロネーズなどを取り入れた。『子犬のワルツ』『**軍隊ポロネーズ**』『別れの曲』。

□【チャイコフスキー】…ロシアの作曲家。バレエ音楽『白鳥の湖』。

▶**国民楽派**…19世紀半ばからスラブ民族の間で発展。民族主義的。

□【ドヴォルザーク】…スメタナと並ぶチェコの作曲家。交響曲『**新世界から**』はアメリカ滞在中に黒人霊歌などとボヘミアの民謡を融合して作曲。

□【シベリウス】…フィンランドの作曲家。交響詩『**フィンランディア**』。

補足 します 令和元年度の地方上級では，「ウエスト・サイド物語」や「サウンド・オブ・ミュージック」などミュージカル作品に関する出題がありました。

01 □□□ 「国破れて山河あり」という詩句で有名な『春望』は李白の作品であり，安禄山の乱が原因で幽閉されていたときに作られた。

地方上級・平20

02 □□□ ボッティチェリは『サン＝シストの聖母』など聖母子像を中心に描いたルネサンスの画家であるが，他の作品に『アテネの学堂』がある。

地方上級・平15

03 □□□ レオナルド＝ダ＝ヴィンチは遠近法をとり入れ，『モナリザ』『最後の晩餐』を描いただけでなく，人体解剖学から天文学，機械，物理，数学など多才な才能を発揮した。

地方上級・平15

04 □□□ シェイクスピアは，ヴィクトリア朝時代に活躍した劇作家であり，その卓越した人間観察眼により，深い心理描写を特徴とする多くの作品を残した。

国家専門職・平22改

05 □□□ オランダの画家レンブラントは，絵画，エッチングなどの作品を多く残し，光をうまく取り入れた画法で市民生活を描いた。作品には『フランス・バニング・コック隊長の射撃隊』（通称『夜警』）がある。

地方上級・平16改

06 □□□ 古典派音楽の作曲家にハイドン，ヴィヴァルディがいる。主な作品としてハイドンの弦楽四重奏曲『皇帝』，ヴィヴァルディの歌劇『フィガロの結婚』がある。

地方上級・平18改

01　李白ではなく，**杜甫**である。杜甫は「**詩聖**」と呼ばれ，人々や社会の苦しみを詠んだ。なお，**李白**は「**詩仙**」と呼ばれ，酒や月，山をテーマに明るく，自由な作風の漢詩を残している。

02　『サン＝シストの聖母』『アテネの学堂』を描いたのはボッティチェリではなく，**ラファエロ**である。**ボッティチェリ**はルネサンス中期の画家で，『ヴィーナスの誕生』『春』などを発表した。

03　正しい。イタリアの**ルネサンス**期を代表する「**万能の天才**」であり，絵画だけでなく彫刻や建築，飛行機などの科学技術に関しても多くの作品を残した。

04　ヴィクトリア朝ではなく，**エリザベス朝**である。イギリスの**グローブ座**の劇作家で，四大悲劇『ハムレット』『オセロー』『マクベス』『リア王』，喜劇『ヴェニスの商人』などを発表した。

05　正しい。肖像画や歴史画，宗教画など幅広い分野を手掛け人気を博した。明暗を巧みに使った技法から「**光と影の画家**」とも呼ばれる。1642年発表の『**夜警**』は**集団肖像画**を物語画として描いた。

06　ヴィヴァルディではなく，**モーツァルト**である。**ヴィヴァルディ**は**バロック**音楽を手掛け，『四季』などを発表。バロック音楽の作曲家として**バッハ**，**ヘンデル**などがいる。

07 ヨーロッパでは，ロマン派のシューベルトが「歌曲の王」と呼ばれ，『魔王』を作曲した。 地方上級・平22改

08 17〜18世紀のヨーロッパでは，古典派の作曲家ベートーヴェンが「楽聖」と呼ばれ，多くの交響曲を作曲した。 地方上級・平22改

09 スタンダールは，宗教動乱の渦中に生き，人間同士が利害と狂信のために殺し合い様をつぶさに眺め，洞察の果てに自然に生きるヒューマニズムを説き，モラリスト文学の基盤を築いた。 地方上級・平14

10 バルザックは，ロマン主義者として，作品の主人公ジャン・バルジャンという人物をかりて，不当な社会の圧迫化におかれた民衆に対する愛情を表現した。 地方上級・平14

11 印象派とは，主に19世紀後半のフランスで展開された絵画上の運動をいい，事物の固有色を否定し，外光の中での色彩の輝きや移ろいを効果的に描こうとした。 地方上級・平20

12 1870年代以降に起こった印象派にマネ，ミロ，ダリがいる。マネは『草上の昼食』，ミロは『アルルカンの謝肉祭』，ダリは『記憶の固執（柔らかい時計）』が代表作である。 地方上級・平15

13 ゴーギャンは，鮮やかな色彩を単純化された輪郭の中に平塗りする技法を確立し，原始的で文明に毒されない人々の生活の単純さを描いた。 国家専門職・平22

07 正しい。オーストリアで活躍した**シューベルト**は，作曲家の個性を強く表現した**ロマン派**の作曲家であり，数多くの歌曲を残した。歌曲集『冬の旅』『野ばら』，交響曲『未完成』など。

08 正しい。18世紀後半からオーストリアのウィーンを中心に展開した**古典派音楽**を**ベートーヴェン**が大成した。代表作にピアノソナタ『月光』，交響曲『運命』『田園』『英雄』など。

09 スタンダールではなく，**モンテーニュ**の説明である。スタンダールは，心理描写にすぐれ，**写実主義**の先駆者となった。王政復古期を描いた小説『赤と黒』『パルムの僧院』，評論『恋愛論』など。

10 バルザックではなく，**ヴィクトル＝ユゴー**の説明である。バルザックは，**写実主義**の作家で，19世紀前半のフランス社会を描いた約90編の短編小説集『人間喜劇』を発表した。

11 正しい。フランス**印象派**を代表する画家モネの『印象・日の出』が語源。感覚的な印象をそのまま表現するために，色彩と光を重視し，**色彩分割**（筆触分割）と呼ばれる技法を使った。

12 **マネ**は正しいが，**ミロ**と**ダリ**は印象派ではない。マネの『草上の昼食』『オランピア』は発表当時，物議をかもしたが，のちに「近代絵画の父」「印象派の父」と呼ばれるようになる。

13 正しい。フランス**後期印象派**の画家で，ゴッホと共同生活を送ったのち，熱帯の原始的な美を求めて**タヒチ島**に移り住んだ。『タヒチの女』など。

編集協力	株式会社　エディット
	（古屋雅敏・緑川恵美・水嶋亜実・堤理沙子・西沢悠希）
DTP	株式会社　千里
イラスト	たかむらすずな
装丁	西垂水敦・市川さつき(krran)
装丁イラスト	よしだみさこ

本書の内容に関するお問い合わせは，お手数ですが，以下のあて先に文書（郵便またはFAX）でお送りください。
〒163-8671　東京都新宿区新宿1-1-12
株式会社 実務教育出版　編集部書籍質問係（書名を明記のこと）
FAX:03-5369-2237

※ 正誤表記等の訂正・追補情報につきましては，小社ウェブサイト
（https://www.jitsumu.co.jp）に掲載いたします。

上・中級公務員試験
一問一答 スピード攻略 人文科学

2020年 4 月15日　初版第 1 刷発行　　　　　　　　〈検印省略〉

| **編　者** | 資格試験研究会 |
| **発行者** | 小山隆之 |

発行所	株式会社　実務教育出版
	〒163-8671　東京都新宿区新宿1-1-12
	TEL 編集03-3355-1812　　販売03-3355-1951
	振替　00160-0-78270

| **印　刷** | 壮光舎印刷 |
| **製　本** | 東京美術紙工 |

[公務員受験BOOKS]

実務教育出版では、公務員試験の基礎固めから実戦演習にまで役に立つさまざまな入門書や問題集をご用意しています。過去問を徹底分析して出題ポイントをピックアップし、すばやく正確に解くテクニックを伝授します。あなたの学習計画に適した書籍を、ぜひご活用ください。

人気試験の入門書

何から始めたらよいのかわからない人でも、どんな試験が行われるのか、どんな問題が出るのか、どんな学習が有効なのかが1冊でわかる入門ガイドです。「過去問模試」は実際に出題された過去問でつくられているので、時間を計って解けば公務員試験をリアルに体験できます。

★「公務員試験早わかりブック」シリーズ [年度版] ●資格試験研究会編

都道府県職員になるための早わかりブック

公立学校事務職員になるための早わかりブック
[小中高校事務職員・国立大学法人等職員]

市町村職員になるための早わかりブック

市役所新教養試験 Light & Logical 早わかり問題集

警察官になるための 早わかりブック

消防官になるための 早わかりブック

社会人が受けられる**公務員試験**早わかりブック

社会人基礎試験 早わかり問題集

高校卒で受けられる**公務員試験**早わかりブック
[国家一般職(高卒)・地方初級・市役所初級等]

過去問正文化問題集

問題にダイレクトに書き込みを加え、誤りの部分を赤字で直して正しい文にする「正文化」という勉強法をサポートする問題集です。完全な正誤判定展開で書き込みスペースも豊富なので、学習の能率アップが図れます。さらに赤字が消えるセルシートを使えば、問題演習もバッチリ!

★上・中級公務員試験「過去問ダイレクトナビ」シリーズ [年度版] ●資格試験研究会編

過去問ダイレクトナビ **政治・経済**

過去問ダイレクトナビ **日本史**

過去問ダイレクトナビ **世界史**

過去問ダイレクトナビ **地理**

過去問ダイレクトナビ **物理・化学**

過去問ダイレクトナビ **生物・地学**

一般知能分野を学ぶ

一般知能分野の問題は一見複雑に見えますが、実際にはいくつかの出題パターンがあり、それに対する解法パターンも存在します。まずは、公務員試験において大きな比重を占める判断推理・数的推理を基礎から学べるテキストと初学者向けの問題集をご紹介します。

標準 判断推理 [改訂版]
田辺 勉著●定価:本体2100円+税

標準 数的推理 [改訂版]
田辺 勉著●定価:本体2000円+税

判断推理がみるみるわかる**解法の玉手箱** [改訂第2版]
資格試験研究会編●定価:本体1400円+税

数的推理がみるみるわかる**解法の玉手箱** [改訂第2版]
資格試験研究会編●定価:本体1400円+税

以下は、一発で正答を見つけ出す公式や定理など実戦的なテクニックを伝授する解法集です。

判断推理 必殺の解法パターン [改訂第2版]
鈴木清士著●定価:本体1200円+税

数的推理 光速の解法テクニック [改訂版]
鈴木清士著●定価:本体1068円+税

空間把握 伝説の解法プログラム
鈴木清士著●定価:本体1100円+税

資料解釈 天空の解法パラダイム
鈴木清士著●定価:本体1600円+税

文章理解 すぐ解ける〈直感ルール〉ブック
瀧口雅仁著●定価:本体1600円+税

公務員試験 **無敵の文章理解メソッド**
鈴木鋭智著●定価:本体1400円+税

年度版の書籍については、当社ホームページで価格をご確認ください。https://www.jitsumu.co.jp/

公務員試験に出る専門科目について、初学者でもわかりやすく解説した基本書の各シリーズ。
「はじめて学ぶシリーズ」は、豊富な図解で、難解な専門科目もすっきりマスターできます。

公務員試験の最重要科目である経済学を、基礎から応用まで詳しく学べる本格的な基本書です。

初学者がちなところを徹底的にフォロー！やさしい解説で実力を養成します。

一般知識分野、専門分野の過去問から重要テーマ・頻出項目をピックアップし、出題のポイントを
わかりやすくまとめた要点整理集です。基礎固めだけでなく、短期間で実戦力もアップできます。

ライト感覚で学べ、すぐに実戦的な力が身につく過去問トレーニングシリーズ。地方上級・市役所・
国家一般職［大卒］レベルに合わせて、試験によく出る基本問題を厳選。素早く正答を見抜くポイン
トを伝授し、サラッとこなせて何度も復習できるので、短期間での攻略も可能です。

選択肢ごとに問題を分析し、テーマ別にまとめた過去問演習書です。1テーマ見開き2ページ完結
で読みやすく、選択肢問題の「引っかけ方」が一目でわかります。「暗記用赤シート」付き。

専門科目の基本書

要点整理集

ライトな過去問演習書

地方上級／国家総合職・一般職・専門職試験に対応した過去問演習書の決定版が、さらにパワーアップ！　最新の出題傾向に沿った問題を多数収録し、選択肢の一つひとつまで検証して正誤のポイントを解説。強化したい科目に合わせて徹底的に演習できる問題集シリーズです。

★公務員試験「新スーパー過去問ゼミ5」シリーズ
○教養分野
資格試験研究会編●定価：本体1800円＋税

新スーパー過去問ゼミ5 **社会科学**［政治／経済／社会］

新スーパー過去問ゼミ5 **人文科学**［日本史／世界史／地理／思想／文学・芸術］

新スーパー過去問ゼミ5 **自然科学**［物理／化学／生物／地学／数学］

新スーパー過去問ゼミ5 **判断推理**

新スーパー過去問ゼミ5 **数的推理**

新スーパー過去問ゼミ5 **文章理解・資料解釈**

○専門分野
資格試験研究会編●定価：本体1800円＋税　※刑法、労働法、行政学、社会学、国際関係、経営学、会計学は1700円＋税

新スーパー過去問ゼミ5 **憲法**

新スーパー過去問ゼミ5 **行政法**

新スーパー過去問ゼミ5 **民法Ⅰ**［法改正対応版］［総則／物権担保物権］

新スーパー過去問ゼミ5 **民法Ⅱ**［法改正対応版］［債権総論・各論家族法］

新スーパー過去問ゼミ5 **刑法**

新スーパー過去問ゼミ5 **労働法**

新スーパー過去問ゼミ5 **政治学**

新スーパー過去問ゼミ5 **行政学**

新スーパー過去問ゼミ5 **社会学**

新スーパー過去問ゼミ5 **国際関係**

新スーパー過去問ゼミ5 **ミクロ経済学**

新スーパー過去問ゼミ5 **マクロ経済学**

新スーパー過去問ゼミ5 **財政学**［改訂第2版］

新スーパー過去問ゼミ5 **経営学**

新スーパー過去問ゼミ5 **会計学**［択一式／記述式］

新スーパー過去問ゼミ5 **教育学・心理学**

受験生の定番「新スーパー過去問ゼミ」シリーズの警察官・消防官（消防士）試験版です。大学卒業程度の警察官・消防官試験と問題のレベルが近い市役所（上級）・地方中級試験対策としても役に立ちます。

★大卒程度「警察官・消防官 新スーパー過去問ゼミ」シリーズ
資格試験研究会編●定価：本体1300円＋税

警察官・消防官 新スーパー過去問ゼミ **社会科学**［改訂第2版］［政治／経済／社会／時事］

警察官・消防官 新スーパー過去問ゼミ **人文科学**［改訂第2版］［日本史／世界史／地理／思想／文学・芸術／国語］

警察官・消防官 新スーパー過去問ゼミ **自然科学**［改訂第2版］［数学／物理／化学／生物／地学］

警察官・消防官 新スーパー過去問ゼミ **判断推理**［改訂第2版］

警察官・消防官 新スーパー過去問ゼミ **数的推理**［改訂第2版］

警察官・消防官 新スーパー過去問ゼミ **文章理解・資料解釈**［改訂第2版］

一般知識分野の要点整理集のシリーズです。覚えるべき項目は、付録の「暗記用赤シート」で隠すことができるので、効率よく学習できます。「新スーパー過去問ゼミ」シリーズに準拠したテーマ構成になっているので、「スー過去」との相性もバッチリです。

★上・中級公務員試験「新・光速マスター」シリーズ
資格試験研究会編●定価：本体1200円＋税

新・光速マスター **社会科学**［改訂版］［政治／経済／社会］

新・光速マスター **人文科学**［改訂版］［日本史／世界史／地理／思想／文学・芸術］

新・光速マスター **自然科学**［改訂版］［物理／化学／生物／地学／数学］

過去問演習を通して実戦力を養成

要点整理＋理解度チェック

近年の過去問の中から500題（大卒警察官は350題）を精選。実力試しや試験別の出題傾向、レベル、出題範囲を知るために最適の「過去問＆解説」集です。最新の出題例も収録しています。

★公務員試験 「合格の500」シリーズ [年度版] ●資格試験研究会編

国家総合職 教養試験過去問500	**地方上級** 教養試験過去問500
国家総合職 専門試験過去問500	**地方上級** 専門試験過去問500
国家一般職[大卒] 教養試験過去問500	**東京都・特別区[I類]** 教養・専門試験過去問500
国家一般職[大卒] 専門試験過去問500	**市役所上・中級** 教養・専門試験過去問500
国家専門職[大卒] 教養・専門試験過去問500	**大卒警察官** 教養試験過去問350
大卒・高卒消防官 教養試験過去問350	

短期間で効率のよい受験対策をするために、実際の試験で問われる「必須知識」の習得と「過去問演習」の両方を20日間で終了できるよう構成した「テキスト＋演習書」の基本シリーズです。20日間の各テーマには、基礎事項確認の「理解度チェック」も付いています。

★上・中級公務員試験 「20日間で学ぶ」シリーズ

◎教養分野
資格試験研究会編●定価：本体1300円＋税

20日間で学ぶ **政治・経済の基礎** [改訂版]	20日間で学ぶ **日本史・世界史[文学・芸術]の基礎** [改訂版]
20日間で学ぶ **物理・化学[数学]の基礎** [改訂版]	20日間で学ぶ **生物・地学の基礎** [改訂版]

◎専門分野
資格試験研究会編●定価：本体1400円＋税

20日間で学ぶ **憲法の基礎** [改訂版] 長尾一紘 編著	20日間で学ぶ **国際関係の基礎** [改訂版] 高瀬淳一 編著

国家一般職[大卒]・総合職、地方上級などの技術系区分に対応。「技術系スーパー過去問ゼミ」は頻出テーマ別の構成で、問題・解説に加えてポイント整理もあり体系的な理解が深まります。「技術系〈最新〉過去問」は近年の問題をNo.順に全問掲載し、すべてに詳しい解説を付けています。

★上・中級公務員 「技術系スーパー過去問ゼミ」シリーズ

技術系スーパー過去問ゼミ **工学に関する基礎**（数学/物理） 資格試験研究会編●定価：本体2800円＋税	技術系新スーパー過去問ゼミ **土木** 資格試験研究会編●定価：本体3000円＋税
技術系スーパー過去問ゼミ **化学** 資格試験研究会編●定価：本体2800円＋税	技術系スーパー過去問ゼミ **電気・電子・情報** 資格試験研究会編●定価：本体2800円＋税
技術系スーパー過去問ゼミ **機械** 資格試験研究会編●定価：本体2000円＋税	技術系スーパー過去問ゼミ **農学・農業** 資格試験研究会編●定価：本体2800円＋税

★技術系〈最新〉過去問シリーズ [隔年発行]

技術系〈最新〉過去問 **工学に関する基礎**（数学/物理） 資格試験研究会編	技術系〈最新〉過去問 **土木** 資格試験研究会編

年度版の書籍については、当社ホームページで価格をご確認ください。https://www.jitsumu.co.jp/